光尘
LUXOPUS

好好恋爱

重写爱情剧本
谈一场双向奔赴的恋爱

〔英〕安德鲁·G.马歇尔 著

宋艾米 译

THE SINGLE TRAP

中信出版集团 | 北京

图书在版编目（CIP）数据

好好恋爱 /（英）安德鲁·G. 马歇尔著；宋艾米译
. -- 北京：中信出版社，2023.1（2025.6 重印）
书名原文：THE SINGLE TRAP
ISBN 978-7-5217-4966-3

Ⅰ.①好… Ⅱ.①安… ②宋… Ⅲ.①恋爱－通俗读
物 Ⅳ.① C913.1-49

中国版本图书馆 CIP 数据核字（2022）第 225030 号

THE SINGLE TRAP: THE TWO-STEP GUIDE TO ESCAPING IT AND FINDING LASTING LOVE by
ANDREW G. MARSHALL
Copyright © 2009 BY ANDREW G. MARSHALL
This edition arranged with The Marsh Agency Ltd through BIG APPLE AGENCY, LABUAN, MALAYSIA.
Simplified Chinese edition copyright: 2023 Beijing Guangchen Culture Communication Co., Ltd
All rights reserved.

好好恋爱
著者：　　[英]安德鲁·G. 马歇尔
译者：　　宋艾米
出版发行：中信出版集团股份有限公司
　　　　　（北京市朝阳区东三环北路 27 号嘉铭中心　邮编　100020）
承印者：　北京中科印刷有限公司

开本：880mm×1230mm　1/32　　印张：13.5　　字数：220 千字
版次：2023 年 1 月第 1 版　　　　印次：2025 年 6 月第 12 次印刷
京权图字：01–2021–0981　　　　　书号：ISBN 978–7–5217–4966–3
定价：59.00 元

致凯特

谢谢你给了我源源不断的灵感

谢谢你做我的第一个读者

目　录

第二步　找到今生挚爱

序 言

"用柑橘味香氛增加泡澡的仪式感，用甜腻的巧克力布朗尼提升自己的贵族范儿，铺上清爽干净的床单好好呵护睡眠，把自己当作生命中最重要的人来取悦"——这类自欺欺人的鸡汤是不是让你反胃好久了？一个人的美食和足球赛带来的新奇感是否早已消失殆尽？单身的人很多，你并不孤独。

有时候，单身有它独特的意义，尤其是在经历那些痛到无法呼吸的分手之后。然而，单身应该是暂时的，它只是一个过渡期。人有社会属性，需要找个伴侣一起生活。虽然每个人身边都有闺密、死党，可无论友情多美好，都不能代替我们对爱情的渴求。当我们身陷困境时，充满爱意、温暖和谐的两性关系是最好的避风港，也是改善身心健康的内在驱动力。在商业交易越来越快速的时代，科技进步速度之快，完全超出我们的想象。人们对个人安全极度担忧，这让我们比以往任何时候都渴望有个伴侣。可是，想要找到一个合适的人共度余生，似乎成了一件困难的事。

我做了30余年婚姻治疗师，帮助很多人建立和修复了亲密关系。我的来访者大多数是夫妻，他们需要改善沟通方式，修复岌岌可危的关系。然而，近年来，来做心理咨询的单身男女越来越多。他们想尽办法，却怎么也找不到合适的伴侣。此外，不少离婚人士也开始向我求助，因为他们担心自己会孤独终老。很多人问我，有没有哪本书可以教会人如何寻找亲密关系。然而，我读了那么多自助书籍，仍然一无所获。这些书经常把感情当游戏，并且鼓吹如何用所谓的计策让对方爱上自己，事实上用这种方式建立的关系很难发展成稳定的亲密关系。我寻觅良久，也没找到合适的书，因此决定自己写一本来解答大家的疑问：如何才能在敞开心扉迎接爱情的同时，不受伤害、不被抛弃、不会感到痛苦？认识异性的最好方法是什么？怎么才能看出某人是不是你的潜在伴侣？如何分辨烂桃花？

我根据世界各地的研究，结合自己的工作经验，设计了一个脱单计划，来帮助单身人士以全新的视角寻找爱情，做出更好的选择，找到合适的伴侣。在设计这个计划之前，我先回顾了过去五年中社会发生的变化，并找出是哪些变化让人们更难找到伴侣。这些变化给生活带来了许多压力，如影随形，很有必要搞清楚它们为何会影响恋爱，否则会有许多人把单身的问题归咎于自身。他们不但内心充斥着羞愧感，还经常陷入自责，这严重影响了自信，让脱单变得更加困难。弄清楚这些后，我便开始着手制订一个能够帮助大家找到爱情并经营亲密关系的脱单计划。计划的第一步是"走出单身陷阱"。这部分主要帮助读者认识到：成长中的哪些经历决定了现在的情感状况，我们内心对亲密关系有哪些要求，哪些问题会成为我们爱情路上的绊脚石。也许你在经历一段又一段闪恋后，身心俱疲；也许你刚刚结束了一场没有结果的爱情长跑，担心自己再也找不到那么好的人。无论你现在境遇如何，本书提供的计划的第一步都会帮助你理解和接纳当下的自己。计划的第二步可以指引你找到天长地久的爱情。这部分列出了遇到终身伴侣的最佳方式，以及如何从一见钟情发展成稳定的恋爱关系。最后我想强调的是，这是一本乐观向上的书。我想让大家知道：你命中注定的那个人正在世界某处等着你，而我的工作就是帮你找到那个人。

单身潮

The Single
Epidemic

为什么单身的人那么多

在过去5年里，我看到人们对单身的看法发生了变化，新闻媒体、综艺节目以及自助书籍对单身人士的评价越来越毒舌。媒体关于单身的报道愈加负面，电视大拿们的看法也日渐主观，经常说出打压式的话；而一些人生建议类书籍动不动就怪罪于单身男女，说他们不注重形象管理、情商低、在爱情面前犹豫不定。这些话就像毒药一样，让处于空窗期的人不再认为单身只是过渡，甚至有一些人似乎永远卡在单身状态无法挣脱——单身就像陷阱一样，一旦掉进去就很难走出来。我写这本书的目的，就是想用全新的视角解读单身，为大家提供更多的思路和方法，帮助大家找到爱情，长久地维持亲密关系。

为了搜集案例，我常常请朋友们来家里聚会。大家坐在一起畅聊爱情的美好，吐槽在寻找爱情的过程中遇到的种种问题和奇葩事。在这个过程中，我总会遇到一些阻力。例如，35岁的安娜说："我们这几年一直在聊单身，这个话题已经很让人抓狂了，真的找不到新话题了吗？"关于自己单身的经历，安娜依旧有很多话要倾诉，可她不想过多地与人分享。很多单身男女面对好朋友也难以敞开心扉，还会因单身而感到羞耻。更糟糕的是，有些人内心深处会挫败感十足。过去的5年里，我在工作中遇到的亲密关系问题比以往更加复杂棘手，无论来访者是已婚、同居还是单身，现代生活让人们感觉难以经营感情。因此，本章就是要帮助读者理清在亲密关系中发挥作用的各种因素，减轻这些因素给自己带来的影响。最重要的事情是：放过自己，不要再自责了！想要做到这一点，不妨先来了解一下现实情况是什么样的。

从1971年到2001年，英国独居家庭的比例增长了近一倍，在英国家庭中的占比高达31%。在许多人眼中，女性会把建立亲密关系看成一件很困难的事，可事实上，男性也有类似的感受。在25～29岁的男性群体中，有将近1/4的人还在与父母同住。此外，25～44岁的男性群体中，独居比例是20年前的两倍。最近的调查数据更是让人大跌眼镜：在50岁以下的伦敦人里，70%的人在过去一年中有过约会。这意味着拥有稳定亲密关系的人简直太少了。尽管网络征婚、午餐约会、征婚专栏、速配、传统婚介机构等各种方式都很受大家认可，可单身人士的数量还在不断增长。这就好比人人都在关注合理膳食，肥胖人士却越来越多。

人们往往能找到一大堆冠冕堂皇的理由来解释越来越高的单身率，比如婚姻更脆弱、人的寿命变长、社会更加富裕，这些因素使得女性有了独立生活的选择权。然而，这种解释并没有太强的说服力，我们需要深入挖掘。

过去 5 年里，最大的变化莫过于消费选择的爆炸式增长。消费者面对的是琳琅满目的商品和服务。从前，我们只需要在天然黄油和人造黄油间二选一，现在却出现了低盐、有机、添加了 omega-3 脂肪酸或橄榄油的非氢化黄油，以及令人眼花缭乱的各色新式黄油。虽然过多的选择让人纠结，可我们总觉得多多益善，并对此深信不疑。的确，经济繁荣不仅让生活必需品供应充裕，还让政府有余力发展公共事业，修建更多的医院和学校，让人们在医疗和教育上同样可以自由选择。然而，宾夕法尼亚州斯沃斯莫尔学院社会理论和社会行动学教授巴里·施瓦茨认为：太多的选择和没有选择一样糟糕；选择泛滥可能是人们不快乐、不满足，甚至抑郁的根源。这个观点源自施瓦茨教授买牛仔裤的遭遇，他以此为灵感，写了一部关于选择的书籍，于是就有了这本全球畅销的著作《选择的悖论》。故事是这样的，施瓦茨教授最喜欢的牛仔裤穿破了，他想去买一条新裤子。结果，他发现牛仔裤居然分为紧身裤、直筒裤、阔腿裤和垮裤。导购还问他是要水磨的、酸洗的还是破洞的。教授一脸茫然，导购还继续追问他是要拉链款还是纽扣款，要做旧褪色的还是普通的。这个例子可能会让大家忍俊不禁。然而，在恋爱约会这件事上，我们也常常像这位教授买牛仔裤一样，陷入选择困境。约会网站铺天盖地，每个网站都自称拥有数万名会员，互联网提供了近乎无穷无尽的选择。如果你在这些网站上注册，从理论上讲，你可以从数百万人中筛选出自己心仪的对象。直觉告诉我们，这是一件好事，因为我们的约会机会翻了许多倍。然而，直觉有时也会欺骗我们。

- 多即是少 -

我小时候可是全班同学羡慕的对象，原因是我奶奶开了一家糖果店。她的店里不仅有便利店老板常卖的巧克力，还有各色新奇诱人的糖果。店里的货架有天花板那么高，上面摆满了糖果罐，要爬梯子才拿得到；玻璃柜台里还有动物形状的杏仁饼、果肉果冻和来自瑞士的进口巧克力。奶奶住在伦敦，所以我们只能偶尔去拜访她。我和姐姐把她的小店叫作"棒棒糖店"，去那里享受糖果盛宴简直太美妙了。到了冬天，奶奶的店里还会出售漂亮的圣诞节礼物，包括当时爆火的紫罗兰面霜。我们总是先从一大堆礼物中选几样自己最喜欢的，然后把头伸进柜台，看着一排排紫罗兰面霜，贪婪地嗅着紫罗兰面霜的香气，嘴里还不忘含上一块薄荷糖。可往往半小时后，我就不知道自己想吃哪种糖了。有时候，奶奶会让我们看店，我们会给顾客称糖果并收钱。起初，我还纠结到底吃哪颗糖，可没过多久我们就觉得所有的糖果吃起来味道都差不多。面对数不清的糖果，我并没有吃下很多，反而比平时吃得还少。我儿时吃糖的情景后来被某实验室的研究人员设计成了实验项目。他们以市场调研的名义招募了一批大学生，邀请这些学生品尝并评价几款高档巧克力。这些学生被分为两组，一组学生只需要评价 6 种巧克力，另一组需要评价 30 种。实验结果表明，第一组学生给出了更高的评分，而且他们当中放弃现金酬劳，愿意将巧克力当作酬劳的人数是第二组的 4 倍。

为什么第一组学生更容易打出高分呢？巴里·施瓦茨教授认为，更多的选择实际上会降低我们的愉悦感，因为我们担心在被淘汰和放弃的选项中，可能会有自己更喜欢的。单身人士越来越多，我们是否可以从这个实验中得到一些启示呢？

42 岁的艾伦现在还是单身。他在很年轻的时候就是单身酒吧的常客。艾伦说："去夜场的人基本不会太早和别人搭讪，因为大家都想先观望一下再做选择。每当酒吧的门被推开，所有人都会看过去，看看进来的是什么人。如果进来的是路人甲，场子里的每个人都会大失所望，你可以脑补一下那个场面。然而在打烊前的半小时里，人们开始成双成对。如果你搭讪晚了，你一直关注的那个女孩就会被别人抢走，所以必须看准时机及时行动。通常，你最后撩到的都是半小时前还看不入眼的人。我时常想起那句歌词'为什么快打烊的时候，女孩们都变漂亮了？'歌手看似在调侃啤酒的催情作用，但其中大有内涵。"夜场开始时，艾伦不仅会对场子里的女孩们做一番比较，也会把她们和自己脑海中幻想的会走进酒吧的大美人做比较。临近打烊的时候，酒吧里的女孩立刻看起来魅力四射，那是因为更少的选择推动艾伦做出了选择。他很怀念单身酒吧，但曾经的单身酒吧几乎被社交网站团灭。在某种程度上，今天的在线约会网站就像从前的单身酒吧，只是从不打烊罢了。选择泛滥不仅让我们更难做出选择，还让我们执拗地认为世界上存在完美的东西。我们再回到施瓦茨教授买牛仔裤这件事上。教授对导购说："就是以前市面上那种最常规的牛仔裤，从前貌似只有一种牛仔裤。"导购听完开始和同事商量，试图弄清教授所说的"常规"牛仔裤长什么样子。最后，导购终于明白了什么叫"常规"，并把教授带到了摆放"常规"牛仔裤的货架前。至此，牛仔裤买得还算顺利，但教授却开始考虑是否有更舒适、更合身、更适合他的款式。他感觉在成堆的牛仔裤中，肯定有一条牛仔裤比手中的常规款更能激起他的购买欲。在此之前，教授每次买到"常规"牛仔裤，都需要穿一段时间才能让料子更加柔软，裤型更加合身。而他现在却心心念念地想买到一条更舒适的牛仔裤。这种购物经历，像极了单身男女找对象。我们总是执着地相信世界上存在完美的恋人，可以永远陪在自己身边，做心有灵犀的灵魂伴侣。事实上，谈恋爱和买牛仔裤有很多相似之处，很少有人在一开始就能遇到最合适的人。

我们都是在细水长流的日子里相濡以沫，永不分离。

– 最大化者 vs 满足者 –

20 世纪 50 年代，后来的诺贝尔经济学奖获得者赫伯特·西蒙决定着手研究人们是如何做出决策的。当时经济繁荣发展，有大量商品供消费者选择。西蒙发现人可以被分成两类：最大化者和满足者。最大化者极其挑剔，他们只对最好的东西感到满意。

我还是拿买牛仔裤来举例。最大化者可能会在商场里一家家地逛，把所有符合标准的牛仔裤都当备选，但他们不会马上购买，而是把心仪的款式藏在货架的最底层，以免被其他消费者买走。随后，他们可能会把商场里所有的店都逛一遍，甚至还会同一家店逛两次，看看是否还有漏掉的款式。在考察完所有选项前，他们不会买任何东西。追求完美固然是好事，但最大化者总是心存疑虑，即便已经将很满意的东西带回家，他们仍会忍不住纠结："也许我应该再多逛几家店，这样才能货比三家"或"如果我去大一点的商场，会不会找到更满意的牛仔裤"。

如果说在 20 世纪 50 年代做最大化者是自我折磨，那么当下网上海量的选择让最大化者的日子更不好过。在电商繁荣发展的今天，最大化者在网上会面对更多选择和更多卖家。购物会让最大化者感觉有压力，但他们始终认为不完美的东西入不了自己的法眼。与他们恰恰相反的是满足者。一个满足者如果在第一家商店找到了一条不错的牛仔裤，虽然他也会综合考虑款式、质量和价格，但他会果断地做出选择。如果这条牛仔裤满足他的标准，他会立刻买下，购物就此结束。虽然其他店家可能会有性价比更高的牛仔裤，但满足者基本不会费工夫去搜寻，因为满足者追求的是优秀，而不是完美。

我想用自己的真实经历来说明最大化者和满足者之间的区别。几年前，我和一个朋友去大加纳利岛度假。那里的旅游旺季是冬天，可我们偏偏选择了夏天。岛上的游客寥寥无几，居住地附近的酒吧也空无一人。可朋友坚持认为在岛上可以找到更热闹、更好玩的地方。一天傍晚，我们结束了海滩游玩，朋友非要徒步穿越高耸连绵的沙丘，去岛的另一边看看。我们忍着炎热和口渴，终于找到了一个酒吧。走进这家游客必打卡的酒吧，我们只看见几个客人零星地坐在店里。朋友畅饮了一杯饮料后，马上又想去其他地方。我则想留在那里，欣赏壮观的沙丘景色，好好休息一下。虽然它不是岛上最好的酒吧，但我觉得足够好了。我真不明白是什么力量让我的朋友又去了另一家酒吧。他解释道："如果旅行结束后有人跟你说，'你去过某某酒吧吗，那是个很不错的地方，能遇见许多美女'，而你错过了，会感觉很丢脸。"显然，我是一个满足者（接受我们在淡季来旅游，并对行程很满意），而我的朋友是最大化者（追求极致的体验）。那么哪一个更好呢？如果赫伯特·西蒙在大加纳利岛无意中听到了我们的谈话，他有可能站在我这边，而不是站在我朋友那边，因为他认为选择所涉及的时间、金钱、精力、情绪都需要考虑在内。这一点非常适用于我们在岛上找酒吧的例子。在那一刻，满足才是最佳决策。然而，如果没有朋友的鼓动，我就不可能在逛完海滩后还去酒吧喝上一杯，也没有机会看到沙丘吞没落日的壮观景色，更无法领略岛上的旖旎风光。我们再回头看看艾伦和单身酒吧的例子。很显然，艾伦也是一个满足者。他回忆说："如果我在酒吧打烊前去搭讪我一直关注的女孩，即使她算不上女神级别，我也会很喜欢她。我们之间会产生奇妙的化学反应，并且很合得来。如此一来，我就不会认为这么做是退而求其次。"施瓦茨教授应该也是个满足者，他从来没有因为只试穿了一种款式的牛仔裤而感到自己被商家欺骗。然而，这件事让他开始重新思考自己从前的购物方式。经过一番深入的研究，他在书中给出结论：选择的泛滥正在让更多人变成最大化者。

－ 长久的爱情青睐谁 －

真正面对选择时，人们都想得到最好的。没有人会说"我想让孩子上一所'差不多'的学校"，或者"我想要一个'差不多'的医生来治疗我的癌症"。我们都想要最好的学校和最好的医生。说到亲密关系，更没有人愿意将就，我们想和最佳伴侣携手共度余生。然而，我们经常听到有人说自己累得不想再爱了，或者对一成不变的约会不再抱有任何幻想。于是，许多人找了一个看起来还算合适的人结婚。比如，一个年轻的姑娘嫁给了一个"不来电"的老男人，只因为他脾气好、性格好。虽然我们知道满足者做决策的背后逻辑，但我们也会对这位姑娘产生怀疑：她之所以一开始就把自己推向失望，也许是想要日后再次被其他男人吸引，最终用离婚的方式彻底离开"不来电"的老男人。在爱情面前，我们毫无疑问，都想成为最大化者。

我们都想要最好的，但如何才能确定我们得到的到底是不是最好的呢？比如，如果想找到最好的冰箱，我们就可以多看几家网站，找到最优惠的价格。毕竟，比较价格很容易。

我们可能还会考虑冰箱的能效。这是一个可以用数据进行比较的指标，但我们要考虑如何权衡价格与能效。我们还需要考虑其他参数，比如内部空间、制冷时间、外观设计，等等。可以用于比较的参数是有限的，因此我们很容易就能买到自己中意的冰箱。那么，如何选择最好的学校呢？我们可以参考学校排名，但还要考虑上学距离、课后俱乐部、孩子的个性发展、校园硬件设施是否能满足孩子的兴趣爱好、老师的教育理念是否适合孩子的个性、同学圈子如何……太多因素需要考量，并且每个因素都很难搜集到全面信息。如果要挑选最好的医生，我们又该如何判断呢？

同样，我们能不能找到最佳伴侣呢？尤其是在网上搜索或速配时，我们如何对心仪的对象进行排名呢？最大化者的思维模式会让我们倾向于根据外在因素做出判断，比如长相、身高、身材和赚钱能力，而不是根据内在的品质，比如善良、诚信和宽容。这些内在品质才是决定一段感情成败的关键因素。

最大化者的思维鼓励我们去比较，否则我们如何能做出最优选择？有时候，我们会把自己的约会对象与朋友的伴侣做比较。这样的想法会给确立关系增加困难，因为选择与某人步入婚姻殿堂，意味着可能错过更合适的人。满足者与最大化者形成了鲜明对比，他们更愿意相信自己的判断。他们的目标是"差不多"。因此，满足者很少拿自己喜欢的人与别人做比较，也很少这山望着那山高，他们对伴侣十分满意，因此更容易建立稳定的恋爱关系。

此外，最大化者更渴望和比自己优秀的人约会。如果能与最漂亮的女人或最英俊的男人永沐爱河，人生就圆满了。然而，被拒绝的风险也会随之增大。喜剧作家兼演员哈维·弗斯特恩用风趣的语言诠释了这个现象。在他的代表作《火炬三部曲》中，主角有这样一段台词：长相丑陋的人去追求漂亮的人，那是癞蛤蟆想吃天鹅肉。但如果漂亮的人去追求丑陋的人，对方最起码不会让他难堪。

满足者和最大化者在爱情上最终都会留下遗憾。幸运的是，我们大多数人既不是最大化者也不是满足者，而是介于二者之间。纯粹的最大化者认定，"我只愿意接受最完美的"，而纯粹的满足者认为，"好吧，为了平静的生活，一切随缘"。本章末尾的练习可以帮助你判断自己更接近最大化者还是满足者。你还可以根据练习中的建议，调整认知和想法。

一段关系刚刚开始时，尤其是你想要向对方发出约会邀请乃至前几次约会时，你都可以将自己调整得像一个满足者。这样做会让你有更多的选择，避免一时冲动做出判断，错过一个合适的潜在伴侣。在关系升温的过程中，每个人都应该让自己像个最大化者，只有在一切感觉都良好的情况下，才让关系进一步发展下去。

– 为什么认识新朋友这么难 –

许多人经常被孤独和与世隔绝的感觉困扰。生活在这个时代，人们普遍感觉越来越不容易交到新朋友。这个大趋势影响着我们每一个人。

单身人士就像是社会变革的探测仪，如同 19 世纪的矿井里探测井下一氧化碳含量的金丝雀一样。这种鸟儿对一氧化碳特别敏感，因此矿工总是带着它们一起到井下作业。一旦金丝雀死亡，就意味着隧道或通风井堵塞，一氧化碳含量超标，矿工们会被立即疏散。我想知道单身人士数量的激增是不是一个预警信号，提醒我们当下的生活方式出现了本质上的问题。

在我们的文化中占主导地位的是物质主义和个人主义，因此我们强调自主、自由和个人成就。这些理念的盛行渐渐地稀释了将人们凝聚在一起的社会黏合剂。人与人之间的疏离，让我们与邻居鲜有来往，甚至对各种俱乐部和社团都提不起兴趣。与 20 年前相比，社交、体育和志愿团体的会员人数减少了 10%～20%，俱乐部举办会员活动的时长也少了一半。会员之间的私下联络也不像从前那样密切，他们很少会在下班后一起出去喝一杯，也很少聚会。杜克大学的研究人员发现，20 年前，平均每个男性有 3.5 个 "知己" 可以分享秘密，现在，1/4 的男性找不到人倾诉。人们一直认为女性擅长交友，会有很多闺密。然而，女性的各项数据仅仅比男性高了一点儿而已。这项研究让我们意识到，虽然女性的朋友比男性多，但统计数据也呈下降趋势，并且她们可以信赖的家庭成员也越来越少。

社会的物质财富（金钱和资源）越来越富足。政府关注人力资本（教育和健康），社会学家则更倾向于把互惠互利的人际网络当作社会资本。然而，曾经密集的人际网络今天已经不复存在。人际网络是 "人情银行"（出自汤姆·沃尔夫的《虚荣的篝火》）和 "公民美德" 这两种传统观念的结合。人情银行讲究互相帮扶，公民美德倡导与人为善。哈佛大学公共政策教授罗伯特·帕特南强调了这一现象，并在他的里程碑式著作《独自打保龄》中写道："20世纪的前60年里，一股强大的潮流将美国人带入了更加深入的关系接触。但就在最近二三十年，我们的社会关系网被一股危险的激流吞没和撕裂。这一切发生得悄无声息、没有预兆，我们对此毫无察觉。"他用一个让人震惊的现象诠释了这个观点：美国人曾经非常热衷于参加各种保龄球联盟，如今他们打保龄球的次数减少了，一起打保龄球的人数也减少了，大家只和少数几个关系亲密的朋友或家人相约去球馆，有时候甚至是孤零零的一个人。

　　社会之所以会发生这样巨大的变化，一方面是因为我们与周围人相处的时间减少了，另一方面则是因为人际关系的互动方式发生了变化，即社群社交多于社区社交。人们往往更愿意和同类型的人相互来往，大家关系亲密且彼此信任，形成社群社交式团体。社群社交式团体之所以会有很强的联系，大概率是因为团体中的每个人彼此相似、志趣相投。美剧《欲望都市》中的四个女人就是典型的例子，她们一起吃午餐，一起聊八卦。社群社交式团体的特点是排外。与社群社交式团体相反，社区社交式团体是兼容并包的，对任何缴纳会费并遵守规则的人都是开放的，例如高尔夫俱乐部、家庭教师协会、保龄球联盟等。这些组织的成员具有多样性，关系疏远，社会联结程度较弱。社群社交式团体的好处是"有难同当"，当团体中的某一个成员遇到困难时，其他成员都会施以援手。而社区社交式团体的最大特点是大家"有福同享"，团体中的熟人社交可能会给你带来许多机会。例如，对于单身人士来说，社区社交式团体的成员可能会充当月老，为你介绍恋爱对象。

常常有人这样问我："怎样做才能认识更多的人？"这个问题困扰着许多人，无论是长期单身还是刚刚分手的人，都会感觉结识新朋友很难。在过去的25年里，人与人之间的社会联系越来越少。从前，社会上有许多团体和组织可以为人们的社会交往提供平台和支持，可现如今它们早已不复存在。人们都感觉越来越孤独，每天只能对着电脑和手机消磨时光，单身人士的日子尤其难熬。正如帕特南教授所总结的："脆弱的、浅尝辄止的单链关系正在逐渐取代过去密集、多元且成熟的人际关系网络。我们身边的许多社会联系是一次性的、带有特定目的，并以自我为中心。"这意味着单身人士不得不参加"速配"这类像快餐一样，让人颇有压力的联谊活动。而实际上，在轻松自由的社交场合中认识的对象，能更好地加深彼此之间的了解。

总　结

- 理解单身潮背后的社会趋势和压力，不要为自己没有脱单而自责。

- 选择泛滥反而让选择变得更加困难。我们不但把目标放在追求完美伴侣上（这未必是一件坏事），还会成为一个拒绝接受瑕疵的最大化者（这会让我们面临失望，甚至绝望）。

- 最大化者更喜欢拿自己和别人比较，这让他们更有可能对自己和伴侣感到沮丧。

- 满足者更容易做出选择，因为他们追求的是"差不多"，而不是完美。在他们看来，建立关系很容易，但可能会因为太过随缘而陷入鸡肋一样的关系。

- 在最大化者和满足者之间找到适合自己的位置，这才是解决之道。

- 对各种组织机构、俱乐部和社会团体等关系渠道进行综合评估后发现，它们带来的人际关系资源越来越少。社会道德观念越来越淡薄，取而代之的是节节攀升的犯罪率、无法制止的破坏公物行为，以及屡见不鲜的路怒症等社会问题。我们似乎对周围的一切事物都越来越缺乏信任感，人际关系也不例外。在这种情况下，单身人士的社交更加容易受到影响。

- 练习 -

你是最大化者还是满足者

面对选择时，你通常是迅速而果断地做出决定，还是需要考虑所有的可能性？你可以通过下面的测试来看看自己到底是最大化者还是满足者。根据自己的情况，对每个陈述进行打分，分值在1~5：5分表示完全同意，1分表示完全不同意。

1. 在派对上，即使和身边的人聊得很投缘，我也会时不时地看看周围，以免错过更好的人。

2. 我希望和更多的人约会，这样才能找到适合自己的人。

3. 看电视时经常切换频道，电视节目再有趣，我也要浏览一下其他频道。

4. 如果朋友约我晚上出去玩，不到最后一刻我不会答应，因为我担心会错过更有意思的活动。

5. 东西一买到手，我就开始后悔了。

6. 我总是担心别人比我得到更多的优惠。比如度假时，我经常想弄清楚其他客人付了多少钱。但有时又特别害怕知道，因为如果别人得到的价格更实惠，我就会不舒服。

7. 开车出去的时候，我经常让自己压力很大。我会不停地思考是否有更加快捷通畅的路线，甚至还会纠结要不要选择地铁或其他交通工具。

8. 我经常陷入沉思：如果当初做出不同的选择，会有怎样的际遇？比如上学时选择其他专业，或者没有跟某人分手。

9. 无论做什么，我都会用最高的标准来要求自己。

10. 每逢圣诞节，我都会感觉压力很大，我必须为每个人都准备一件合适的礼物。

11. 星期一早上，当人们聚在一起谈论周末生活时，我经常感到焦虑。我担心他们的周末过得比我快乐，甚至嫉妒他们有更好的朋友或更幸福的家庭。

12. 保险合同到期时，我至少会先参考 10 种保险产品，再决定是否续保。

13. 我很想知道前任目前过得如何。

14. 我发现自己在点餐时很难做出决定，总觉得其他人比我会点菜。

把每道题目的分数加起来得出总分，看看自己的分数属于哪个范围。

35分以下：你属于满足者。一旦发现某些东西还算不错，可能就会坚持用下去，无论是某个牌子的牙膏，还是音乐软件推荐的歌曲（最大化者为了找到最好听的歌，会不停地切换歌曲）。买东西时，你的购物目标清晰，购物清单数量适中，而且会精打细算，避免自己花冤枉钱。你很少会一直盯着最好的东西买。作为满足者，你基本不会"买完就后悔"，因为你很少会花费大量时间和精力去寻找价格最优惠的商品。虽说选择泛滥不会为你带来压力和困扰，但你也不必为了图省事而一切从简，你可以在二者之间找一个适合自己的平衡点。许多公司和机构的利润都是满足者贡献的。以银行贷款为例，满足者因为懒得计算贷款利率，而常年在同一家银行贷款。因此，涉及生活中的重要领域，如事业和家庭时，不要对自己要求过低，更不要随遇而安，毕竟你不是生活在与世无争的世外桃源。通过在这些方面追求最大化，你可以从人际关系中得到提升，甚至还会得到更多有价值的东西，否则别人可能会把你当软柿子捏。

35～45分：大多数人都处于这个范围，介于最大化者和满足者之间。有时候，你会追求最好的，而有时候，你会觉得"差不多就行了"。你属于"特定领域的"最大化者。比如，你喜欢品酒，也许会为了一顿大餐花心思寻找一瓶完美的红酒，但不会为了找到实惠的价格，在各个电商之间没完没了地做比较。遇到工作或人际关系这类重要的事情时，你会想要做到极致，但也会对事情抱有相对理智和现实的期望。最大化者恰恰与之相反，他们不仅会用超高的标准衡量每一件事，还会幻想可以达到这些标准。正因为这是不可能的，所以最大化者经常感到失望和沮丧，甚至还会因此失去动力。泛滥的选项和高明的营销手段正在给所有人制造焦虑和压力，无形中让我们越来越像最大化者。因此，不要让选项超出你的掌控范围，因为选项过多往往会让人无法理智地做决定。合理的选项一般在 6 个左右。

超过 46 分：你属于最大化者。你绝不允许自己将就，但这意味着你在面临选择时经常犹豫不决。从理论上讲，决定是你自己做的，你应该是最满意的那个人。可事实恰恰相反，你经常后悔，即便已经做出了决定，心里依旧不踏实，如果这时又冒出一个看起来还不错的选择，你就会后悔。测试的分数越高，你失去机会的可能性就越大：工作机会很好，而你回绝了；假期快要过完了，你还在纠结哪个旅行计划最完美；过于挑剔，让恋人离你而去。对自己要求高是一件好事，但这并不意味着你要在每件事上都表现得出类拔萃，做好几件大事即可。最后，不要总是拿自己和别人比较，因为这会让你对自己的现状更加不满。有人说人生是一场比赛，要努力向前冲。但我始终不赞同这个观点，我认为人生在世，应该把眼光放长远些，一旦你开始这样想，就会发现生活给予你的并不只有失望，一路走来，你早已收获满满。不要再死盯着"完美"二字不放，不断调整自己，去追求容易实现的目标，你的生活会变得很轻松。

如何降低你的最大化指数

如果选择泛滥正在让你变成最大化者，那你要分清主次，只在少数事情上最大化，否则疲惫和沮丧很容易找上你。下面的练习可以帮助你提升购物决策力，尤其是对于小件物品。适当改变对小件物品的购物态度，不仅可以将时间和精力放在更重要的决策上，还可以让你体会一下成为满足者的感觉。这是一个很重要的练习，因为纯粹的最大化者会发现自己很难找到恋爱对象，也不知道该如何与伴侣相处。

1 回想一下你最近一次购买贵重物品时的情景。

- 你搜索了多少个网站？

- 你逛了几家商店？

- 还有什么因素影响了你的购物决策？

2 成本估算。

- 你大约花了多长时间做决定？写下一个最贴近的数字。
- 你大概省了多少钱？对这个数字要实事求是，不要计算购买价格与最高价格之间的差额，而是要计算购买价格与市场均价之间的差额。

3 满意度。

- 你对买到的东西有遗憾吗？
- 与那些在购物上投入更少时间和精力的人相比，你的努力带来的快乐是更多，还是更少，抑或是和他们一样？

4 在这次购物中，你付出了很多精力，这些精力是否能证明最大化者的思维是合理的？

- 想想你 1 小时内可以赚多少钱。（如果你是自由职业者，可以按小时计薪。如果你是上班族，可以把日薪换算成时薪，粗略估计一下。）
- 将你每小时赚到的钱和你省下的钱进行比较。
- 从时间和精力两方面衡量，这次购物划算吗？

5 下次购买贵重物品时，给自己设计几个限制条件。（你可以依照自己的实际情况设置限制条件，并根据购物过程灵活调

整。一旦设置好限制条件，就要鼓励自己坚持下去。）

- 只参考 3 个报价。

- 只浏览 6 个网站。

- 只找两家商场。

- 只给自己半个小时。

6 **重新评估你的购物模式。**

- 放下最大化者的思维，改用满足者思维做购买决策，情
  况会有什么不同？

- 用满足者思维购物，效果会更好吗？如果会，表现在哪
  些方面？

- 如何将满足者思维带来的好处融入生活的其他方面？

7 **和自己定下契约。**

- 抵制广告的诱惑。如果广告上推荐了更新、更好的商品，
  不妨参考一下用过它的朋友的意见。

- 学习阿 Q 精神。富人和名人的生活方式总会让你觉得自
  己不够优秀。你应该关注同龄人，甚至可以去看看那些
  不如你幸运的人。

- 满足者思维多一点，最大化者的思维少一点。

测试你的交友方式：社群社交还是社区社交

　　这个练习的目的是帮助你确定自己的人际关系模式，以及你的社会资源来自社群型群体还是社区型群体。

1. 浏览你的通讯录，把所有家庭成员、朋友和熟人的名字都写在便利贴上。

2. 把你的名字写在一张不同颜色的便利贴上，然后把它贴在一面白墙或一张大纸板的中心位置。

3. 把闺密贴在离你最近的地方。

4. 如果你通过闺密结识了其他朋友或者熟人，把他们贴在那位闺密旁边（远离中心位置的那一侧）。

5. 把所有朋友按照这种方式贴好，看看你的朋友关系是如何展开的。

6. 如果你通讯录里的联系人是俱乐部或团体的会员，把他们写在另一种颜色的便利贴上，用同样的方式贴在合适的位置。

7. 把所有熟人贴在墙上或者纸板上，关系越近，越靠近中心，来往最少的贴在最边上。

8. 站远一些，看看这张关系图的全貌。你的交友方式是哪种类型？

9. 在你的关系地图上，是否有那种能为你介绍人脉的重要的联系人？有的话，打电话和他们联络一下感情。你会发现这些善于经营人际关系的人都很会和别人打交道。他们可能会时不时地给朋友打电话联络感情，转发搞笑的段子，经常出席聚会或参加许多不同的社团。思考一下，你能从他们身上学到什么？

10. 你想做出改变吗？用什么方式改变？

第一步

走出
单身陷阱

Escaping
the Single Trap

第二章

爱情从认识自己开始

本书有一个核心理念。这个理念很重要，因为它对脱单计划的两个步骤起到了重要作用，也验证了我的亲密关系哲学。这个核心理念也是我设计书中练习的基础。这个理念理解起来不难，不幸的是，许多人不相信这个理念。这个理念究竟是什么？就是吸引力效应，即你是什么样的人，就会吸引什么样的人。换言之，我们在状态不好时很容易吸引那些同样陷入危机的人。

关于吸引力效应，我曾经遇到过一个很典型的个案。32岁的克里斯蒂娜以非常痛苦的方式结束了和前夫维系多年的婚姻。克里斯蒂娜说："我们经常争吵，无法心平气和地沟通。我感到情绪消极、疲惫不堪，我只想被拥抱、被抚摸，只有这样才会让我觉得一切都会好起来。"

克里斯蒂娜和前夫有两个孩子。离婚还不到半年，她就遇到了米切尔。米切尔也因为类似的问题离了婚。克里斯蒂娜解释道："我们的性生活很美好，我真的觉得我们可以彼此理解、相互支持。"

可是很不幸，在短暂的甜蜜期之后，两人之间不断爆出问题。"激情消退后，我发现他的消极态度和爱抱怨的性格真的很令人沮丧。明明是很开心的一天，可当他收到前妻的律师函后，马上就变得情绪暴躁，还对我大喊大叫。激烈的争吵让我想起自己当初和前夫吵架的情景。他不仅是在为难自己，也是在我的伤口上撒盐。"克里斯蒂娜和米切尔来找我咨询时，我立刻想到了吸引力效应。然而，当我指出他们的相似之处时，克里斯蒂娜马上替自己辩白："米切尔还是留恋前妻，根本不肯放下，而我却一直在努力向前看。"虽然她不再和前夫争吵，但她也不让对方来探望孩子，前夫根本无法走进孩子们的生活。所以，尽管克里斯蒂娜和米切尔看似在用不同的方式处理问题，但实际上他们在情感上都陷入了同样的困境——跟前任的关系纠缠不清，还没做好准备走进新的关系。他们的相遇正应了那句话：你是什么样的人，就会吸引什么样的人。

另一个例子是娜奥米。28岁时丈夫离开了她，在此之前她一直觉得自己的婚姻很完美，突如其来的打击让她一蹶不振。独自生活9个月后，娜奥米开始约会，并遇到了"一个敏感体贴的男人"。起初，她认为这是天赐良缘。但6个月后，这段关系出现了问题。"他从前总给我打电话，可现在一个电话都没有，还经常说他很忙。这跟分手没什么两样了。"娜奥米在她的第一次咨询中说。我的判断是，虽然娜奥米想从亲密关系中得到安慰，但她还没有做好准备投入这段关系。我推测她的新男友也是同样的情况，所以他吸引了境遇相似的娜奥米。我让娜奥米谈谈这位男朋友。"他的母亲是个控制欲很强的人。对于他来说，确定关系似乎是一件很困难的事。"而娜奥米本人又是什么情况呢？她如何理解什么是"确定关系"呢？"我暂时不想同居，因为自己还没准备好。他看起来只是一个可以带去参加朋友婚礼或者勉强凑合去一起度假的男伴，可他连这些事情都会敷衍了事。"虽然娜奥米觉得自己已经做好准备开始约会了，但她心里的伤口并没愈合。她无意中被一个看起来对她感兴趣的男人所吸引，但这个男人的实际情况和娜奥米一样——只想寻求安慰，不想确定关系。如果你质疑吸引力效应，不妨回想一下自己的经历。你是否曾经需要某人来提升你的自尊，结果却发现对方也在利用你去提升他的自尊？你在感到绝望的时候，是否也遇到过一个和你同样绝望的人？你是否遇到过那种心理负担很重的人，相处一段时间后才发现，自己那时的心情也很沉重？

我们还可以从另一个角度来理解吸引力效应：你看待自己以及对待自己的方式恰恰是别人看待你、对待你的方式。换句话说，如果你在内心深处认为自己不值得被爱，那你就会吸引那些根本不爱你的人。34岁的杰西卡很想找个稳定的男友好好谈恋爱，但她的恋情似乎都发展得不顺利。杰西卡说："我总是在派对上遇见渣男。一开始大家对对方的印象都不错，但不知道为什么，这些感情总是来得快去得也快，最后只剩我一个人独自在酒吧伤心落泪。"于是我们聊起了她最近的男友鲍勃。"我想我早就该预料到，我和他不会有什么好结果。认识第一天晚上，他和我一起回到住处，我们坐在沙发上喝酒。他问我：'你确定你想这么做吗？'他甚至告诉我，他不想谈恋爱，但我当时不想让他走，一直挽留他。于是，不可避免的事情发生了，我们稀里糊涂地睡在了一起。有人陪伴的感觉真好，我对他产生了感情。"杰西卡其实早就知道他们想要的东西不一样。鲍勃只想要一夜情，而她则渴望爱情。然而，因为她轻易放弃了原则，所以很难赢得鲍勃的尊重。"后来，我们还是勉强交往了一段时间，在约会6次之后，我们就不怎么见面了，最后干脆失联了。"

正是因为周围大多数人都会找个和自己差不多的人谈恋爱，所以才期盼有例外发生，这就是为什么大家都喜欢灰姑娘的童话。即使是成年人，我们也依旧坚信会有人来拯救我们。而且在我们心目中，那个拯救我们的人必须是完美的，或者至少比我们好。拯救者浑身散发着光芒，不会像那些与我们处境相似的伴侣一样拉着我们继续在泥潭中挣扎。拯救者愿意俯身将我们扶起，帮我们挣脱泥沼，和我们幸福地生活在一起。然而，我们只看到了灰姑娘和王子有情人终成眷属，却忽略了故事当中曲折的情节。其实，所有王子或公主与平民相恋的童话故事里，男女主人公必须经历磨难、克服障碍，才能迎来圆满的结局。他们只有学到一些重要的东西并让自己有所成长，才能真正与王子或公主走到一起。因此，带有象征意义的童话婚姻并不是单纯的阶级提升，而是真正的门当户对。很多时候，来找我咨询的伴侣都是因为一见钟情走到了一起，乍看上去好像并不符合吸引力效应。可实际情况又是如何呢？玛德琳一直觉得自己是个灰姑娘。她还是花季少女时，遇到了真命天子爱德华。爱德华那时二十五六岁，看起来成熟稳重。玛德琳说："我觉得爱德华把我从父母剑拔弩张的关系中解救了出来。我父母经常吵架到深夜，我和妹妹被吵醒后，只能在卧室里互相安慰。我父母每次要吵到体力透支才罢休。"玛德琳和爱德华在婚后的第5年也开始频繁争吵，他们想要通过咨询来改善夫妻关系。引发争吵的主要原因是玛德琳受够了被当作小女孩对待。爱德华虽然看起来很成熟，但在他成年人的外表下，掩藏着一颗缺乏安全感的心。在这段婚姻关系中，他不知道如何将玛德琳当作成年人来相处，只有掌控一切，他才心安。爱德华说得越多，听起来就越孩子气，表现也越像个小男孩。尽管在旁人眼中，他像一个身披铠甲的骑士，拯救了玛德琳，并一直守护着她，可实际上，这对夫妻的心理年龄十分接近。

虽然吸引力效应从字面上看很容易让人感觉沮丧，但换个角度看，如果我们的头脑足够清醒，就能吸引到与自己相似的人。这就是为什么本书的第一部分要花很大篇幅来讨论自我成长和自我提升。当然，我们每个人都需要先认识自己，以便了解自己过去为什么会做出糟糕的选择。这样做的主要目的是让自己有所成长，在内心深处做好充分的准备，去投入下一段甜蜜的恋爱关系。你做到这一点，就会吸引到同样做好准备的人。那么，该如何提升自己呢？

- 过去与未来 -

如果说亲密关系是一道难题，那么破解这道难题的金钥匙就藏在我们的过往经历中。我们需要披荆斩棘，回到过去，找到这把钥匙，才能重新开启亲密关系之旅。

毫无疑问，我们都愿意和那些让自己感觉舒服的人约会，或许是因为聊得来，或许是因为这个人在我们眼中与众不同。我们当初为何会怦然心动，想去认识对方呢？为什么我们会认定眼前这个迷人的女人或帅气的男人就是命中注定的那个人呢？答案就在我们身上。或许我们自己还没有意识到，我们的恋爱对象在某种程度上就是我们父母的翻版。

对于这个说法，很多人的第一反应是大笑或反驳："我的前任和我父母一点儿都不像。"我的一些来访者甚至拒绝去思考这个说法的深层含义。这种拒绝有时会让我感到遗憾，因为理解情感遗传在寻找爱情时至关重要。那么，我们为什么会对这个观点如此抗拒呢？也许每个人的心中都有一个理想的灵魂伴侣，他完美无瑕，跟我们的父母不一样。埃莉诺是3个孩子的母亲，她在咨询室里和我讲述了她父母支离破碎的关系："我父亲经常出轨，可他对此毫不掩饰，甚至还会带着他的出轨对象参加各种聚会。这对我的母亲来说是莫大的羞辱。我坚信自己不会像母亲那样，明知老公出轨还要忍气吞声。后来，我嫁给了一个长相英俊、很会哄女人开心的男人。从表面上看，他一点儿都不像我爸爸。我们婚后生了两个孩子，我认为我们的关系亲密无间。我们享受彼此的陪伴，性生活也很和谐，笑点也一致。我们就这样一起生活了20年，周围人都夸我们是神仙眷侣。然而，在发现他出轨后，我还是毫不犹豫地和他离婚了。女人的直觉很灵敏，我很快发现他在外面还有许多女人。我朋友告诉我，他在酒吧里和一群人吹嘘自己睡了很多女人。"埃莉诺还是陷入了和母亲同样的处境。那么埃莉诺身上究竟发生了什么呢？你也许不会相信，我们在襁褓中就已经懂得了什么是关系。我们在母亲的怀抱中目睹了父母之间如何沟通、如何争吵、如何避免冲突，以及如何解决问题，甚至他们的喜怒哀乐都对我们有着挥之不去的影响，这些都会成为我们最初的关系模式。事实上，在走进学校、接触到其他关系模式之前，我们可能会认为自己原生家庭的关系互动是唯一的关系模式。我们能够看出别人的家庭似乎和自己的家庭有所不同，但原生家庭留在我们身上的烙印的确很难被抹去。埃莉诺的经历就很好地证明了这一点："离婚后，和我约会的人都和前夫一模一样，很有魅力，也很有女人缘，但就是没有责任心。我想和他们认真相处，但他们会出轨。"谈恋爱就像在游乐场里找玩伴，我们总想找人来陪我们一起重复小时候无法解决的问题。我们与某个人聊得投缘时，双方的潜意识其实都在搜索对方身上与自己契合的地方。埃莉诺一直在寻找一个像父亲一样危险而有魅力的男人，她的前夫恰恰就是这样的男人。很多时候，我们和伴侣都在重复各自曾经的关系和经历。

虽然我们常说女人照着父亲的样子找男友，男人照着母亲的样子找女友，可实际情况远远没有这么简单。尽管有时我们刻意不去寻找和父母一样的人，但是随着时间的推移，我们变成了父母的样子。莎拉是一位40多岁的女性来访者，她发现自己不知该如何恰当地表达情绪和情感。莎拉说："我父母笃信'大事化小，小事化了'，大家都少说两句，就没事了。从小到大，我从没见过他们吵架。他们解决矛盾，都用冷暴力。妈妈比爸爸稍好一点儿，她会跟我解释爸爸的情绪，还经常调解我和爸爸之间的矛盾。"第一次婚姻中，莎拉在丈夫和孩子之间也扮演了和自己母亲一样的角色。那时她才体会到家庭关系给母亲带来的挫折感。莎拉的丈夫生了一场大病，最终撒手人寰。"他离开我和孩子们之后，我才意识到有很多事情没来得及问他，比如，他害怕死亡吗？他对离开我们有什么感觉？我真的不知道，因为我们从来没有敞开心扉交谈过。如果有机会和他妈妈聊聊，我就会知道他心里究竟怎么想。"几年后，莎拉又结婚了，她的第二任丈夫与她的性情刚好相反。莎拉说："他是意大利人。遇到事情时，他可能会先气得火冒三丈，然后再开始想办法解决。这样其实挺好的，因为大家可以开诚布公地谈论一切。但是，我发现自己只会在一旁重复爸爸曾经说过的话：'别这么敏感'和'我们有必要这么夸张吗'。"在第一段婚姻中，莎拉扮演了自己母亲曾经在婚姻中的角色；而在第二段婚姻中，莎拉的做法像极了父亲。

尽管大多数人不愿意在伴侣身上寻找自己父母的影子，但有一个群体很愿意，那就是有成瘾问题的家庭。研究人员发现，如果父母酗酒，子女在和父母的关系互动中通常会扮演四类角色：守护者、取悦者、吸纳者和求关注者。在成年之后，他们也会在人际关系中继续类似的模式。有趣的是，这个发现引起了许多来访者的共鸣，尽管他们的家庭成员中没有任何人出现过成瘾问题。

以下是四种截然不同的应对模式：

· 守护者

这类人自幼就比同龄人更有责任心，他们做事认真，解决问题的能力异于常人。成年后，他们通常会选择那些需要被照顾的人当伴侣。

· 取悦者

这类人无论在哪里，都会尽力维护平和的氛围，总是试图让每个人都开心。成年后，他们会极力避免在关系中发生冲突。

· 吸纳者

这类人经常选择回避和忽略问题，无论处境多么恶劣，他们会对负能量照单全收，压抑在心里，并且表现得若无其事。成年后，他们要么沉默寡言、存在感很低，要么就是把"没事""没什么"这类话挂在嘴边。

· 求关注者

这类人自幼就经常制造麻烦，以此来寻求关爱，比如夜不归宿或者乱发脾气。成年后，他们依旧会制造危机。在亲密关系中遇到问题时，有时会用离家出走或结束关系这种方式来威胁对方，尽管事情并没有那么严重。

这些模式之所以会戳中我们心中的痛点，是因为有些压力是每个家庭都需要面对的：如何平衡个人与家庭的需求，如何应对愤怒和其他负面情绪，如何做决定，谁来做决定……成瘾家庭恰恰是最典型的例子，可以帮助大家更好地理解我们的亲密关系究竟出了什么问题。

如果你仍然不愿相信是父母在影响你的亲密关系，不妨看看这四种模式：守护者、取悦者、吸纳者和求关注者。你能否从这四类人的身上找到自己的影子？你的家庭成员中，也有这种类型的人吗？你的兄弟姐妹是怎样寻找伴侣的呢？你能从中发现什么规律吗？

当然，塑造你性格的不仅是父母之间的关系，你与父亲的关系、与母亲的关系，同样影响着你的恋爱观和婚姻观。我们接下来会深入讨论几种典型的问题父母，并分析他们为什么会导致子女一直单身，无法走进亲密关系。你可以从中找到一些启发，看看自己为什么找不到称心如意的伴侣。

－ 父亲的影响 －

父亲的养育风格对女儿来说特别重要，因为那是她生命中第一个男人。父亲对儿子来说也很重要，因为儿子要以父亲为榜样，学习如何待人接物。常见的父亲有六种类型，虽然很多男人是混合类型，但大多数父亲都有自己的核心风格，尤其是当他们身心疲惫或压力过大时。每种类型的父亲，都会以不同的方式影响子女的情感生活。本章末尾为大家准备的练习，会详细指导大家如何改善与父亲的关系。

溺爱型父亲

每个人都想要一个宠爱自己的父亲。在成长过程中被父亲呵护宠爱的女儿在长大后会更加自信。但宠爱过度就会变成溺爱。31 岁的凯特在咨询室里告诉我："记得小时候，每次开车出去，我总是坐在副驾驶座上，和爸爸一路上有说有笑，妈妈则坐在后排。在吃饭这件事上，通常都是我说了算，妈妈基本没有发言权。我可以让爸爸把车停在我喜欢的餐厅前，而妈妈只能默不作声地跟着进去；我可以很任性地点菜，而妈妈只点些便宜的东西；我可以大快朵颐，享用朗姆酒布丁，而妈妈只喝一碗汤。"如果父亲的爱毫无节制，那么女儿就很难真正长大。更糟糕的是，这样的女儿在成年后会认为男人都应该把她当成公主对待。凯特承认："我的同居男友常常把下午茶端到我床上，整个周末都围着我转，我的所有要求他都会满足。可这样的日子反而让我感到厌倦，于是我背着男友和一个刚刚出狱的人开始了一段疯狂的恋情。我从没见过像他这样的人。他没受过教育，一点儿思想都没有，就连给小狗取个名字都想不出来，所以就叫它'狗狗'。

我们之间根本没有共同话题，可两个人在一起真的有必要聊天吗？……如果爸爸知道我和这样的男人在一起，我就死定了。"

父亲不太可能溺爱儿子，因此儿子长大成人后，父亲就不再把他当孩子看待。然而，如果爸爸对儿子太过放心，认为儿子事事正确，那么儿子的不良行为就会缺乏管教。这样的儿子在长大后也会变得很自私，不会关心别人的想法和心声。

单身原因： 拿着高标准去寻找伴侣固然很好，但如果标准高到无人可及呢？

提升攻略： 如果你在关系中表现得像个孩子，你的伴侣就会自动进入家长模式。下次当你想要生闷气、发脾气或用甜言蜜语哄骗别人时，提醒自己这些都是非常幼稚的行为。不妨先思考一下：成年人会怎么做？

危险型父亲

与溺爱型父亲恰恰相反，危险型父亲本身就是个没长大的孩子。他们可能精力充沛、活力四射，也可能非常迷人，但这类父亲通常也有见不得光的一面。他们中有些人经常背叛妻子，屡次出轨；有些则是多次离婚，娶了好几任妻子；还有的因为酗酒或吸毒成为危险人物。但有一件事是肯定的，这些人都把生活过成了闹剧。38岁的贝弗莉来自一个典型的成瘾家庭，她的父亲就是个酒鬼。"在我小时候，每当朋友们来家里玩时，爸爸总是试图让自己成为众人瞩目的焦点。他会立即跑到楼上，换上一套他收藏的美国内战时期的古董军装，然后在家里像军人那样昂首阔步，不停地跟客人炫耀自己。这件事常常让我妈妈抓狂，我却觉得爸爸很有趣。我在十几岁的时候，才意识到他经常酗酒，一喝醉就会那样表演。最后，我也终于明白了为什么他总是过于情绪化。"成年后的贝弗莉一直和一些不靠谱的男人交往。"我似乎很喜欢'迎难而上'。我的第一个男朋友是一名救生员，我完全被他迷住了。他经常爽约，可他对我越糟，我就越爱他。我认为他的喜怒无常是因为他'强壮而沉默'。直到后来，我才发现他只是利用我来掩饰自己同性恋的身份。"不幸的是，瘾君子的孩子比其他人群更容易出现成瘾问题。对于危险型父亲的女儿来说，让她们上瘾的不仅仅是酒精和毒品，还有那些难以驾驭的男人。危险型父亲养大的儿子同样会面临困境，他们也许会模仿父亲，认为不良行为和危险行为是吸引和留住女性的最佳方式。然而，也有许多危险型父亲的儿子并不会像父辈那样，他们发誓绝不会成为父亲那样的人，这些人成年后往往会成为好丈夫、好父亲。

单身原因：你总是吸引那些会伤害你的人，他们会破坏你的自信心和判断力。你害怕做出承诺，因为经验告诉你，感情和关系是危险的。

提升攻略：不靠谱的危险型父亲很容易让人愤怒，你有权利对他生气。但是，生气太久会让你和父亲的关系徘徊在过去。相反，你应该重新审视一下自己和父亲。他的行为真的那么糟糕吗？你想过要惩罚他吗？如果真的惩罚他，这种惩罚又会给谁带来实质性的伤害呢？

独裁型父亲

许多男人喜欢当一家之主，但尺度拿捏不好就会变成独裁。在学校里，孩子必须按照父亲的要求，在学校用功读书；在家里，他们同样被父亲要求事事都要做好，哪怕是交朋友、就寝时间、整理房间这样的小事，也很容易让父亲发作。很多独裁型父亲的子女会非常叛逆，他们中的有些人在成年后也会和父亲一样掌控自己身边的各种关系。29岁的西恩是一名律师，她至今对父亲的做法心有余悸："有一天，我和爸爸大吵一架，他大声吼我'懒鬼'，就因为我早上7点半还不肯起床。他最喜欢说的话是'一日之计在于晨，起床太晚，这一天就荒废了'。他甚至会把一块浸湿了冷水的法兰绒扔到我脸上，逼我马上起床。如果我起床后依旧在家里穿着睡衣，他就会大发雷霆。他要求我的房间必须整整齐齐，所以我起床后的第一件事就是迅速把房间整理好，甚至连梳妆台都会收拾得一丝不乱。我经常装作很忙碌的样子，在家里跑前跑后地做各种事，但这些都是为了取悦他。只要他一走，我就会把卧室弄得乱七八糟，这样做会让我感到兴奋和满足。"父亲的做法一直影响着西恩，她也像父亲一样，把自己身边的各种关系都变成了权力斗争。西恩对自己的几任男友都不满意："说他们一直在控制我，都很客气了，有时他们简直控制欲爆棚。他们会在我和闺密的聚会结束后的凌晨两三点跑来接我，只是为了来查岗，看看我和谁在一起。我曾经犯过一个让自己后悔的错误。有一次我想去应聘一个自己非常喜欢的职位，便让做猎头的男友帮我修改简历。可他说我的简历漏洞百出，让我觉得他在否定我，想把我改造成另一个人。随后，我们都无法压抑心中的怒火，冲着对方大喊大叫。我忽然感觉自己又回到了从前和爸爸争吵时的场景——他擅作主张，修改了我的大学申请，我为此跟他大吵了一架。"独裁型父亲总是希望自己的孩子能得到最好的。虽然这类父亲可以用严苛的爱把孩子逼成优等生，但这样的爱是双刃剑，会让子女感受到父亲的严厉批评和指责。更重要的是，对孩子无孔不入的干涉和控制会让孩子因为惧怕父亲的权威，而变得完全依从父亲的喜好，一直忽视自己的需要，不知道自己到底想要什么。

单身原因：你是一个完美主义者。尽管你的要求很高，但依旧非常渴望遇见那个对的人，同时，你又极其害怕被控制，所以常常和人保持一定的距离。

提升攻略：做决策时，先问自己三个问题。第一，父亲想让我做什么？第二，如果不按照父亲的意思来，我应该怎么做？仅仅选择和父亲对着干，未必可以获得真正的自由。第三，我想做什么？其实还有另一个选择：你可以找一个身心健康的年长男性作为榜样，让他身上的优秀品质给你带来积极的影响。他可以是工作上的前辈，在工作上给你指点，也可以是有爱心的老师，能够像父亲一样教导你。

疏离型父亲

在传统观念中，人们总是期望男人牢牢控制自己的感情，喜怒不形于色。这导致很多男人在成年后无法觉察自己的情绪，甚至还会对产生情绪感到尴尬和羞愧。他们在家庭关系中也是如此，经常表现得过于理智、缺少温情，让其他家庭成员感到难以接近。面对压力时，有些男人会选择逃避，他们可能会躲起来打游戏、追剧，或者摆弄花花草草。他们把自己关起来逃避现实，但在孩子们的心中，他们仍然是传奇式的人物。还有一些父亲会因为工作忙碌而忽视家人，或者因为离婚而与孩子关系疏远。贝琳达已经 46 岁了，可她依旧对父亲的冷漠无法释怀："爸爸每天回到家都是一副冷冰冰的样子。如果他心情好，或者听到妈妈说我们在学校取得了好成绩，他也会开心地摸摸我们的头，但他的好心情就只有短短几秒。我怀疑法律是否限制了父母亲近孩子的时间，如果亲近太久就是违法，我的爸爸在这方面绝对是守法公民，绝不多亲近一秒钟。每次去书房找爸爸玩时，我都很期待他能耐心地解释一下那些让他沉迷其中的文件夹里到底藏了些什么东西。他把书房里的每样东西都整理得井井有条，每天待在里面孜孜不倦地工作，唯独把我挡在门外。他从来没跟我说过他爱我，我猜他觉得我能感受到他的爱，因此没必要整天挂在嘴边。"和父亲关系疏离的女儿要么会被那些不愿意做出承诺的男人吸引，要么会爱上那些把感受藏在心里的男人。贝琳达说："如果我和伴侣是跨国恋或者异地恋，我反而会感到更快乐。我以前的感情都是异地恋。后来我不再让异地恋折磨自己，我认识了一个同城的男人，但他痴迷于攀岩，周末和假期都要外出攀岩。我曾经跟他抱怨过陪我的时间太短，但这根本不起作用，他还是整天和我玩消失。后来我忍无可忍，跟他分手了，并开始和一名同事谈恋爱。但他太黏人了，恨不得每时每刻都腻在一起。我实在受不了他，就开始屏蔽他的电话。"虽然疏离型父亲养大的儿子也会和人有距离感，但这并不影响他们建立亲密关系，因为女性大多擅长体察情感，他们的女朋友会带着他们一起谈论情感。但疏离型父亲的女儿就没那么幸运了，她们儿时和父亲关系疏远，因此成年后找到的伴侣也和父亲那样，性情冷漠，不喜欢和人亲近。很多人都不太愿意和性格冷漠的人交往，但疏离型父亲的女儿却很容易和这样的男人建立亲密关系。有时候她们也会意识到自己容易被情感淡漠或者有距离感的男性吸引，尽管时空上的距离和心理上的距离让两个人根本无法对关系做出承诺，可她们依旧会陷入这样的关系难以自拔。

单身原因： 作为成年人，你可能会理解父亲为什么疏远你，但当你还是个孩子时，你非常不愿意面对这件事，因为这会引起你的焦虑，让你担心自己没人爱。

提升攻略： 把注意力放在改变你父亲的某些行为上。比如，要求父亲给你更多的关注，而不只是对父亲抱怨，因为你的抱怨可能会让他更加退缩，甚至让他都无法面对他自己。接下来，将你的要求尽可能地细化。比如，给家里打电话的时候，让父亲多跟你聊聊。最后，用积极的态度展望未来，而不是纠结过去。例如，如果是父亲接电话，不要那么快就让他把电话递给母亲，可以试着让自己先放下对父亲的成见，多陪父亲聊一会。

破坏型父亲

破坏型父亲也会给孩子造成很深的伤害，他们根本不理解为何武断的批评会摧毁人的自尊，甚至有些破坏型父亲还会抛弃自己的孩子。塔拉是一位 26 岁的来访者，她在咨询室里讲述了父亲带给她的伤害："我爸爸身高将近一米九，说话基本不经过大脑。我 12 岁左右开始发育，他看见我从冰箱里拿出一桶冰激凌，想都不想就对我说，'你吃东西最好注意点儿，胖了就没有男孩子喜欢你了'。我被噎得一句话都说不出。我一直后悔当时为什么没有反驳。时至今日，他仍然否认自己曾经说过这句话，可他确实说过。从那时起，我就开始发胖，并且一直孤独而艰难地与体重做斗争。我对第一次节食的经历记忆犹新：我从妈妈的杂志上找到了减肥食谱，经常带胡萝卜干和又干又柴的金枪鱼肉当午餐，找个没人的地方边吃边哭。"被破坏型父亲养大的女儿价值感都比较低，她们通常会选择得不到的男人，比如已婚男人。而这些男人最终会抛弃她们，一次次地让她们感到自己没有价值。塔拉还提到了她在学生时期的伤心经历："十几岁的时候，我很渴望别人关注我、爱慕我，于是我和许多男生谈恋爱。我的事传遍了整个学校。有时候，我也会自我安慰，这些男孩都很在乎我。成年后我变得比以前聪明，不再做傻事伤害自己，但有时我也把别人的话当成批评，即使那些话并不是在针对我。比如天冷的时候，我的男朋友可能会无意间对我说：'你不觉得应该戴条围巾保暖吗？'但我的反应却很激烈，因为我感觉他似乎在批评我'你的裙子太暴露了'。最后，我会和他吵架，甚至要和他分手。那时的我似乎失去了理智，完全无视他身上吸引人的地方。"

单身原因：经验告诉你，最亲近的人伤害你最深。这些经验就像一剂毒药，让你在成年后害怕做出承诺，经常缺乏价值感。

提升攻略：新时代的哲学语录总是过度宣扬自信和优秀，所以每个人都拼命逼着自己要自信、优秀，于是，负面的声音会挑战我们的自信，让我们怀疑并责怪自己不够优秀。试试逆向思维，适当听听批评的声音。当你耐心听完别人对你的评价，再去反驳那些夸张或带有恶意的批评。最后想想，任何人都会犯错，重要的是通过反思错误来提升自己。这种方式会帮助你听到越来越多积极的声音。

榜样型父亲

这类父亲为女儿提供了一个避风港，让女儿从小就在和父亲的关系中学会如何与异性相处。这类父亲也是儿子的榜样。与溺爱型父亲不同，榜样型父亲知道应该在什么时候和孩子明确边界，不会让孩子随心所欲。28 岁的阿德丽安说："每当我和妹妹遇到问题时，都知道可以去找爸爸求助。爸爸让我们觉得他就是靠山，但有时我们也会思考，经常依靠爸爸，真的好吗？爸爸有时工作很忙，但他似乎知道孩子更重要，因此他会停下手头的事情陪伴我们。"很多男人都会慢慢变成榜样型爸爸。他们的子女在成年后与爸爸的关系会比小时候更加亲密。一部分原因是这些父亲年纪大了后会变得更慈祥，一部分原因是他们不再像年轻时那样把大部分时间和精力都放在事业上。而孩子在成年之后也可以和父亲建立一种更加平等的关系。榜样型父亲越来越普遍，因为今天的男人都希望能参与到养育孩子的过程中，多花些时间陪伴孩子。榜样型父亲对孩子的影响通常都是积极和正面的，他们的孩子会成长为身心健全、富有爱心的人。

单身原因：榜样型父亲的儿子，成年后绝对是好男人，在身边的女孩被渣男伤害时，会非常怜香惜玉。但同时你会经常收到好人卡，女人往往把你当成男闺密甚至备胎，而不是恋爱对象。榜样型父亲的女儿会拥有良好的人际关系，凡事都会处理得很妥当。但是，想要找到父亲那样的人，并非一件容易的事，所以可以适当降低对自己和伴侣的要求。

提升攻略：没有完美无缺的好人，也没有一无是处的坏人。非黑即白的价值观会让我们思维变得片面。生活很少是黑白分明的，许多东西都处于中间的灰色地带。所以，试着回忆一下榜样型父亲身上有没有什么缺点，让自己去发现一个有缺点也有优点的真实的父亲。

- 母亲的影响 -

每个人在取得成就时，都希望自己的母亲能为之高兴。我们知道取得成就可以让母亲高兴，但我们更愿意用这种方式来证明自己的母亲是一个"好母亲"。更重要的是，如果她对我们的生活给出积极评价，我们就觉得自己值得母亲的爱。正因为如此，我们和母亲的关系中充满了情感互动。相比之下，我们与父亲的关系就会显得相对冷静和理智。近距离观察与母亲的关系，可以帮助我们理解和反思过去，并在未来做得更好。我们会在这里介绍六种类型的母亲，分析这些母亲为什么会导致孩子单身，并逐一给出应对策略。本章最后，同样也为大家准备了相关的提升练习。

牺牲型母亲

一些女性经常发牢骚，并且总能给自己找到借口，比如她们会抱怨自己身染重病、被人抛弃、经济困顿，等等，出于这些原因，现在处境十分艰难。有才华的女性有时不得不为了家庭放弃工作，她们心存不甘，常常抱怨自己一天到晚只能围着厨房和孩子转。无论出于何种原因选择回归家庭，这类母亲好像都特别善于把他人的内疚当作武器，还会用各种方式提醒家人：我为这个家庭牺牲了很多。更糟糕的是，她们的孩子会觉得自己必须为妈妈的喜怒哀乐负责，这一点在女儿身上表现得尤为明显。28 岁的凯茜说："但凡有人不开心，我就会变得很急躁，立刻想去讨好或安慰他，让气氛变得轻松，让周围人都开心。在工作中，我发现自己经常主动承担责任。比如，同事在截止日期当天才推给我报告，我竟然会独自揽下延误工作的责任。"而且，凯茜发现自己很难开口向男朋友提要求。"我很期待他能找一家有情调的餐馆给我安排一场生日派对，但我不会直接跟他说，而是会给他一些暗示，或者轻描淡写地给他建议。当我发现他没有在生日当天给我举办派对时，我会非常生气。"

单身原因：身处亲密关系中的你，经常觉得亲密关系是一种禁锢，让你感到疲惫甚至恐惧。你似乎很怕自己会被套牢，因此难以做出承诺。在感情中，你要么独立强势，让别人无法接近；要么就经常快速地恋爱又分手，很少在亲密关系上取得实质性进展。

提升攻略：了解母亲的弱点是把你从情感控制中解放出来的第一步。和母亲斗气，只会让她变本加厉地进行情感索取，形成恶性循环。当母亲再一次抱怨她为家庭牺牲了很多时，可以试着告诉母亲你很爱她，在她开心的时候陪她一起放声大笑。

指责型母亲

母亲都想把最好的东西给孩子，望子成龙是人之常情。然而从某种意义上看，对孩子期待过高，反而会变成一种批评和指责。这类母亲养育的孩子常常会觉得自己永远也不能真正让母亲高兴。理查德今年33岁，是一名律师，事业有成的他总是觉得自己做得不够好。"我对自己很苛刻，因为我脑子里好像总是响起母亲的声音，她时时刻刻都在催促我前进。虽然这可以鞭策我在事业上努力奋斗，但我从未享受过成功的快乐。"去年圣诞节，理查德和姨妈聊了许多关于母亲的事，这次谈话彻底颠覆了他对母亲的看法。"她老是在姨妈面前夸赞我，姨妈听得耳朵都起茧子了。可妈妈为什么不早点告诉我呢？否则我真的不知道我在她眼里竟然这么优秀。"理查德和女友的关系一直不稳定。"哪怕是小小的建议，也会引起我的防备，"他很无奈地承认，"我带她去音乐节，但她似乎并不喜欢。幕间休息时，她说有一支曲子节奏被指挥带得太快了。我听后十分委屈，因为我费了好大劲儿才弄到音乐节门票。于是我开始和女友生闷气，脸色很不好看。冷静下来之后，我才意识到自己并不需要对乐队的表演负责，她的评论也不是在攻击我。然而，这个小插曲还是让整个晚上都尴尬到了极点。"

单身原因：你经常抱怨伴侣有问题，甚至想甩掉他们，找一个更好的。有时你会非常有戒心，遇到一点儿小事就大发脾气，让伴侣觉得很难和你相处。

提升攻略：如果你也有一个指责型母亲，不妨参考理查德的经历，试着问问母亲的朋友和其他家庭成员，听听母亲平时在他们面前是怎么评价你的。你的母亲可能认为你完全理解她的想法，或者害怕赞美会削弱你对成就的渴望。当你对伴侣的话反应过度时，停下来问问自己，是不是你的身上也有妈妈的影子。如果你有苛责自己的倾向，那么重新审视一下自己的标准，看看有多少标准是你自己的，有多少标准是母亲的。

完美型母亲

女人总是费尽心思让自己成为好母亲。但对某些人来说，"好"是远远不够的，她们必须是超人妈妈：上得厅堂，下得厨房，既要把家里打理得井井有条，还能在职场上混得风生水起，孩子学校的活动都能积极参加。超人妈妈的儿子会把完美型母亲当成偶像一样去崇拜，以至于在他们心中，没有任何一位女性能比得上自己的母亲。这些男孩在成年之后，也会把女友奉为女神，他们会表现得绅士、礼貌，但这可能会让他们的行为举止过分节制，难以让女人真正地感受到恋爱的激情。而超人妈妈的女儿往往压力很大，她们常常感觉自己很难做到像妈妈那样尽善尽美。42 岁的蒂娜就有一个完美型妈妈。每当蒂娜回忆起自己的第一任丈夫，都会觉得自己好像是捡了个儿子在养。"我有时感觉自己独自一人在照顾三个孩子，连个帮手都没有，我经常累得筋疲力尽。我很想要一个能给我支持和帮助的伴侣。"许多女性都和蒂娜有同样的境遇。苏珊娜是一位猎头，典型的职场女王，她曾经非常无奈地对我说："我的朋友经常拿我的小男友开玩笑。我快40 岁了，而他只有25 岁，金发碧眼，非常英俊。我下了很大决心，才请他搬进我家同住。我有一个儿子和一个女儿，我不知道他们怎么看待这件事。后来，我发现自己的担心是多余的，他像个大哥哥一样与我的孩子相处。我帮他创办了自己的公司，但最终我们还是分手了，因为他始终像个孩子一样，担不起任何责任，而我也不想再做他的万能妈妈了。"

单身原因：作为这类女性，你吸引的是那种需要帮助的男人。虽然这听起来像是在夸赞你的能力，但这不是维系亲密关系的关键。在男人眼里，你对任何事情都抱有非常高的期望。可很多时候，希望越大，失望就越大。

提升攻略：作为完美型母亲的女儿，如果你发现自己的行为举止好像是在给身边的每一个人当妈妈，那就要思考一下如何适度放手，不要再把责任都揽到自己身上。比如，如果你的伴侣早上还没起床，提醒他一次就可以了。也许他会迟到，但他是一个成年人，可以对自己的选择负责。起初，你可能很难克制，但只要坚持下去，事情就会变得很容易。如果你是完美型妈妈养大的儿子，不妨思考一下这些问题：和母亲关系太近有哪些不好的地方？母亲如何干涉你的生活？她是不是非常看不惯你的女朋友？把你的母子关系和朋友的做个比较，看看你的妈妈是否比其他妈妈要求更高？你对此感觉如何？

控制型母亲

优秀母亲的另一个常见类型是控制型母亲。这类母亲对孩子特别关心，但她们似乎不懂过犹不及的道理，丝毫没有意识到关心过度是一个严重的问题。精细养育和密不透风的控制只有一步之遥。控制型母亲总是想要掌控一切，很少能理解这两者之间的区别。34岁的巴里在咨询室里这样描述他的母亲："她似乎随时准备冲到学校为我而战。哪怕是一丁点儿小事，她也要找老师或另一个孩子的父母'好好谈谈'。每当我写作业时，她总是在我旁边盯着我。尽管她是个很负责的母亲，但她的控制欲经常让我感到很崩溃。即使是现在，我也很讨厌别人和我走得很近，因为我害怕关系近了，他们会控制我。"有时候，这些控制欲爆棚的妈妈要么对孩子的恋爱对象看不顺眼，要么认为孩子的恋爱对象完美无瑕。30 岁的迈克尔和女友吉玛才交往了 6 个月，有一天妈妈突然暗示他考虑一下和女友的未来。迈克尔说："妈妈告诉我，如果我结婚，她希望我娶吉玛这样的女孩。一开始，我觉得这是母亲对吉玛的认可，甚至还考虑过向她求婚。但我和姐姐商量了一下，发现姐姐对吉玛的看法与母亲的完全不同。所以，我不理解为何母亲认定吉玛是完美的儿媳妇，没有一点瑕疵。最后，我决定相信自己的判断，和吉玛交往一段时间再考虑未来。"如果母亲足够自信、安全感足够强，那她就不需要在孩子成年之后还继续控制他们。

单身理由：你最大的恐惧是被控制"吞噬"，你很害怕失去对自己的控制权。你发现自己经常被那些无法得到的人所吸引，可能是异地伴侣，可能是工作狂，甚至还可能是已婚人士。

提升攻略：或许你有一个控制欲很强的母亲，她非常享受为人父母的感觉。即便你已经成年，她依旧不肯对你放手。你需要试着帮她找到新的兴趣爱好。如果你的母亲经常过问你的私事，或者不停地给你建议，你可以直接向她说明哪些是有用的，哪些打扰到了你。温和而坚定地明确自己的界限，和母亲解释关心和控制有何不同。虽然屈服于母亲会让你们在短期内相安无事，但从长远来看，这样的做法可能会纵容母亲，让她的控制欲变得更强。

恐惧型母亲

　　许多母亲都试图掩盖丈夫酗酒、赌博或家暴带来的影响，她们总是在孩子面前装出一副岁月静好的样子，把这些事情当作秘密一样，守口如瓶。她们想要以这种方式保护孩子，最终让孩子也卷进了"秘密"。可悲的是，如果糟糕的家庭生活让这些母亲出现了心理问题，或者她们也和丈夫一样酗酒或家暴，那么她们给予孩子的养育和陪伴就会时好时坏。葆拉是一位 50 岁的女性来访者，她在咨询中提到："我们家族掩藏着一个可怕的秘密。虽然我直到 15 岁才发现，但其实我之前一直感觉母亲有事瞒着我——我的祖母是自杀身亡，即便是现在，母亲依旧对此守口如瓶。我真的不明白，她为什么要在我面前绞尽脑汁地去掩饰真相呢？"这段经历一直让葆拉感觉母亲与她关系很疏远。她与人相处时也总是很警觉，害怕被别人拒绝或者抛弃。她自己也承认："只要察觉出有一点点被甩的迹象，我就会陷入被抛弃的感觉。我差点草率地结束一段很有希望的恋情，就因为对方好几天没有给我电话，我便开始胡思乱想，怀疑他可能有了别的女朋友。我甚至幻想他们俩一定是在酒吧约会，并且还一边聊天一边嘲笑我。于是，我给他发了一条措辞恶毒的信息。可不久之后我才知道，原来是他的母亲突然生病住院了。"

单身原因：作为恐惧型妈妈的女儿，你在担惊受怕中长大成人，以至于成年后也会害怕受到伤害，因此你会死抓着恋人不放。你也会像母亲一样，觉得自己有责任管理每个人的行为。这不仅是不现实的，还会让你感到自卑。恐惧型妈妈养大的儿子相对幸运一些，因为这种养育方式下成长起来的男人，单身的可能性比较小。他们喜欢帮助人，往往会成为拯救者，这样的男人对女性很有吸引力。然而，一旦女人把问题解决了，他们就会对女人失去兴趣。我也在咨询室里遇见过一些男人，他们把生活搞得一团糟，让伴侣进退两难；还有一些男人，害怕对女人做出承诺。

提升攻略：如果与母亲的关系深深地影响了你，让你变得敏感和反应过度，试着和母亲保持距离。可以给自己假想一个冷静温和的朋友，想象一下当你遇到事情时，她会有什么反应？不要期望自己马上就会改头换面，要对自己有耐心，这样才能慢慢地好起来，因为和父亲相比，母亲带来的负面影响更加难以消除。

竞争型母亲

这类母亲有时会和女儿攀比，甚至把女儿当情敌。26 岁的贾斯敏说："我感觉自己一直生活在母亲的阴影下。她跟我每一任男友的关系都很好，她经常在他们面前穿超低胸衣服，还故意笑得前仰后合，而当我想要一点关爱时，她却像个虚情假意的朋友，不冷不热地给我一些建议，比如'收拾一下心情，继续好好干吧'。这样的话往往让我很无语。她的思想很开放，也不介意我带男朋友回家过夜，但她从未关心过我的感受。有一天晚上，她带了一个在夜店认识的男人回家，吵得我和男朋友一夜都没法睡觉。"不难看出，这类妈妈会让孩子过早地对性产生兴趣，无论她们养育的是男孩还是女孩。

单身原因：作为竞争型母亲的女儿，你的爱情可谓冰火两重天。有时你会一盆火似的迅速投入一段感情，太过轻率地对不合适的男人做出承诺。有时你态度退缩，看起来很高冷，让男人不敢亲近。竞争型母亲的儿子对女人的看法经常非黑即白。

提升攻略：这种养育方式对女儿的影响更大，因为她们也会学得跟母亲一样，在很多事上都是一副志在必得的样子。相对来说，儿子受这种养育方式的影响较小，但由于母亲在儿子面前对有些事情毫不避讳，会让儿子觉得很尴尬。如果母亲的养育方式影响了你现在的亲密关系，先试着原谅她。但这并不意味着认可她的所作所为，而是让你和她开始以成年人的方式相处，保持合适清晰的边界。对于女儿来说，如果你现在仍然感觉和母亲处于一种竞争关系之中，请记住，竞争会导致两败俱伤，如果你不参与竞争，就不会产生竞争关系。因此，可以在心理上和母亲保持清晰的距离。至于儿子，则需要了解一下母亲和她的母亲之间的关系如何，还要考虑当时的社会道德标准，体会一下观念是如何代代相传的，以及为什么我们的母亲会这样做。这样会有助于舒缓无法释怀的情绪，减少对母亲的指责。

我们的亲密关系冥冥中都会受到父母的影响，这句话乍听真的让人很郁闷，甚至让爱情瞬间失去了浪漫的色彩。然而，我相信在我们努力重建与父母的关系时，自己的内心也会变得更加强大，有力量去面对亲密关系。这样的领悟得益于我的第一位督导。那时，我还是个新手咨询师，经常会遇到一些让我感到绝望的来访者。尽管我很努力地尝试为他们做些什么，但他们经常会围绕同一话题反复和我争论，让咨询难以推进。我的督导说："在爱情上，人们的选择都是发自内心的。"我很惊讶，为什么我的来访者看起来都像是被困在某处徘徊不前呢？为什么许多来做婚姻咨询的夫妻，都面临类似的问题呢？督导笑着回答说："改善亲密关系并不是解决矛盾和修复情感这么简单。我们的着力点应该是帮助来访者找出是什么原因让他们做出选择并产生羁绊，无论是良缘还是孽缘。"

和督导的这次面谈已经是 30 年前的事了，但我至今还记得她说的那句"人们的选择都是发自内心的"。这么多年过去了，我依旧对此深信不疑。然而，我们有时会无视潜意识给出的提醒，只顾着憧憬未来，不能理智地判断彼此是否合适；而有时，我们又会被一点琐事搞得草木皆兵，认为这段关系已经无法挽救。在匆忙开始下一段恋情之前，如果我们多给自己一点儿时间，也许不仅会找到适合自己的人，还可以学会如何与过去的自己握手言和。这一切都值得我们努力。

- 离异家庭后遗症 -

人们常说，童年塑造了我们的关系模式，尤其是亲密关系模式。不难想象的是，对于成长在离异家庭中的孩子来说，情况会多么复杂。这些孩子是父母婚姻破裂的直接见证人，他们亲身体会到两个曾经相爱的人如何给对方带来愤怒、痛苦，甚至家庭暴力。这些孩子在长大后，也会对人际关系有复杂的感受。

20世纪70年代以来，社会对离婚的接受度越来越高，有三个关于婚姻家庭的新理念也被很多人认同。第一，如果父母关系不好，孩子就不会健康成长。第二，父母的幸福会传递到孩子身上，对于婚姻不幸福的家庭来说，离婚能让父母双方更加幸福，因此离婚对每个家庭成员都有好处。第三，也是最重要的一点，离婚只是在短期内让孩子缺乏安全感，但做不成好夫妻，还可以做好父母，如果父母在离婚后能够像朋友一样，继续在养育孩子方面好好合作，离婚对孩子的影响是暂时的。这些冠冕堂皇的话听起来特别有道理，现实情况又是如何呢？朱迪斯·沃勒斯坦博士是加州家庭转型咨询中心的创始人兼首席执行官，她在25年里跟踪研究了 60 个中产阶级家庭和 131 个孩子，并且分别在父母离婚 18 个月、5 年、10 年和 25 年后采访了他们。她的发现引人深思：

- 父母刚离婚时，只有 1/10 的孩子会感到欣慰。
- 父母离婚 18 个月后，大多数孩子依旧在试图弄清楚父母分开的真正原因。
- 离婚 5 年后，大多数孩子都暗暗希望父母能复合，即使其中一人已经再婚。
- 离婚 10 年后，有一半的孩子在父母一方的第二次婚姻失败后，体会到了二次伤害。

然而，最让人触目惊心的影响是在沃勒斯坦教授跟踪这些孩子 25 年后才发现的，她指出："父母离婚给孩子带来的影响是一个不断积累的过程，它会随着时间的推移而不断增加，并且在孩子成年后逐渐增强。"当矛盾焦点都集中在孩子的学业成绩和犯罪数据上时，我们总是对残酷的影响视而不见：离异家庭的孩子常常对周围人缺乏信任，因此他们在成年后很难建立稳定的亲密关系。

在沃勒斯坦教授的调查中，只有 60% 的离异家庭子女在成年后选择结婚。正如其中的一位受访者所说："如果你不结婚，就没人会背叛你。"和家庭完整的孩子比起来，这个数据让人心痛。在家庭完整的孩子当中，28～43岁的男性有80.6%结婚，女性有87.4%结婚（社会综合调查数据）。当然，"完整的家庭"未必是幸福的家庭，它也包括那些为了孩子而忍受无爱婚姻的夫妇，以及那些充满暴力或虐待的婚姻关系，尽管在旁人看来，这样的家庭似乎更应该选择离婚。

那么，离异家庭的孩子在成年结婚后又会过着怎样的生活呢？他们都经历了哪些事情呢？沃勒斯坦教授在访谈时发现了另一个令人担忧的趋势：选择结婚的受访者中有一半的人还没到25岁就步入了婚姻，他们试图用早婚来疗愈父母离婚带来的伤痛，但这样的婚姻往往是草率且考虑不周的。让人惋惜的是，这些早婚的孩子有一半以上后来又离婚了。在正常家庭中成长的孩子，只有11%的人早早结婚，而他们中只有25%的人会选择离婚。

那些父母离婚的孩子，成年后的生活过得如何呢？为什么他们总是难以建立良好的亲密关系？答案很简单，他们已经在父母的婚姻中亲身体会过爱情是多么的短暂。而且，他们没有像普通家庭的孩子那样，有机会了解父母如何以安全和包容的方式面对分歧、相互退让、解决分歧，最终和解。在亲密关系中，最初的激情和爱情随着时间逐渐降温，这些技巧对于维持关系来说就变得尤为重要。然而，问题也许会比我们想象中稍微复杂一些。对于离异家庭的孩子来说，人生的不同阶段会遇到不同的问题，理解这些问题是至关重要的，这样才能帮助我们走出曾经的阴影，找到适合自己的伴侣。很多因素都会影响你的人生轨迹：父母是在你几岁时离的婚，你在兄弟姐妹中排第几，父母的行为以及你的个性等。

因此，请仔细阅读下面的段落，并反思自己的经历。

反哺父母的孩子

在许多家庭中，离婚绝对算得上创伤经历，它会导致父母部分或完全丧失照顾孩子的能力。通常这个阶段会持续几个月，有时也会持续好几年。在这种情况下，多子女家庭里的一个孩子就会扮演照顾者的角色，通常来说是家里的长女。我曾经遇到过一个很典型的案例。麦琪是离异家庭里的长女，她现在已经快30岁了。父母的婚姻在她十几岁时就开始瓦解。她至今还清楚地记得，父亲总是告诉她，"如果不是因为你，我早就和你妈妈分开了"。麦琪16岁时，父亲终于离开了，她的母亲变得非常消沉。"我每次放学回到家都看见妈妈盯着墙发呆。她经常这样无所事事地待在家里，一待就是一天，这还算是状态好的时候。状态不好的时候，她就会以泪洗面。我经常带她到街上散步，让她透透气。我尝试了很多努力，希望她能向前再走一步。我还记得那是一个冬天，夜幕降临得很早，街上的每一幢房子都亮起了灯。我透过玻璃窗往里看，别人的家里都温暖明亮，像一个个灯火通明的舞台。尽管他们都是普通人，但他们可以在那里尽情地演绎喜怒哀乐；尽管他们也有烦恼和痛苦，但他们起码过着正常的生活。"麦琪除了每天晚上陪着妈妈在街上散心，还要为妹妹准备晚餐，最后才做自己的功课。每逢周末，她会帮妈妈做家务，去超市买东西。虽然她还能见到父亲，但她依旧感到孤独，并且感到自己的肩头扛着沉甸甸的责任。"我很想拉着父亲倾诉，让他知道家里现在的情况，让他知道我的日子过得多么不容易。但我感觉如果把糟糕的情况告诉父亲，就好像是背叛了母亲。说实话，我也很怀疑爸爸是否真的会关心我的生活状态，我很担心他不想听我唠叨。"我问麦琪："面对这种情况，你当时是怎么应对的呢？""我把所有的感受都藏在心里。""那时会有人安慰你吗？"就在这一刻，这位自信、外向、业务遍布全球的女强人瞬间卸下了盔甲。我感觉自己面前坐着一个茫然无助的孩子。"我妹妹会理解我。虽然我们不怎么说话，但我们之间有一种心照不宣的默契。"麦琪沉默了许久，终于给出了这样的回答。有些事情她不想承认，但真正的答案是：没有人可以安慰她。

无论是抚养孩子还是经营家庭，都会面对许多柴米油盐的琐事。虽然有些父母争取到了孩子的监护权，但是他们在离婚前早已习惯了有事找伴侣商量。而离婚后，一切只能靠自己。虽然他们可以得到亲朋好友的帮助，但亲友们很难一直都陪在身边。因此，家里的某一个孩子就会成为父母的顾问和知己，需要随时随地给父母提供支持。沃勒斯坦教授发现，8岁大的孩子就会帮母亲参谋如何选择公寓，而父亲会向十多岁的女儿请教如何找新女友。离婚把成年人变成了无助的孩子，反而把孩子逼成了成年人，他们和父母互换角色，用和年龄不符的成熟来反哺离婚的父母。可有些时候，这似乎又是件好事，因为成为照顾者的孩子在家里十分有地位，可以让他们得到极大的骄傲和满足，就像麦琪一样。这些孩子能够让父母保持清醒，好好生活。然而，人与人之间的关系是互相的，扮演照顾者的孩子总是牺牲自己的需求，这反而让他们在成年后不知道应该以何种姿态恰当地面对人际关系。

长期影响：这些反哺父母的孩子，从小就觉得自己应该对父母负责，这一点在女儿身上表现得尤为明显。父母离婚后，如果女儿与妈妈共同生活，那么这两个女人就会紧密地联系在一起。甚至在女儿成年后，母女关系依然纠缠不清。这样的事情就真实地发生在35岁的西莉亚身上："我和母亲的关系非常亲密，我们经常一起度假，每天晚上都打电话。这些年来，妈妈的生活中有过一两个男人，但他们都像过客一样来去匆匆。妈妈总是忘不了爸爸，没有人能填补爸爸留下的空缺。"西莉亚至今单身，在过去的20年里，她与母亲的关系一直太过紧密。在接受咨询时，西莉亚回顾了父母的婚姻关系是如何破裂的，也思考了父母离婚对自己生活的影响。"我觉得我应该好好照顾妈妈。"她叹了口气，沉默了下来。"你现在想到了什么？"我问她。"妈妈只有我一个亲人了，我怎么能忍心离开她呢？"说罢，她无奈地低下了头。

困顿的青春期

家庭像是搭建在高楼大厦外层的脚手架。从需要被呵护的婴儿成长为独立的成年人，人生的每个发展阶段都需要我们在这个脚手架里一层层地"搭建"自己。我们按照脚手架的样子长大成人，脚手架有时是支撑，有时又是禁锢。在各个成长阶段中，最困顿凌乱的非青春期莫属。每个人成长到青春期时，都会开始违背父母制定的规则，自此形成自己的价值观和身份认同。然而对于家长来说，他们会感到自己的权威屡屡受到青春期子女的挑战。受到挑战的又何止是父母，学校、政治、社会都不断地被他们质疑和挑战。然而，在这个世界上框架和规则是人类的基本需求。这就是为什么综艺节目《改变你的生活》收视率如此之高。参加节目的嘉宾习惯了权威专家对他们生活的各个方面给出指导，比如如何正确饮食、如何养育孩子、如何训练宠物，以及如何打扫和整理公寓，等等。最后，即将离开节目时，他们开始变得无所适从。他们的内心很矛盾，需要一番激烈的思想斗争才能彻底离开"专家"这根拐杖。青春期孩子的身上也有这种情况。虽然他们迫切地想要成为一个独立的大人，但稚嫩的生存能力又让他们无法摆脱内心深处对父母的依恋。

即便是最幸福的家庭，在孩子进入青春期时也会面对很多麻烦事。不难想象，离异家庭将会面临怎样复杂棘手的状况。然而，当父母关系紧张时，这件事就有些困难了。对于完整的家庭来说，处于青春期的孩子是家庭的主角，父母双方都会把全部精力放在孩子身上，他们可以在孩子的规则和行为标准上达成共识，努力陪伴孩子一起顺利度过青春期。然而在离异家庭中，家庭成员需要面对的主要问题是父母之间持续不断的冲突。也许孩子的青春期会被无限期搁置，就像西莉亚一样，人到中年仍然难以与母亲分开。也许孩子会在父母的忽视中，独自一人跌跌撞撞地度过青春期，因此，有些离异家庭的孩子会比同龄人更早进入青春期，并且在心底埋下许多无法释放的愤怒。事实上，研究表明，离异家庭中的孩子在青春期出现问题的概率远远高于完整家庭的孩子：女孩会更早地开始性行为，而无论男孩还是女孩，使用酒精和毒品的比例都要高于同龄人。

长期影响：乔西是一位 30 岁的女性来访者，父母在她 10 岁的时候离婚了。不幸的是，她在同学中的名声也不好。乔西说："我 13 岁时就开始和男孩上床，同学们都叫我流浪儿。所以，当有人给我可卡因时，我索性破罐子破摔，反正所有人都认为我是个坏女孩。"我们都能猜到乔西日后会走上怎样的路。她渐渐地失去了目标和方向，大学没念完就辍学了。她做过各种各样的工作，也有过几段无果的恋情。所有虎头蛇尾的工作和始乱终弃的恋情都因为她吸食可卡因。"每次嗑药或者喝醉后，我都会稀里糊涂地跟刚认识的男人一起回家。可第二天我就会把他拉黑，再也不想见到他。有时我也想把生活打理得井井有条，但我不知道自己究竟想要什么。即便心里有了目标，我也不敢奢求会实现。"29岁生日的那天早上，乔西冷静地审视了自己的生活，并决定做出一些改变。"我没有受鸡汤文的启发，只是感觉自己不能再这样浑浑噩噩地过下去了。"于是，乔西重返大学继续学业，并搬去和妈妈一起住。"我和妈妈分开很多年，突然一起生活让我们都感到不适应，但我们现在可以像成年人一样相处。不管怎样，我们不再较劲，开始和平相处。我再也不会像从前那样做傻事了，因为那样做会让我很受伤；妈妈也开始学着爱自己。我感觉生活又回到了正轨。"

漫长的成年之旅

如果说青春期的任务是与家庭分离，那么想要当个成年人就要先认识和了解自己，知道自己的原则是什么，知道自己想从生活、工作和人际关系中得到什么。长大成人是一场旅程，需要花去我们生命中的许多时间。一般来说，大多数人会在18～23岁之间发展出自我意识。然而，离异家庭的孩子往往害怕尝试，不愿意主动选择伴侣，但他们心底又非常渴望亲密关系，因此会轻易而又被动地陷入一段恋情。"上大学的第一周，我就认识了萨姆。我们住在同一个学生公寓，共用一个厨房。很快，我们就同居了。别误会，我们都不是轻浮的人。他人很好，但是很害羞，非常依赖我。"25岁的劳伦向我谈起了和她演苦情戏的男友，"我们都觉得独自离家在外让人很难过，所以才彼此依靠。我很愿意结识新朋友，可萨姆却是个内向的宅男。"他们很多次都差点分手，但劳伦最终也没能痛下决心。"他一哭我就会心软。我很理解被抛弃的痛苦，因为我至今仍然记得父亲用一只旧皮箱装好了行李，在门口穿衣准备离开家，而我姐姐堵在门口不让他走的情景。我不能像爸爸那样抛弃别人。"有些离异家庭的孩子似乎没有信心去考量一段感情是否值得自己去付出，他们不敢主动寻找合适的人，而是像个饥不择食的孩子，只要感受到一点温暖，就会不顾一切地投入对方的怀抱。

离异家庭走出来的年轻女孩通常不喜欢和自己年纪相仿的男生，她们会对年长的成熟男性动心。被年长男性吸引的原因有很多，不仅仅是为了填补父亲的空缺。首先，离异家庭的女孩有多渴望爱，就有多恐惧背叛。在她们眼中，年长的男人不太可能背叛年轻的女孩。其次，年长的男人晚上很少出去交际，他们更愿意待在家里，因此年轻女孩不用胡思乱想地吃醋。最后，年长的男人了解自己是什么样的人，也知道自己想要什么。对于正在探索自我的年轻女孩来说，这样的男人非常有吸引力。

我的来访者中有一对典型的老夫少妻——乔纳森和莉亚。他们相识那年，乔纳森40岁，莉亚只有20岁。乔纳森说："我觉得年龄不是问题，她是个很成熟的女孩。我们志趣相投，有很多共同话题。"莉亚在边上夫唱妇随："我们喜欢同一类型的音乐，他还带我去听演唱会。晚上，我们都喜欢窝在家里看电视。"莉亚还向我讲述他们当初是如何相识的。我感觉眼前这个女孩有着与年龄不相符的成熟，这种成熟让我感觉不安：大部分年轻人会用试错的方式渐渐形成自我认知，可莉亚并不是，她一直对乔纳森的认知和观念全盘接受，难怪他们如此合得来。然而，他们在一起已经8年了，莉亚也28岁了，她最近忽然感觉自己陷入了一种无法摆脱的困境。莉亚表达了自己对乔纳森的不满："他每天都对我指手画脚，什么事都要过来插手，让我感到窒息。"乔纳森马上面带愠色地对她说："因为我怕你会做蠢事，比如上班时和老板吵架。我必须阻止你犯这样的错误。"莉亚也不甘示弱："我可以对自己的错误负责。"就这样，她开始了自己的成年之旅。

　　长期影响：年轻人的自我认知是建立在不断试错的基础上的，这样才能确立自己独有的价值、标准以及维系亲密关系的方式，而不是单纯地接受父母曾经的所做所想。离异家庭的孩子中，有些人可能会在30岁之后才迎来真正意义上的成人礼。我们需要在探索中找到自己的模式，这样才能建立长久的亲密关系。幸运的是，大多数人到了30岁时，都会遇见几段好的爱情，足以修复他们的童年经历。

过分自立的小孩

离婚也有一些积极的好处，因为它可以让被困在无爱婚姻中的人有机会重新寻找真爱。但他们的孩子却常常会从父母离婚中得到一些太过沉痛的领悟。比如，他们小小年纪就发现凡事只能靠自己。麦琪是我们在前文中提到的那个"反哺父母的小孩"。后来，她成了家里第一个上大学的人。毕业后，麦琪凭借自己的能力，在工作上如鱼得水。"我想做一些有价值、有意义的事，让别人都记住我。"她解释道，"这个时代男女平等，我要大展拳脚。如果我能遇见爱情，当然是一件好事，但我更想让一切随缘，我不会去主动寻找爱情。"麦琪一副御姐派头，但内心深处却对关系失控怀有巨大的恐惧。她交往过两任男友，都是那种永远不会做出承诺的男人，但这样的关系却恰恰成了她的保护伞，保护她不会像父母那样因为婚姻破裂而受到伤害。麦琪说："我很害怕两个人最后不再相爱，只要男友对我稍微冷淡一些，我就会立刻说分手。"她还讲了一个悲伤的故事。有一次，她回到自己曾经工作过的国家找前任重温旧情。"他已经结婚了，有一个漂亮的妻子和一个可爱的孩子。"然后，她很快给自己开脱，说前男友一直在路上挑逗她，所以她才不得不就范。末了，她又补充了一句："我并不是嫉妒他老婆。"麦琪害怕自己会重蹈覆辙，走上父母的老路，但这种害怕已经转化为对承诺的恐惧和对爱情的逃避。

长期影响：离异家庭的孩子非常渴望爱情，但他们在潜意识里却希望对方背叛自己。可悲的是，他们最想要的东西却是他们最恐惧的东西。难怪麦琪会埋头专注于事业，因为她认为这样更有安全感。的确，在沃勒斯坦教授对离婚家庭孩子的调研中，56% 的未婚男性出于工作原因从来没有认真谈过恋爱。虽然自食其力是一种优秀品质，但有时它会成为芒刺，让潜在的伴侣无法靠近，让相爱的人无法牵手。

- 原谅他人，放过自己 -

无论你的父母离婚与否，客观公正地看待父母都是成年之旅中很重要的一步：接受他们的优点和缺点，原谅他们的错误，为他们的成就点赞。凯莉是一位 40 多岁的女性来访者，她有一个非常痛苦的童年。"我非常崇敬我的父亲，但母亲却让我的童年生活十分凄惨。爸爸会带我出席他工作上的各种活动，还会带我出去郊游，而妈妈却总是把自己关在家里。爸爸十分关注我的学业，总是表扬我，让我觉得自己很特别。而妈妈完全相反，她特别凶，哪怕是一个很小的错误，她都要扯我的头发，还会很响地打我耳光。我讨厌和她单独待在一起。有时候爸爸会去他姐姐家，可因为妈妈很讨厌她，爸爸只能一个人去，所以我只能被迫和妈妈待在家里。爸爸刚走出家门，妈妈就开始拿我出气。现在回想起来，那简直就是噩梦。"凯莉儿时对于父母的印象是黑白分明的：妈妈＝坏，爸爸＝好。站在孩童的角度看，这样非黑即白的认知是可以理解的。然而，作为一个成年人，凯莉逐渐学会了如何接受黑白中间的灰色地带："父亲在很多事情上没有保护我，这也让我很生气。我想他肯定知道妈妈对我的恶劣行为。但他是个软弱的人，即使他在边上，也不敢站出来制止妈妈。现在回想起来，爸爸带我去参加大人的聚会是件很奇怪的事，我妈妈当时是什么感觉？爸爸去世之后，我和妈妈的关系开始变得亲密，她告诉我，她的青梅竹马在战争中去世了，所以她才嫁给了爸爸，其实她根本就不该和爸爸结婚。可因为他们都是天主教徒，离婚在天主教中是一种不可饶恕的罪过，所以他们在名存实亡的婚姻中被囚禁了这么多年，我猜她一直过得不快乐。现在看来，她其实应该向别人寻求帮助，但她们那代人在骨子里觉得家丑不可外扬。"最后，凯莉原谅了她的母亲。

那么，我们该如何才能解接纳和原谅父母呢？

① 想象自己是一名辩护律师，接到委托替被告辩护。你现在正在为案件搜集和整理证据。

- 寻找可以帮被告减轻量刑的证据。

也许你是在用今天的眼光来评判你的父母，但在你小时候，社会的主流观念是什么，你还记得吗？他们当时可以找到哪些资源来帮助自己改变行为？

- 你认为父母为何会有那样的行为举动？

  他们的童年是怎样的？他们遇到过什么问题？

- 你会为被告找到哪些证人，比如你的兄弟姐妹或叔叔阿姨，等等？他们会对你的父母有什么正面积极的评价？

  在脑海中想象一下访问这些证人的情景，如果没有人提示他们，他们会发自内心地想为你父母辩护吗？如果你能面对面地和他们讨论你对童年和对父母的感受，这样就更好了。

- 列出你父母的全部优点。

  人们总是把生活中的美好视为理所当然，而对得不到的东西神魂颠倒，这似乎是我们的天性。回想一下，童年时你曾拥有过哪些别人无法拥有的东西，比如我们在前面提到过的凯莉，她记得母亲总是把房间整理得干干净净，把孩子们打扮得漂漂亮亮。

2 **想象一下你是一名控方律师，正在审理你父母的案件。**

- 你父母最大的弱点是什么？

  如果你觉得这个问题很难，试着换个角度，找出他们身上最大的优点。凡事都要一分为二地去看待，缺点可以是优点，优点同样也是缺点。比如，凯莉父亲最大的优点就是特别宠爱自己的女儿，但这个优点反而成了他回避妻子的理由：把心思都花在了女儿身上，于是顺理成章地没有精力去爱妻子。

- 你心目中理想的父母应该是什么样子？这样的人设和父母真实的样子相符吗？人设中有多少来自自己内心的期望，有多少是符合现实的？

  如果你的父母经常因为工作忙而无法陪伴在你身边，或者离婚后很少与你见面，你很容易把他们幻想成完美的父母，目的是逃避他们离开时给你带来的失望。

- 谁对你父母的评价更客观？

  你更喜欢父亲还是母亲？他对你的兄弟姐妹好不好？如果你变成最受宠的孩子，对家里其他人有什么影响？成为家里最受宠的孩子有没有什么坏处呢？你是否觉得很难摆脱束缚，不能畅快地做自己的事情？成为家里最受宠的孩子是一件容易的事吗？会给你带来很大压力吗？

3 当家庭出现问题时，你扮演了怎样的角色？

- 你对父母的看法如何？

找一张白纸，从中间对折。在纸的左边写下你对父母的所有看法，再为每个看法找一个具体事例，写在纸的右边。凯莉对母亲的看法是：妈妈对我不感兴趣。事例是：学校举办的活动，妈妈从来没有参加过。遮住纸的左边，只看右边。或者设想身边有一个人，如果他没有看见你写下的看法，只看见事例，他会如何看待这件事？他能从事例中猜出你在左边写下的看法吗？从事例中可以得出不同的结论吗？比如，凯莉自己也承认她的母亲很害羞，看见老师会感到害怕。

- 你经常和谁一条战线？

  在家庭关系中，独善其身是很难的一件事。如果跟自己亲近的家人结盟，很有可能会激怒其他家庭成员。他们会把你看成敌人，甚至还会做一些针对你的事情。

- 你是否想和父母中的一方更亲近，却害怕让另一方失落？

  即便父母已经离婚很多年，离异家庭的孩子还是很容易陷在旧的模式里。他们依旧会纠结，到底该跟谁关系更近一些。可以试着摆脱这种旧模式，以自己舒适的方法和父母相处。

4 是什么在阻碍你无法与父母中的一方或双方改善关系？

- 写下你认为父母做过的所有过分的事。

不管事情看起来有多微不足道，只要让你有过痛苦的感觉，都可以写下来。可以从你的童年写起，一直写到现在，直到你再也想不起更多的东西。将一切写出来本身就是一种宣泄。

- 划掉那些不再困扰你的事情。

  看看在哪些事情上你已经原谅了父母。

- 还有哪些事情让你依旧无法释怀？

  有时候，日常琐事带来的伤害丝毫不逊于重大事件带来的伤害。如果这些事情仍然让你感觉很痛苦，那么你应该认真对待它们，可以考虑和父母讨论一下这些事情。

5 原谅不仅是对别人的宽恕，也是给自己的礼物。

- 耿耿于怀会让你困在过去，无法向前。

  相比之下，宽恕是开启一段新关系的钥匙。

- 怨恨是有代价的。

  研究表明，怨恨情绪会引起高血压、胃部不适和抑郁。

- 怨恨让你更弱小。

  虽然你可以选择不原谅，但心中留有太多怨恨会让你比别人更弱小。怨恨情绪会让你感觉自己像个受害者。如果你想更强大，就把自己放在幸存者的角色上。

6 如果你和父母讨论了那些至今还让你感觉受伤的事情，会发生什么呢？虽然这个想法会让人有所顾虑，但正是这些问题将你困在过去，你必须去面对它们。

- 以积极的态度开始。

  你可能会去欣赏父母身上的某些方面，因为你从这一章中或多或少得到了一些领悟，并且你也十分渴望改善和父母的关系。

- 有哪些事情是需要你去道歉的？

  你的道歉也许会让父母意识到自己也有过错，从而达到双向和解。

- 有哪些因素阻碍你改善和父母的关系，将它们一一罗列出来并加以分析。

  你的思考越详细、越深入，就会对你越有帮助。为了避免引起父母的误解，不要让讨论升级为争吵。你可以试试下面的话术："当你做……时，我感到……因为……"

- 有时候，仅仅让父母知道你的委屈和伤害，就足以达到疗愈的效果了。

  如果父母能给你一个真诚的道歉，那就太好了。如果你的父母只是为自己辩解，也请敞开心扉倾听。一般情况下你会发现，这样的谈话会让你更加了解父母，也能让你更容易放下曾经的伤害。

7 **和父母达成一致，今后好好相处。**

- 珍惜当下，珍惜眼前。

  如果你能对自己和父母之间的关系充满美好的期待，你就已经成功了一半。你会放下从前的成见，用积极的视角看待未来。

- 如果你的父母已经失联或者过世，又或者是个瘾君子，你该怎么办呢？

  试着给父母写一封"信"，或者想象自己对着他们的墓碑说话，这或许可以释放许多被压抑已久的情绪。

– 写给为人父母的你 –

我们在前文讨论了许多父母给孩子带来的影响，看到这些可能会让身为父母的你心头一震。可我很想对你说，你不必逼自己成为完美父母，因为完美父母根本就不存在。心理学家经常说的话是"已经很好了"，为人父母最重要的责任是用爱为孩子搭建一个安全的港湾，但同时也要接受自己是个会犯错误的凡人。毕竟孩子总有一天会长大成人，离开父母去外面的世界闯荡。他们既会遇见顺境，也会遭遇逆境，因此学会如何面对逆境是非常重要的。请记住，现在的你是被父母的关系塑造出来的，而你的父母也是被他们父母的关系塑造出来的，一直向上追溯，这将是一个无穷无尽的问题。归根结底，过多的指责显得毫无意义。如果你刚刚离婚，这一章的内容可能会让你感到有些难过。然而，这里必须强调的是：这些困境是不可避免的，即使是来自最幸福家庭的孩子也会在成长中被父母伤害，在成年后寻找亲密关系时，也会遇到各自的困难。分析离婚的长期影响为的是能让我们别踩雷，即使手握一把烂牌，也要把它们打好，即使离婚了也要努力做个好父母。如果你还觉得内疚，不妨看看下面几点。首先，我在工作中见过许多离异家庭的孩子，他们的人生有得有失；他们通常更善于体察情绪，更懂得换位思考。其次，我帮助过很多人与原生家庭以及父母和解，尽管他们中的有些人没有经历过父母离异，但他们始终认为父母离婚对于整个家庭来说或许是更好的选择。就像凯莉的父母那样，明明不爱对方，却因为宗教的束缚，不得不痛苦地生活在一起。最后，从一个更积极的角度来看，这本书可以帮助你在婚姻和人生上再做一次更好的选择，让你成为擅长经营亲密关系的人。这样可以给孩子做出榜样，以良好的心态面对困境，解决问题。

总　结

- 父母的亲密关系为我们的亲密关系奠定了基调。即使我们不想成为父母那样的人，可他们依旧给我们带来了巨大的影响。

- 我们与父母的关系，特别是与异性父母的关系，影响着我们如何选择伴侣。

- 父母草率离婚，让我们成了在离异家庭中成长起来的孩子。虽然这场家庭变故会带来很多问题，但这些问题也开启了我们的自我探索之旅。

- 离婚对孩子最重要的长期影响是承诺问题：要么轻易承诺，快速投入一段关系，要么因为不敢承诺而一直回避。

- 虽然我们知道童年对亲密关系有很大的影响，虽然责怪父母也许会让我们的内心有所解脱，但这些并不能帮助我们解决实质问题，因为父母也被他们的童年所影响。因此，重要的是要学着原谅父母的缺点，感谢他们的优点。

- 真正长大成人的标志，是能从内心深处接纳功过参半的父母。

了解你的后遗症

1 回想一下你的童年，在纸上写下你对下列问题的真实想法。

1）在你的家庭中，谁在大事上说了算？

2）谁对这些决定提出疑问？

3）谁负责日常琐事？

4）争论是如何被解决的？

5）如果有人生气，会发生什么事情？

6）当你遇到问题时，会向谁求助？为什么？

7）你会从母亲、父亲或童年时期的其他重要关系人那里得到不同的回应吗？有哪些不同呢？

8）你觉得自己很容易信任别人，还是很难信任别人？为什么？

9）你的父母如何跟对方表达自己的感受？（如果你父母离婚了，他们和新伴侣之间又是如何表达感受的？）

10）在你十几岁的时候，你和父母的关系发生了什么变化？

11）你有过那种被父母嫌弃的感觉吗？因为什么事情？

12）当父母之间闹矛盾时，是否觉得他们都在费尽心思地把你拉进各自的战线？这对你有什么影响？

13）你是否感觉自己和兄弟姐妹之间存在着竞争（包括父母
再婚后与新配偶所生的孩子、继父母带来的孩子）？有
哪些明显的事例？

14）你的家庭和其他家庭相比有哪些不同？别人是如何看待
这些不同之处的？

2 **把答案放到一边，过一个小时再来回顾它们，将你感觉重要的部分标注出来。你能从画线部分总结出哪些关键词和短语？这些关键词和短语在描述什么问题？**

3 **接下来，想想你成年后最重要的关系，这些关系中存在类似的问题吗？你又是如何处理的？**

4 **在你成年后的人际关系中，最让你头疼的问题是什么？你父母在人际关系中，也遇到过类似的问题吗？他们是如何处理的？**

和过去告别

先让自己放空几分钟：

- 不要责怪你的父母。因为他们和你一样，也是被原生家庭塑造出来的。
- 不要为父母的行为辩解。过多地替父母考虑，会让你无法清楚地认识到父母对你的影响。

找到亲情联结：
- 找出三个你与母亲的相似之处。
- 找出三个你与父亲的相似之处。
- 如果你父母的一方，甚至双方都已经失联，那就找一个对你产生积极影响的重要抚养人为对象。

你喜欢 / 不喜欢什么？
- 你从父母那里继承了哪些品质？把它们列出来，并且分析利弊。
- 你的优缺点是相辅相成的吗？例如，你的优点是可以全面看待一件事，但从另一面看，你有时会显得太过冷静，不够温柔。

你的行为举止在什么时候最像父母？
- 写出一件工作中的事。
- 写出一件和朋友有关的事。

- 写出一件和伴侣有关的事。

你还有哪些其他的行为方式？
- 头脑风暴，尽可能多地写出一些事情。
- 换个角度想想还有哪些事情没有写上去？
- 邀请一个好朋友帮你一起想。
- 最后一个想到的或者最古怪的行为方式有时可能是解决问题的关键。

让我们一起来看一个例子：保罗来自一个很少争吵的家庭，他发现自己喜欢自信、外向的女性。然而，他的几任女友脾气都非常差。他总是学着父亲安抚母亲的样子，试图安抚女友，但他的安抚基本起不了太大的作用，最后连他自己都会感到气愤和不满。当我们邀请他一起思考其他解决方式时，保罗依旧在"不做争吵"上寻找类似的方法，比如暂时去其他房间，离开家到外面逛一会儿，心平气和地聊聊。最后，我问他："如果你也发火，或者据理力争，结果会怎样？"他很惊讶，因为他从来没有想过可以这样做。最终，他通过心理咨询找到了新的解决方法。

重建与父亲的关系

　　如果你是一名女性，那么你和父亲的关系决定了你和其他异性的关系。因此，提升亲密关系的关键是改善你们的父女关系。因此，这项练习中的多数题目都是为女性而设计的。然而，男性读者也可以尝试这项练习，父子关系的提升可以帮助你增强自信，最终让你在寻找爱情的过程中有所收获。

1 **审视你和父亲的关系。**

- 你是否经常与母亲分享你的个人生活和小秘密，而很少与父亲谈论？

- 你是否觉得父亲不会关注上述话题，因此经常找一些中规中矩的日常话题和父亲谈论。

- 你的母亲经常在你和父亲之间做传话筒吗？（这点在父女关系中尤其常见。）

- 相比起父亲，你更喜欢花时间和精力去了解母亲吗？

　　如果你的答案多数为"是"，你很可能在区别对待父母。在某种程度上，你与父亲的关系可能会受到影响。

2 找出三个可以代表你和父亲关系的重要的时刻、事件或让你记忆深刻的画面。

- 尽可能详细地描述这些画面：那时你多大？你在哪里？你当时看到了什么？你感觉到了什么？
- 这些经历如何体现你和父亲之间的关系？
- 这些经历透露出父亲的哪些性格？

3 重新审视你的重要经历。

- 你的经历塑造了你和父亲的关系，无论是曾经的过往，还是现在正在发生的事情。但你需要记住，这只是你站在自己的角度对这些事件进行解读。

- 找个时间和父亲单独在一起聊聊（这很重要，因为这样就不会有人打断你们；如果边上有其他人仅凭个人的记忆和理解打断你与父亲的谈话，可以告诉他们"你记错了"）。问问父亲是否还记得你的那些重要经历。这里需要注意的是，不要评判和指责父亲，只需问："你还记得……吗？"

  例如，翠西问父亲："我小的时候，每逢周一早上，你就要离开家去上班，一周都不在家。你还记得吗？"翠西清楚地记得，父亲总是转身就走，从来不会回头看看拼命挥手告别的翠西。她始终对此无法释怀，她认为自己在父亲眼里没有工作重要，因为父亲看起来总是迫不及待地要离开家。可事实却与翠西想的截然相反。父亲对她说："我最讨厌星期一早晨，我宁可盯着车锁的钥匙孔，也不忍心看你和你妈妈依依不舍的表情，因为这会让我更不想离开家。有时候给汽车打火时，我的手都会颤抖，因为我在努力克制，告诉自己不要哭。"

- 多准备一些问题，以便可以更加深入地交谈。例如，"你当时感觉如何？""那时你的生活中还发生了什么事情？"

- 即使父亲对某件事情的记忆和你不一样，也不要打断他，不断用点头或者简短的语言表示对父亲的理解就可以了，比如"我懂的""是的"，等等。

- 父亲所描述的记忆是如何改变你对他的印象的？

4 评估父亲的变化。

- 影响你和父亲关系的重要事件大多发生在你小时候，它们是你解读父亲行为的透镜。

- 当孩子还小的时候，父亲通常专注于自己的事业，因为男人在二三十岁时都非常渴望成功。此外，已成家的男人会把家庭和孩子当成奋斗的动力，他们希望自己能给孩子提供更好的生活。

- 45 岁之后，很多男人的成就动机降低了，养家的负担也减轻了，生活也比从前轻松。与此同时，已经成年的子女也要开始工作了，这时子女才渐渐理解了父亲曾经承受的压力。

- 虽然你和父亲是截然不同的两个人，但你们之间的关系仍然经常受到过去事件的影响。这些影响可能是正面的，也可能是负面的。

5 改善关系付诸行动。

- 试着敞开心扉，用耳朵倾听，用心灵沟通。

- 多花点儿心思：如果你和母亲相处得很好，可以试着多花一点儿时间和精力，好好和父亲相处（这一点对女性尤为重要，因为女儿和母亲相处的时间远远大于和父亲相处的时间）。

- 找个时间单独和父亲在一起。

- 让父亲敞开心扉和你深入谈论一些话题。比如，他和你的爷爷关系如何？他最大的成就是什么？有什么事情让他感到遗憾？做父亲让他有了哪些改变？

- 融洽的谈话通常发生在你们一起做事情的时候。所以，让父亲展示一下他的拿手绝活，比如下棋、园艺等。

6 了解你自己的沟通方式。

- 处理问题的方法有两种。第一种方法是毫无保留地倾诉自己的感受，等待解决方案的出现。第二种方法是接纳自己的感受，然后试着寻找解决方案。第一种注重情感，第二种注重理性。一般来说，女性倾向于使用第一种方法，而男性倾向于使用第二种方法。

- 这两种方法都同样有效。然而，当女儿向父亲求助时，父亲往往会使用第二种方法，直接给女儿提出理性的意见或建议，但女儿更希望得到父亲情感上的回应。正因为如此，有些父女之间才会因为沟通而产生隔阂。

- 当我们分享一个问题或一件事情时，我们通常是在寻求一种或几种回应，比如赞许、同情、建议，等等。

- 30 岁的艾米决定自己创业。在项目启动之前，她很担心父亲对此作何反应。当艾米与父亲讨论此事时，她感觉父亲在武断地评判自己："他问了我很多问题，好像认定了我正在犯自己一生中最大的错误。他似乎对我的决定和能力没有信心。我觉得自己完全被看扁了。"相比之下，艾米的母亲却对她充满了赞许，艾米说："听到我要创业后，母亲相当开心，并且还全力支持我。"其实，我和艾米的感觉完全不同：她的父母都在全力支持她，只是她的父亲以为女儿需要建议，她的母亲则认为女儿需要被认可。母亲的回应恰巧迎合了艾米的心意而已。

7　提升你的沟通能力。

- 与其期待父亲猜你需要什么回应，不如坦诚地告诉他。比如，"我只是求安慰"。

- 当艾米使用这个策略时，她告诉父亲："你的意见和经验很重要，但我更需要得到你的认可。"她惊讶地发现，关于创业这件事，父亲竟然把她当成了自己的骄傲。他曾经想过去创业，但当时他和艾米的妈妈结婚没几年，孩子们年纪还小，他担心创业风险太大。后来，艾米诚恳地征求父亲的意见，并在父亲的指导下发现了商业计划中很多需要改进的地方。

- 父亲有时会对你产生怀疑，有时又会用理性的视角去审视你，也许他是想让自己能够更好地理解你的选择。出于父亲的本能，他会感到担心和焦虑，并且希望你得到最好的。从某种程度上讲，确认你一切安好，他作为父亲才能放心。

8　如果你依旧觉得父亲在评判你。

- 忽视父亲的风格，单纯思考他的动机。

- 问问你自己到底是谁在做评判？有时候，哪怕是父亲提出一些无足轻重的小问题，我们也会联系到自己身上，并转化成自我评判。比如，"你有没有想过……"我们都感觉自己好像被诅咒了。实际上，你是否在内心深处不认可自己，却认定是父亲在评判你？

- 让父亲知道他的沟通方式对你产生了什么影响。比如，对父亲说："你的话让我感觉很不好，你好像认定我犯了一个很大的错误"或"我觉得你对我很生气……"这将给他机会改变沟通风格，或者借此机会澄清他的回应方式让你产生了哪些误会。

- 珍惜理性的相处方式。有些父亲给成年子女的支持是无条件的、全方位的，虽然这种感觉很棒，但父亲的做法会让子女感觉自己依旧被当成小孩子。也许父亲早已在心目中把你当作大人看待，且在大多数时间里，他还是能够理智地用成年人的方式和你相处。只是有时他可能认为通过这种方式才能好好帮助你。

9 重新审视你与母亲的关系。

- 子女与母亲的关系，同时也会影响子女与父亲的关系。所以，不妨试试下面的练习。

重建与母亲的关系

在理想的状态下，父母双方都应该和孩子有非常密切的关系。不幸的是，我的很多来访者都觉得父亲是一个难以亲近的人。相反，他们和母亲的关系更为亲近，只是有时会觉得距离太近了。（如果你想知道"太近"的标准是什么，请参阅本练习的前两个部分。）这个练习与"重建与父亲的关系"前后呼应。和母亲关系如何，直接影响着我们与父亲的关系。同样，和父亲的关系也会影响我们与母亲的关系，二者相辅相成，相互影响。

1 **我很爱我的妈妈，但是……**

女性从好母亲的角色中获得了很多身份认同和价值感，因此，即使对母亲最轻微的评判也会让她们感到生气，甚至情绪失控。"和母亲关系太近了"这句话是否说到你心里去了？请耐心回答下面的问题：

· 当你还是个孩子的时候，你是否觉得母亲比父亲做出了更大的牺牲？

· 在某些情况下，你会站在母亲的视角和立场去了解父亲吗？

· 当父母之间出现问题时，你是否成了母亲的知己或顾问?

- 你的母亲是否曾因为父亲的小缺点而取笑他，过度监督他、批评他，或者不让他在养育孩子上享有平等的发言权？

- 你觉得自己需要对母亲的幸福负责吗？

- 如果你将自己的隐私先告诉父亲，再告诉母亲，你的母亲会怎么想？

- 除了财务问题，你是否会先和母亲讨论自己的事情？

- 如果往家里打电话时只跟父亲通话，母亲会怎么想？

- 如果你和父亲单独在一起过周末，母亲会有什么反应？她会嫉妒吗？还是仅仅觉得不舒服？即使她也经常单独和你过周末，她也会这样吗？（这个问题与女儿高度相关。）

- 当你的父亲对你的母亲有些过分时，你是否会和你的母亲站在一边？或者你父亲曾经对母亲很过分，促使你和母亲形成统一战线？

- 在你心中，母亲是排在第一位的吗？

2 **重新审视你和母亲的关系。**

- 如果你对以上任何一个问题给出了肯定答案，你就需要重新评估与母亲的关系了，即使你觉得她为家庭做出了更多的牺牲。男性有时非常无奈，他们为家庭做出的贡献似乎很难被孩子们看在眼里，比如还贷、买保险或修理东西，很多男人为了提升家庭的生活质量或者让家人住上更加宽敞的房子，不得不从事不喜欢的工作，或者忍受每天几小时的通勤。

- 对于上面的问题，你是否因为某一题回答了"是"而感到懊恼？如果是这样，请放心，大多数人都至少会回答一个"是"。

- 当你还是个婴儿时，可能绝大多数时间都是由母亲负责照顾，所以你和母亲的关系会很亲密。但是，母亲和孩子之间的关系太过亲密，会让父亲有一种被排斥的感觉，这让他们很少有机会参与孩子的生活。

- 在某些情况下，母亲和孩子之间的关系太过亲密，以至于母亲的情感需求变为由孩子来满足，而不是自己的丈夫，这就是我说的"太近了"。

- 还有一种情况，即母亲可能会"过度介入"子女的生活，以至于对孩子的关心升级为干涉或控制。

- 为人父母不是竞赛，可是，有些母亲觉得自己必须在孩子生活的方方面面都成为"第一"，比如，孩子心中最重要的人，和孩子关系最好的人，对孩子付出最多的人，诸如此类。

3 **给父母平等的养育权利。**

- 你可以和父亲保持良好的关系，尤其是作为一个成年人。和父亲关系亲近，不等于让母亲感到被忽视。

- 如果你经常只和母亲在一起，应该考虑增加一些与父亲相处的时光。

4 **如果父亲不值得你与他修复关系。**

- 想象自己是一名侦探，刚接手这个案子，需要去找你的父亲了解情况。倾听他的陈述时不要有任何偏见，也不要妄加揣测。

- 你脑海中的信念是否来自母亲对父亲的看法？随着时间的推移，这些看法是否已经变成了你所坚信的事实？

- 你搜集到了哪些证据？如果想让父亲"无罪"，这些证据能在法庭上站住脚吗？

- 在做婚姻治疗师的这些年里，我还没有找到哪一对夫妻会认为他们应该对婚姻中的问题负平等责任，即便是那些普普通通的家庭。（参见我写的《幸福关系的 7 段旅程》。）

- 在咨询中，即使有些家庭有成瘾问题或家庭暴力，也会让咨询师感觉"清官难断家务事"，很难分清家庭成员谁对谁错。想想在你家里，你的母亲是如何"纵容"或

"原谅"了你父亲的不良行为?

- 没有人知道两个人的婚姻中究竟发生了什么,因为那是夫妻之间的私事。即便是你父母的婚姻,你也未必百分百了解。因此,最好还是保持中立,否则可能适得其反。

5 每个母亲都很棒,但她们并非完美无缺。

- 我们总觉得母亲是万能的,但家庭生活中的问题和矛盾,母亲也无法全部解决;有些问题如果不解决就会愈演愈烈,并且影响家庭关系。要知道,母亲也是普通人,无法独自扛起家里所有的事情。
- 通常来说,每个人都知道说话时要考虑别人的感受,但有时母亲会因为和孩子关系太近而口不择言。
- 每个人都想维持一段完美的关系,这一点在母亲和孩子的关系中尤为常见。
- 如果让你毫无保留地袒露心声,你会对自己的母亲说什么?
- 你觉得她听后会有什么反应?哪些反应会让你感到害怕?

6 你从母亲那里继承了哪些个性品质。

- 如果与母亲相处让你变得敏感,或者她的行为让你烦躁不安,记下所有让你困扰的事情,整理成一张清单。

- 看着清单问问自己：我曾经做过类似的事情吗？

- 虽然很多人从懂事起就发誓绝对不会像父母那样，但都不可避免地成了他们。中年之后，年纪越大就越像父母。

- 我们最无法接受的事情就是在自己身上看到母亲曾经的影子，这也是母亲让我们最气愤的一点。

7 问问母亲："我怎样做才能让你的生活变得更好？"

- 有一个很重要的问题值得我们思考：我们应该对妈妈的幸福快乐负责吗？如果她孤身一人、上了年纪，或者患有抑郁症呢？

- 焦虑的感觉会打乱我们的生活方向，把我们的精力浪费在一些看似有价值、实则没必要的事情上。

- 很多人都会带着焦虑询问母亲：我要怎样做才能让你的生活更幸福？其实我们都会担心母亲会提出好多要求和期望，让我们无法满足。但我的经验是，大多数母亲都很容易满足，她们的要求真的很低，有时只是想让你经常给她打电话这种小事。

8 记住，母亲终究是一个成年人，她可以对自己的生活负责。

- 你曾经把母亲当成小孩子看待吗？

- 也许母亲已经发现你总是把她当成小孩子，并为此感到烦恼，但是她什么都没说，因为她怕你会不开心。

- 你们的"亲密"是否影响了她的朋友关系以及为人处世的能力？
- 你们的"亲密"是否阻碍了自己发展人际关系？

9 重新审视你与父亲的关系。

- 你与母亲的关系会影响你与父亲的关系，因此我们可以再重温一下前文的练习。
- 前文的两个练习都有一个共同的假设：你和母亲的关系比和父亲的更加亲近。但在有些家庭中，情况可能恰好相反，比如被父亲溺爱的女儿就与父亲关系亲近，与母亲关系生疏。如果是这种情况，练习同样适用，可以把两个练习中的称谓对调一下。

离异家庭：支离破碎的孩子

1 直面丧失。

- 离婚不仅让孩子失去了完整的家庭，也让他们失去了家庭的庇护，失去了家庭带来的安全感和依靠感，更失去了每天的陪伴。
- 接受亲人离开是需要时间的，但当你还是个孩子的时候，你的父母可能会被他们自己的问题搞得焦头烂额，无暇顾及你的感受，他们可能会非常执着地和你强调一切都没有改变："你仍然可以见到我们"，或者生硬地让我们接受积极的一面："这下你就有两间卧室了"。然而，只有尽情地哀悼失去的东西，你才能继续往前走。

- 写下父母当年离婚时你失去的一切。如果你小时候无法完成这件事，现在可以好好地计算一下。你可以列出你的经济损失，你失去的伙伴或家人，以及你失去的机会。刚开始的时候，你可能不太容易想起很久之前发生的事情，那就先把印象最深的一两点写下来，它们会唤起你的记忆，帮助你回忆起更多的损失。我猜你会惊讶于损失的数量。

- 这张清单让你的内心涌起了什么感觉？如果是悲伤，请接受它。对于父母离婚的孩子来说，悲伤是人之常情。丧失是每个人都会经历和面对的事情。虽然我们期盼天长地久，但世界上真的没有永恒。

2 **平息愤怒。**

- 很多事情都会让你非常愤怒。父母的职责是保护孩子，而不是让他们遭受痛苦。在我们的社会中还有一个约定俗成的事情：父母应该把孩子的利益放在第一位。然而在许多情况下，父母一方或双方在离婚时都会只看到自己的利益，忽略孩子的利益。

- 作为一个孩子，你也许不愿直接向父母表达自己的愤怒，因为这会伤害他们。你常常表现得很懂事，理解父母的脆弱，也懂得他们的需要。你不想给他们早已一团乱麻的生活再添乱，你要么把愤怒压抑在心里，要么把愤怒发泄到身边那些无辜的人身上。

- 我们既要学会原谅父母，也需要接纳自己的愤怒。这可能是最难的部分，接受自己心底积压已久的愤怒，才能找到宣泄愤怒的方法。如果你的愤怒伤害了其他人，要找机会向他们道歉，发自内心的道歉通常是解决这个问题的好方法。

3 放下幻想。

- 我们常常有许多无处安放的痛苦，也有许多无法掌控的事情，于是我们经常用幻想来安慰自己。孩子都会幻想父母会破镜重圆，于是会骗自己说："总有一天，一切都会好起来。"在短期内，这些幻想的确会掩盖住孩子的不快乐，让他们自欺欺人地觉得什么事情都没发生过。

- 另一个类似的策略是将缺失的父母理想化。被我们理想化的通常是父亲，因为父亲似乎可以填满生活中一切缺失的东西：如果父亲在，一切都会变得更好。然而，幻想和现实的强烈反差会让我们感觉生活中满是荆棘，越来越沉重，因为没有人能一直生活在完美的幻想世界中。

- 离异家庭的孩子会把抚养自己的父母（尤其是母亲）想象成圣人。这也是可以理解的：离婚前，父母都守护在身边，而现在只剩下父亲或者母亲一人可以依靠，因此我们总是在心中期盼这个家长是完美的。在孩子心中，许多母亲离完美妈妈的目标只有一步之遥，但人无完人，再好的妈妈也当不了完美妈妈。也许有时孩子会认为妈妈的脾气不好，或者管教太过严厉。其实，我们每个人都会发脾气，心中都会有难以释怀的积怨，偶尔也会做出错误的决定，妈妈也是如此。然而，如果孩子固执地想要抓住他们幻想中的完美母亲，他们要么会拒绝接受真相，要么会带着极大的不满，将父母妖魔化，对他们产生怨恨。

- 长大成人后，我们需要学会区分幻想和现实。或许父母身上确实存在某些让我们无法忍受的行为，但我们不能把完美的期盼强加在他们身上。

4 凡事不能以自我为中心。

- 人人都觉得自己是最重要的——就像许多妈妈经常对孩

子说的那样："你觉得全世界都应该围着你转。"可从孩子的角度来看，的确一切都应该围着他转："如果爸爸爱我，他就会留下来"；"如果妈妈爱我，她就不会给我找新爸爸"。我们都会慢慢长大成人，世界观也会越来越成熟。我们会意识到，在自己之外还有其他力量在发挥作用。然而，我们又很容易陷入"一切都应该围着我转"的执念，以自我为中心，无法接受任何拒绝。因此，如果一位父亲每个月只能来探望孩子一次，孩子会认为"如果爸爸爱我，就应该多来看看我，他现在这样，就是不爱我的表现"。即便长大成人，我们依旧会保持童年时期的思维模式："如果父亲爱我，他就会多给我打打电话，或者花更多时间陪我。"如果能暂时放下"以自我为中心"的观念，我们就能想出数百个父母不打电话给我们的原因，比如他们可能羞于表达，正等着我们主动打电话呢。

· 让我们回到自己的恋爱关系中。如果你下次再发现自己大包大揽地承担所有的责备，感觉内疚，或者把被拒绝当作对方太自私，试着把眼光放得更长远一些，想想所有其他的可能性：他是不是工作上比较忙，是不是家里有事无法脱身。关系是双方的，你没有必要独自承担所有的责任和义务。你们之间曾经发生的事情，不仅仅映照出了你的过往经历，也同样映照出了他的成长经历。

5 万事俱备，只欠东风。

- 最后，你需要保持乐观开放的心态，坚信自己不会重蹈父母的覆辙，可以找到一段令人满意的长期关系，拥有幸福甜蜜的爱情。

- 所有关于恐惧的研究都表明，我们越是逃避那些让自己惧怕的情境，就越会害怕。如果我们对亲密关系和承诺感到恐惧，解决这种恐惧的唯一办法就是做好准备，抓住机会好好爱一场。

漫长的单身

这是一个单身盛行的时代，找个彼此相爱的人共享岁月似乎成了一种奢望。正如我们在前面提到的，瞬息万变的社会大环境渐渐把人们封闭在自己的世界里，这让我们更难认识其他人。而且，这个时代，离婚越来越普遍，离婚给下一代带来的阴影也一直挥之不去。即使是那些家庭完整的人，也需要治疗原生家庭的后遗症。因此，我们不得不向现实低头。其实，我每周在咨询室里都会遇到一些夫妻，他们克服困难，走到一起，建立了良好的亲密关系。我为他们绘制家谱图，观察他们复杂的代际传承，倾听他们对自己的原生家庭的描述，虽然他们中也有一些人在成长过程中遭受过身体或心灵上的创伤，但他们能够以一种幸福的姿态去享受人生，这让我感到十分惊讶。他们不仅让伴侣走进了自己生活，还和伴侣保持着良好的关系。相比之下，那些来自幸福家庭的人却始终无法找到属于自己的爱情。为什么有的人能维持稳定的伴侣关系，而有的人却感觉自己注定孤独一辈子？

童年经历和成长环境只是影响亲密关系的部分原因。在我们寻找伴侣的过程中，还有很多其他因素发挥着至关重要的作用。也许我们不能改变出身和成长环境，但是我们可以调整思维方式，保持乐观的心态。那些与伴侣长相厮守的人往往有三种基本心态：保持乐观，正确处理投射，坦然面对承诺。如果能拥有这些积极的心态，我们会有更多的机会邂逅爱情。

－ 保持乐观心态 －

寻找爱情时，我们需要让自己像乐观主义者那样，拥有积极的心态。对于乐观主义者来说，如果有人提议去喝咖啡，他们会很高兴地接受邀请。在他们心中，喝咖啡是很有趣的事情，说不定还会认识志同道合的朋友，结识新的商业人脉，或者聊聊周末有什么好电影上映。相比之下，悲观主义者却总是想到最坏的事情：没有地方可以停车，在咖啡馆里找不到好位置，和不熟悉的人聊天会很尴尬……尽管他们不是故意想到这些，但悲观主义者似乎是封闭的，别人很难走进他们的内心。有时候，他们会认为对方另有目的，比如：他们找我也许不仅是喝咖啡，是不是想推销什么？他是不是遇到了不好的事，来找我吐槽？相比之下，人们更喜欢与乐观主义者交朋友，因为他们更加开放、友好、灵活，他们经常看到事物好的一面，从不会死盯着缺点不放。与此同时，乐观主义者对人更加友善，这种友善让人们觉得自己在他们心中留下了好印象，人人都愿意和喜欢自己的人交朋友。当然，悲观主义者可能会说自己更现实，这样就不会让希望落空，也不太可能陷入一段愚蠢并注定要失败的感情。这种防御性策略可能会让他们免受伤害，但会让他们远离真爱。

乐观主义者和悲观主义者之间还有一个重要区别。悲观主义者会很轻率地给事情下结论，并且他们的结论都是永久性的，甚至还带有自我攻击性。当悲观主义者约会失败时，他们会得出永久性的结论，比如"我永远不可能找到适合我的人"。他们也会很随意地给任何事情下结论，比如"咖啡喝多了，今晚别想睡了，我总是这样"，还会武断地给自己下结论，比如"我不够漂亮"或"我收入太低了"。相比之下，乐观主义者在经历了糟糕的约会后，会得出截然不同的结论。他们会就事论事地下结论，比如"餐厅的氛围不够好，我当时可能有些累了"。这些结论都是暂时性的。乐观主义者不会把责任都归咎于自己，而是会做多方面的分析，比如"他也许对今天的约会形式不感兴趣"。最重要的是，乐观主义者认为问题是可以克服的，比如"我可能和这个人不合拍，但我总会遇到那个合适的人"，或者"也许第二次约会时情况会有所好转，她会对我热情起来"。

悲观主义者喜欢把坏事归咎于永久的原因，而乐观主义者会把坏事归咎于暂时的原因，不同的态度决定了乐观主义者和悲观主义者截然不同的命运，这一点特别残酷，每当遇到好事时，乐观主义者会认为促成好事的原因是永久的，而悲观主义者则认为促成好事的原因是暂时的。所以，悲观的人认为成功只是侥幸。当约会成功时，悲观主义者会说"只是碰巧赶上了俱乐部精心准备的活动而已"，或"如果不是花费了大量时间和精力准备，这次约会肯定又失败了"（临时的和具体的原因）。而在乐观主义者心目中，美好的时光会一直持续下去，他们认为约会成功是由于"我太幸运了，总是能选到适合约会的地点"，或"我知道该如何让自己更加吸引人"（永久且常见的原因）。因此，悲观主义者不会主动寻找爱情，即便与爱情只有一步之遥，他们也会轻易放弃。

下面的表格列出了乐观主义者和悲观主义者对生活截然不同的态度。

悲观主义者	乐观主义者
我长得很丑	我今天只是状态不好而已
女人不会喜欢我的	只有那个女人不喜欢我
总是这样	有时候
绝不可能	最近也许不可能
我不太容易成功	我很有才华
我不擅长处理人际关系	我偶尔也会得罪人
我记不住任何人的生日	我忙得忘记了某人的生日

如何变得乐观

尽管悲观主义者事事都不顺心，但我并不是要让他们彻底转变为乐观主义者，再给他们讲道理："每一天都是一个新的开始。"其实，只要掌握好分寸，适度的悲观也是有好处的。在某些行业中，悲观是一种积极的优势。比如在法律行业中，律师必须事先设想最坏的情况。此外，当情况变坏时，悲观主义者会马上挺身而出，为自己的失败承担责任，并从中吸取经验教训。相比之下，无拘无束的乐观主义者可能会盲目地责怪他人，因此他们的恋爱之路也不会尽如人意。他们虽然会放下过去向前看，但很有可能走出一段糟糕的关系后又投身到另一段糟糕的关系中。因为他们有时会盲目乐观，不去反省自己身上的问题，所以无法提升自己。最好的状态是介于温和的悲观主义和适度的乐观主义之间。

如果能在这个范围内找到自己的平衡点，遇见真爱的机会就会大大增加。如何才能找到这个平衡点呢？悲观主义只是一种看待世界的方式，尽管这种思维可能会根深蒂固，变成一种习惯，但凡事也未必绝对，因为习惯是可以改变的。38岁的吉玛是一名销售，她和前任交往了6个月，最近刚刚分手，这让吉玛陷入了抑郁。她加入了朋友开发的婚恋网站，尝试和一些与自己匹配的男性会员见面。有一次，网站向她推荐了一位条件很好的男士，在午餐约会后，吉玛对两个人的关系充满了希望，他们有很多相同之处，都喜欢读书和看剧，他们聊得很投缘。可约会结束后，那位男士就再也没有联系过吉玛。吉玛一脸抱怨地对我说："我也不知道自己想从男人那里得到什么，我也弄不清楚究竟怎样做才算对得起自己。"她坐在我的咨询室里，垂头丧气。我让她再谈谈那次约会，吉玛回答："我在男人面前所做的一切似乎都是失败的。"吉玛似乎有过一些线下约会的成功经验，我很想在这个点上给她一些积极的引导，于是问她："那些不是通过网络认识的男人，情况又是怎样的呢？"可她的回答是："他们都在追求一件事。"吉玛要把我弄抑郁了。我卡在那里，不知道自己能为她提供什么帮助。吉玛给自己下了很多具体的结论，我需要搞清楚这些结论是如何在她的脑海中形成的。吉玛还列出了她在相亲市场上的短板："我的年龄有些太大了，条件好的男人都喜欢找年轻女孩""女人一旦有了孩子，就会让人失去兴趣""没有人会喜欢我"……她的语言非常悲观，"没有人""一切""所有"……作为一个典型的悲观主义者，她对自己的结论深信不疑。但是，如果有人对她说"没有人喜欢你"，她会立即切换到防御状态，开始为自己辩解。这些想法都是她对自己的评价，并且每次遇到类似的情景，她就会在心里默默地对自己重复一次，因此这些想法已经像真理一样在她脑海中根深蒂固了。

我简单地重复了一遍吉玛曾经说过的话，她听后立刻开始给这些话补充条件和限定词。"好吧，并不是'每个人都不喜欢我'，事实上有些男人也很热烈地追求过我，"她解释说，"但有一个问题让我很纠结——我要么不喜欢他们，要么觉得他们只是想随便玩玩。所以更准确的说法应该是，'有些男人不喜欢我'。"吉玛身上发生了小小的变化，但是这个变化对她来说非常重要。下一个需要解决的问题是，吉玛经常把事实和观点混在一起。比如，她认为女人有孩子就会让男人退避三舍。可她是如何得到这个结论的呢？她对所有男人都做过广泛的调查吗？如果是离婚后独自抚养好几个孩子的男人呢？对话进展到这里，吉玛松口了："我姑且同意你的话，因为你说得很有道理。我的孩子已经很大了，但是我也不得不请保姆来帮忙照看。"她的说话思路一如既往的跳跃，可我听得出来，她又在陈述另外一个让她感到为难的事实。尽管如此，我依旧想让她把事实和观点区分开来。

事实：保姆工作结束就要回家，因此我必须在特定的时间回家，我没有灵活的时间去约会。

观点：我觉得没孩子的女人比我更有吸引力，因为我的身后有个小跟屁虫。

对于吉玛来说，尽管这只是一个小小的改变，却能给她带来一线希望。

悲观主义者身上的另一个问题是他们总是可以得出最坏的结论，吉玛也不例外。她认为约会的男士没有给她打电话，因为她"太老了，没有吸引力"。大多数事情都会有很多个起因，可悲观主义者总是把它归结为一个原因。

所以我和吉玛讨论了一些其他的可能性：

- 他可能很想再约吉玛出来，但工作太忙了，当他忙完工作时，却又纠结了，觉得已经过了约吉玛的最佳时间。
- 可能接到了前任的电话，想要挽回这段感情，两个人重新开始。
- 他对吉玛印象很好，但他只选金发女郎做女友。

吉玛的脸上有了微笑，欣然接受了所有的可能性。我和吉玛进行了更加深入的讨论，她承认那位男士刚刚和相处多年的女友分手，极有可能是被朋友逼着来约会的，而他根本就没准备好开始新恋情。如果有机会和这位男士面谈，我就会找到许多不同的甚至相互矛盾的理由来解释他为何没有给吉玛打电话。毕竟人是一种复杂的生物，如果我们把动机仅仅归结为一个特定的原因，既不现实，也起不到任何作用。比如，吉玛认为约会对象不给她打电话是因为自己太老了，于是就把所有糟糕的约会经历总结成一个灾难性的结论："我在男人面前做的一切都是失败的。"我忽然想到，或许可以在她的工作中找到一些资源来帮助她改变认知。比如，她是如何把产品推销给男性客户的？她和男同事相处得怎么样？事实上，吉玛在工作中与男性相处得很好，无论是同事还是客户，她只是在谈恋爱时不知道该如何与异性相处。最后，吉玛发现她对过去的不愉快经历添加了自己的解读，于是形成了一套悲观的思维模式。我在谈话中挑战了她的思维模式，让所有问题看起来都只和约会这一件事有关，因此这些问题都只是暂时的。现在，吉玛已经像一个谨慎的乐观主义者那样思考问题了。

下面这些方式可以帮你拥有积极的心态：

1. 识别自己的想法。想法往往发生得太快，并且被一次次重复和强化，以至于会在人们放松警觉的情况下，成为自动思维。

2. 和自动思维辩论。人们有时会带着个人色彩去解读事件，而这种解读虽然只是想法，却会被当作事实来接受。

3. 不再草木皆兵。回顾自己是否曾因为几次糟糕的经历，就给自己穿上了坚硬的铠甲。

4. 找出不同的解释。尤其是遇到那些暂时性的、不涉及原则或者隐私的问题，试着想想其他的可能性。

5. 问问自己。一个乐观主义者，遇到这件事情时，会有什么想法呢？会得出什么结论呢？

如果你想知道如何才能像一个乐观主义者那样思考，请参见本章后面的练习。

－ 正确处理投射 －

接下来，我们将为大家介绍提升恋爱机会的第二种心态。这种心态可能不太容易把握，但它是本书最重要的理念之一。当我们进行到第二步攻略，开始寻找属于自己的甜蜜爱情时，它的作用就会越来越重要。让我们先来了解一个概念：投射。我很想跟大家分享一下我小时候的经历。我的爷爷有一部摄像机，他喜欢把重要的家庭事件拍成录像保存。爷爷曾拍下客人在花园里聚会的热闹场面。在他过世后，我的父亲继承了这台摄像机，我们还是会在周末央求父亲一遍又一遍地播放爷爷生前拍摄的录像带。我们听不见声音，只能看到投影在客厅墙壁上的影像。我们希望父亲能装一个投影布，让这些没有声音的影像更加清楚。或许我从小就有当咨询师的天赋，我很喜欢在录像中观察每个家庭成员的脾气秉性以及人们之间的关系。如果我和妹妹在看录像时想要去厕所或厨房，就会经过投影的墙壁，在短短的几秒钟里，父母、姑妈、叔叔和堂兄弟姐妹的面孔就会投射到我们的脸上。乍一看我们好像真的变成了这些人，但我们并未改变，只是戴上了别人的脸谱。我想通过这个故事来解释"投射"的第一层含义。如果有人以一种夸张的方式回应我们，无论他的回应是积极的还是消极的，他们都只是把事情代入个人想法，投射到了我们身上而已。我们在不知不觉中变成了一个空白屏幕，而他们则把自己的感觉以及对别人的看法投射到这个屏幕上。所以，这些感觉和想法并不是我们的，而是他们自己的，并且他们总是坚信这是我们的感觉或想法。在很多情况下，别人越是不了解我们，就越感觉我们对他们态度冷淡，他们就越有可能把自己的需求、情感或期望投射到我们身上。

我们来举一个常见的例子。如果一个人和父亲关系不好，那么他可能会把父亲的角色（甚至连同父亲的脸）投射到老板或上司这类权威角色的身上。他在工作中也许总和老板对着干，并且非常想得到老板的认可。这一切看起来似乎只是工作上的问题，其实是原生家庭中的剧本在工作场合中的重演：用老板代替父亲，用同事代替兄弟姐妹。这种情况并不稀奇，有时候人们甚至还会把名人和公众人物当成投射的"屏幕"。戴安娜王妃是许多人心目中的偶像，很多人对她心生怜惜，觉得她需要被好好保护。这是因为我们只是通过照片和视频看到她优雅大方地出席各种场合，却从不曾坐下来倾听她的心声。因此，我们会把自己的需要投射到这个近乎完美的女性身上。这就是为什么戴安娜的朋友们发现她的公众形象与他们日常所熟知的戴安娜如此的不一致。因为戴安娜的公众形象是人们在她身上的投射，因此这个被投射出来的人设更多地呈现在我们的内心，并非真实的戴安娜。

弗洛伊德最早提出了投射的概念，并经常在治疗中使用。他在咨询中发现，来访者往往会否认不愉快的感觉，或者否定与自身形象不一致的东西。为了让这些不愉快的感觉和有损形象的特征看起来更加不属于自己，他们会将其投射到其他人身上。一个典型的例子发生在办公室里，如果办公室有位同事喋喋不休地在我们耳边说话，我们不仅会心烦意乱，还会有一种挫败感：对方觉得我不是个好听众，所以才会一直不停地和我说话。当然，我们投射给别人的东西，既可以是消极的，也可以是积极的。比如在咨询过程中，来访者会把他们所有的希望都寄托在我身上，并且把我看成是一个无所不能、无所不知的人。在他们刚来做心理咨询时，这样的投射从某种程度上看是一件好事。因为来访者对咨询充满希望，并感觉自己的问题变得可控，所以他们的状态在起初的几次咨询中会有很大的改善。我会在下文详细讲解这个有意思的现象。然而，这里需要强调的是：投射无时无刻不在，我们每个人都会把性格、动机和态度投射到他人身上，既有积极的，也有消极的。所以我们不仅要识别出自己的投射，还要意识到他人可能也会把不属于我们的东西投射给我们。

面对爱情时，我们很容易本能地过度投射，因为爱情是盲目的，我们常常被爱情冲昏头脑。在最初的几次约会中，眼前这个刚刚认识的潜在恋爱对象就像一面空白的屏幕，我们可以尽情地将梦想、恐惧和一部分不喜欢的自己投射到对方身上。投射有时能帮助我们建立一种牢固的初级联系，有时也会阻碍我们。在这里我想讲讲克劳德的故事。他今年34岁，颜值很高。我征得了他的同意，将他的经历写进这本书里。我和克劳德是在酒吧里认识的。虽然那天酒吧里人不多，但是高大帅气的他还是让周围的人忍不住多看两眼。正因如此，我才好奇克劳德为什么单身。克劳德对我说："我父亲是个非常专横的人，他不喜欢音乐，也不喜欢别人来家里做客。我是家里最小的孩子，哥哥姐姐们都比我大十几岁，他们很早就离开家独立生活了。父亲本来想早点过上清净日子，可母亲却意外怀孕生下了我。我的到来似乎阻止了他的自由。"然后，克劳德开始说自己长得如何难看，我很好奇他为什么对自己的外貌评价如此之低。"我父亲叫我蟑螂，我一直觉得那是他给我取的乳名，因为喜欢我才那样叫我，但我想你能明白那是什么意思。我父亲年轻时长得很帅，我可以给你看看他的照片。但有一件事让我觉得不可思议——我父亲现在年纪大了，长相竟然和我越来越像，只可惜我是个丑得上不了台面的人。"很明显，克劳德的父亲内心深处充满了矛盾，为了保护自己的脆弱，他把对自己的评价投射到克劳德身上，说样貌丑陋的是儿子，而不是他自己。我注意到酒吧里有些客人像花痴一样死盯着他看，于是问克劳德："如果有人为你着迷，你会是什么感觉？"克劳德忧伤地说："这太奇怪了，怎么会有人喜欢我？他们的品位太差了。搞不好是哪根筋搭错了。"克劳德不仅无法摆脱父亲对他的投射，还把被父亲破坏的感觉继续投射到约会中。就这样，我终于弄清了克劳德为何至今单身。他只谈过两次恋爱，最长的一次也只持续了 6 个月。

还有一个关于投射的典型例子。33 岁的萨曼莎是我的来访者。她在失恋好多次后走进了我的咨询室："男人都很虚伪，他们总是装成一副好男人的模样把我骗得很惨。我知道男人没有一个好东西，但每次坠入情网时，我都抱着一丝希望，希望自己这次遇到的是个好男人。可你知道吗？他们真的很让人绝望。"萨曼莎很擅长和别人建立关系，尤其是恋爱关系，她能够很快地投入其中，但她经历的都是一段段"闪恋"，来得快去得也快。她认为问题出在男人身上，想让我教会她如何驾驭他们，但我怀疑她好像把什么东西投射到了男人身上。萨曼莎解释说："刚开始恋爱时，我们每天如胶似漆，身上有很多共同点，喜欢相同的东西，还经常一起大笑。但这一切都是他们装出来的。渐渐地，我发现他们要么很自私，要么总是和母亲在一起。我这样解释，你明白了吗？"在深入交谈时，我发现萨曼莎迫不及待地想谈恋爱，甚至想组建家庭。她为了不让这些幻想影响关系，努力让自己在与对方相处时保持冷静。但实际上，她还是被幻想左右着。在她心里有一个完美的男人，这个男人可以和她携手共度余生，于是她就把这个完美男人的形象投射到每个约会对象的身上。难怪她一开始那么喜欢他们。然而，她的男友们不可能像空白的幕布那样任凭她投射，因此也就不可能如她想象般那样完美无缺。当男友把真实的自己慢慢展现在萨曼莎面前时，她的完美幻想破灭了，然后心里就产生了一种被男人欺骗的感觉。在很多方面，投射正面品质和投射负面品质一样，会给我们带来许多困扰。

投射影响着我们对他人的行为。我们不仅要了解投射发生的具体过程，还要学会如何处理投射带来的结果，这是一件很重要的事。根据我的经验，无论我们能否处理好自己的投射，投射的过程都会经历五个阶段：识别、夸张、扭曲、混乱和解决。

投射的五个阶段

我们用萨曼莎的例子来看一下，从相识到熟悉的过程中都会发生什么。

1 识别。

陌生人身上的一些特质会促使我们把欲望、期待或自己身上某些东西投射到他们身上。我给萨曼莎做咨询的时候，她刚刚认识了一名新男友。每当萨曼莎谈起这位新男友时，眼神中都充满了幸福和爱意。她说这位新男友是个商人，虽然年轻，但是"以结婚为目的"与她交往。我之所以给"以结婚为目的"加引号，是因为我和她的咨询关系才刚刚建立，无法验证这个评价是否真实。萨曼莎只和我谈到了他们的前几次约会，因此这些赞美可能只是萨曼莎的投射：她期望男友按照某种方式行事，而且在她的描述中，男友目前的行为都符合她的期待。可这件事情并没有那么简单，因为男友不可能像一块空白的投影布，所以这段恋情的结果还是个未知数。然而，没有谁会随随便便相爱，人们的关系总是在投射中彼此纠缠，所以才不会像陌生人那样擦肩而过。萨曼莎新男友身上的某些特质就像钩子，勾出了萨曼莎的投射，所以他们两个才会一拍即合。尽管萨曼莎从前的恋爱经历让我对这段恋情持有保留态度，但考虑到她的新男友在经历了很多事情后也厌倦了单身生活，所以无论是有意还是无意，他都为萨曼莎的投射提供了一个钓钩。

2　夸张。

投射的第二个阶段，人们会灵敏地捕捉到对方身上那些与自己信念相符的行为，并且会把它们夸大和美化。萨曼莎的新男友周六晚上来家里过夜，直到星期天晚饭后才离开。在萨曼莎眼中，这样的行为不仅表明他对这段恋情很感兴趣，还表明他对这段恋情的态度越来越认真。可是萨曼莎没有考虑过，也许是因为他没有其他事情可做，也许作为一个单身男人，他只是很喜欢在家里吃一顿热腾腾的饭。就这样，萨曼莎抓住了每个能证明两个人关系良好的蛛丝马迹，一厢情愿地把它们夸大了。

3 扭曲。

日久见人心。想要真正了解一个人，就要经过长期相处。此外，我们还可以通过约会、派对等各种社交活动加深彼此的了解。然而，情人眼里出西施，这个阶段的男男女女都被爱情冲昏了头脑，对方身上一切不匹配的地方，都会被低估，甚至被忽略。当萨曼莎第一次提到新男友时，她顺便提到了他的前女友和小孩，但她轻描淡写地说："她们住在英国的另一边，因此并不是什么问题。"这显然是对事实的歪曲。

4 混乱。

现实并没有想象中那样美好，而我们很难说服自己去接受那些有理有据的现实。接受现实会让我们感觉困惑和不适，因为对方的行为不符合我们的投射和期望。在一次咨询中，萨曼莎很伤心，因为她的男友周末要去另一个城市探望女儿。她的眼泪似乎在说："如果他对这段感情百分百投入，怎么会这样抛弃我？"这时，有关她男友的其他信息也开始渐渐浮现出来。她从前一直说男友是商人，而现在张口闭口都说他是包工头。在后面的咨询中，萨曼莎抱怨说，男友的表现让她感到迷惑：一方面，他扔下她独自去看女儿；另一方面，当萨曼莎和朋友出去玩时，他又很嫉妒。"他好像很在乎我做了什么，但他没有权利告诉我该做什么。"萨曼莎彻底陷入了混乱的阶段。

5 **解决。**

最终，投射与现实之间的落差无法调节。在萨曼莎的案例中，这段关系维持了六周就结束了。她认定新男友在玩弄她的感情，根本不想谈恋爱。但是，这段纠缠的恋情中，有多少是萨曼莎的投射，又有多少是新男友的作为呢？

用替代方案处理投射

把一个人塑造成完美的潜在伴侣，然后又因为一些莫须有的事情诋毁他，这似乎有些无理取闹。所以，我把萨曼莎的咨询方向调整为如何改变她的破坏性模式，并且为她寻找一种合适的应对方式来替代她原有的投射方式。正如我之前解释的那样，来访者期望我是个万能的咨询师，能回答所有的问题，能解决所有的困难。他们不仅把所有的希望都投射到我身上，甚至会退行到小孩子的状态，变得什么事情都不会做了，因为他们把成年人的决策能力也投射到我身上。而在投射的第一个阶段——识别阶段，我还为来访者们提供了一个钩子，即我的专业技能，它让我在咨询关系中扮演着"好父亲"的角色，并且带着强烈的同理心去理解他们。在夸张阶段，我提出的任何建议都会被来访者们铭记在心，他们甚至会把两次咨询之间取得的成功和提升通通归功于我的能力。其实他们没有察觉到，这些成就实际来自他们的应对技巧和决心。当然，人无完人，作为治疗师，我也同样会犯错误。可在这段咨询关系中，我的错误会在扭曲过程中被忽视或遗忘。在混乱阶段，来访者不得不重新整合他们对我的印象。他们渐渐意识到，虽然我掌握了一些专业知识，但他们自己才是生活的主导。日子是自己的，与我只是每周接触一个小时而已。最终在解决过程中，来访者发现自己有能力解决关系问题，这些能力只是暂时被隐藏或被破坏了。在他们眼中，我不再是圣人，而是一个真实的普通人，有缺点也有优点，取得过成绩但会犯错误。至此，他们收回了投射，不再需要我了。我们握手告别，平等相待。如果萨曼莎在接受咨询后才遇到她的新男友，她的恋情可能会有一个不同的结果。与其因为男友不完美而放弃他，不如权衡一下他的优点和缺点，也许会发现新男友身上的优点远远大于缺点。

投射就像原罪，每个人身上都有，这一点我再怎么强调都不为过。然而，那些能将亲密关系经营得很好的人，或许并不会在无意识中投射太多强烈的愿望，因此就很少有过多的扭曲印象和困惑需要解决。他们很容易在关系中达到平衡，并找到合适的方法解决自己的困惑。为了帮大家弄清什么时候会产生投射，以及如何处理投射，本章末尾依旧为大家准备了许多小练习。

- 坦然面对承诺 -

这是第三种关键心态，可能也是最难把握的。从单身走进亲密关系的过程中，这种心态至关重要。有时我会告诉来访者，我们很有必要去接纳承诺，可许多单身来访者听闻此话都会很生气。32岁的米娅是一个典型的例子。"我早就想安定下来了，所以能够坦然面对任何承诺。可我总是遇到有问题的男人，他们全都逃避承诺，好像都有承诺恐惧症似的。"米娅和我讲述了她的恋爱经历。她确实谈过几次恋爱，最近一次恋爱还是跨国恋。米娅说："刚开始谈恋爱的时候，我们一直在争论，因为我们在每件事情上都看法不一致，但这却发展成了一股强大的吸引力。我开始享受他的陪伴，他会把不开心的事情都告诉我。"他们很快就陷入热恋，不再和其他男人约会，每次他回来，米娅都会放下所有事情，抽时间陪他。米娅经常给他发消息，他偶尔也会回复。"前几天聊天时，他和我抱怨自己的现女友，我告诉他我们才更合适，而且我可以很快结婚。但他似乎害怕承诺，一声不吭地坐在那里。我也不知道自己还能坚持多久。我需要他给我一些暗示和回应。"米娅似乎很愿意做出承诺，可她爱上的人远在另一个国家，每年只来英国出差三四次。最关键的问题是，米娅自己也承认这个男人有女朋友。虽然他告诉米娅，他跟女友因为宗教信仰不同经常有分歧，可这不能保证这个男人就一定会选择米娅。米娅的恋爱究竟出了什么问题呢？我开始从自己的工作经验中寻找资源来帮助米娅。在我刚开始接受婚姻治疗师的训练时，我更倾向于从字面上理解来访者的话。然而，这种工作方式有时会让我感到迷惘。有一次我向督导呈报了一个男性来访者的个案。他在咨询中一直说他是多么向往自由，因为他一点儿都不爱他的妻子，已经无法忍受和她在同一个屋檐下生活。督导打断了我的报告："他来接受咨询有多久了？""五个星期了。"我回答道。"他口口声声说不想挽救这段关系，却每周都来找你做咨询。"督导睿智的提问让我终生难忘。从那一刻起，我改变了自己的工作方式，开始倾听那位男性来访者言语背后真实的感受和想法，并且试着挑战他想离开妻子的想法。最后，他和妻子之间的矛盾终于解决了。我之所以分享这个故事，是因为很多单身人士都信誓旦旦地说自己已经为走进亲密关系做好了准备，可他们最后还是出于某些原因亲手葬送了爱情。看过了许多案例，我发现这些来访者面对亲密关系和承诺时，总是"忽冷忽热"或"一厢情愿"。

忽冷忽热

忽冷忽热是人人都会有的行为，不分年龄，不分性别，尤其是那些缺乏恋爱经验的年轻人，他们一旦发现自己过快地陷入一段关系，就会对恋爱对象忽冷忽热。如果下列描述让你很有感触，那么你就要思考一下自己曾经或现在的恋情是否一直在重复类似的模式。

- 起初，恋情的迅速升温也许会让你感到很安全，因为你还在努力去赢得对方的心，或者你与对方的关系若即若离，即使热情似火，也不会灼伤彼此。例如，在度假时遇见让你心动的人，或者一见钟情却马上要各奔东西的人。

- 随着关系的继续，你释放出所有关于承诺的积极信号，并且你真的很想确立关系。然而，恋爱中的鸡毛蒜皮让你感到被束缚，甚至不知所措，想要逃避。

- 你开始试图挣脱这段关系，态度变得冷若冰霜。

- 一旦关系降到冰点，即使是合情合理的亲密请求听起来也像命令一样，让你特别想拒绝。

- 这时，你会格外珍惜自由独处的时间。

- 状况最糟糕时，这种恐惧会转变成恐慌，逼得人想要逃跑。

- 更常见的情况是，你会人为地给亲密关系的进展设置障碍。比如，关掉手机、不回电话或不愿意规划未来，因为对方的亲密行为在你眼中是在"施加压力"。相反，你会反复和对方强调"顺其自然"的好处。

- 有时候，这些障碍看起来冠冕堂皇。比如，接受工作调动，去另一个城市。有时候，障碍来自另一段关系。这些障碍往往特别符合社会道德要求，比如照顾老人和孩子。然而，多数忽冷忽热的人或许只是在脚踏两只船。

- 对前任念念不忘也会严重影响你与现任的关系。你对现任十分厌倦，你们的关系如履薄冰，而你又记起了前任的好，全然忘记了两个人当初是因为什么问题分手。在这时与前任死灰复燃，貌似时机刚刚好。

- 如果两个人距离太远，障碍太多，或者有迹象表明对方要脱离这段关系，你的策略就会改变。即将失去的人永远会让你感觉珍贵，你的激情会再次被唤起。

- 对方有所察觉后，也开始变得积极，他会再次投入。你们又陷入了热恋。虽然你许诺这次会有所不同，但一切并没有发生本质上的改变。

- 整个循环重复下去，有时甚至会持续许多年。

- 这种忽冷忽热的关系，结局都非常痛苦，受害最深的往往是那些和你纠缠不清的现任或前任。有时候，你们之间似乎有太多的障碍和借口，以至于无法让关系再继续。有时候，你干脆玩消失，或者与另一个看似完美伴侣的人相遇。

- 实际上，这种关系就像一场双人舞——双方小心翼翼地保持着距离，你的伴侣向前走一步，你就退一步；当伴侣退后时，你反而会紧紧跟随。

许多人看到这些行为时，都无法理解为何有人能忍受它们。然而，有一类恋人似乎可以在这种关系中生存，至少在短期内可以忍受这种关系。这类恋人会在双人舞中用另一种方式来回避真正的亲密关系——一厢情愿。他们会把若即若离的暧昧当作积极信号，并不断在关系中自作多情地做出承诺；他们看似和对方你侬我侬，但恋爱关系却只停留在初级阶段，并没有实质性的进展；他们经常爱得很认真，但在内心深处却无法面对那些好好爱他们的人，因此总是和那些无法得到的人谈恋爱。

一厢情愿

我们很难发觉自己是否在亲密关系中一厢情愿，然而倾听自己的心声要比研究行为中隐藏的信息更加容易，所以请敞开心扉回答下面的问题：

- 你是否觉得自己是一个非常浪漫的人，并且还会做出许多浪漫至极的事，比如，突然在伴侣所在的城市出现，给对方一个惊喜？

- 你是否很容易坠入爱河并许下承诺，即使你并不真正了解对方，或者还没有证据表明他们是真心对待这段感情的？

- 听到有关恋人的负面消息时，你的反应是什么？你是否会认为事情没那么严重？比如，当你听说恋人是一名已婚人士时，你认为他可能会为了你离婚。或者，有人说你的恋人和许多人关系暧昧，可是你觉得这一切都无所谓，因为他终究会是你的。

- 你是否爱上了那些根本无法得到的人，或者是那种和你聚少离多的人，或者是上文提到的那种忽冷忽热、折磨对方的人？

- 回顾过去的感情生活，你知道曾经的关系中都存在什么问题吗？你是否认为自己可以应付他们（"没关系，我不需要太多关注或陪伴"）或者你认为自己可以轻易改变一个人（"他只是需要自己安静一下""她只是想要再考虑一下"）？

- 在与恋人相处时，你是否总是随叫随到，无论是情感上还是身体上你都迁就对方？

- 当你心情不好或想要倾诉时，你有没有发现你的恋人会刻意避开你？

- 一旦别人侵犯你的边界，你就会退让。

- 计算一下你在上一段恋情中花费的时间，你和恋人是否聚少离多？在大多数时间里，你会和朋友谈论恋人，还是独自一人想念对方，或者做一些与恋人有关的事情（听他们最喜欢的音乐、写下关于思念的诗等）？

- 你是否设想过，只要自己……（这里指你想要和恋人一起做的事），这段关系就会变得更好？高质量的相处可以使恋情升温，比如度过一个浪漫的假期，但是，你需要费尽心思才能实现这个心愿。如果你能和恋人一起完成一些特别且有意义的事，那么从长远来看，你们的关系会有所改善吗？

- 你是否发现自己已经付出了太多努力来维持这段关系？你是否曾经逼着自己去接受这段"虐恋"，并拼命说服自己去理解对方，可尽管这样，你们的关系似乎还是没有进展？对方的态度是否让你感觉自己好像一直在打扰他？

- 当一段感情结束时，你是否要花很长的时间才能恢复？

- 对于前任，你是否依旧觉得自己和他很般配，即使是在许多年以后？

大多数人会对其中的一两个问题回答"是"，但如果你发现自己有许多的"是"，那意味着你可能很容易陷入"一厢情愿"的关系模式中。在治疗中，那些经常一厢情愿的人发现自己在恋爱中似乎更喜欢幻想中的对方，而不是生活中真实的对方。我们在前文中提过的米娅就是这种情况。她爱上了有妇之夫，被动地成了小三。可米娅却说："我并不是真的爱他，但我感觉他是爱我的。"实际上，米娅只是把自己的理想伴侣投射在那个男人身上。后来，她意识到自己悲伤并不是因为失去了一个真实的爱人，而是因为幻想破灭了。从那之后，她发现自己可以放下这段关系，继续好好生活。

有时候，人们会用忽冷忽热和一厢情愿来逃避真正的亲密关系。杰姬是一位29岁的年轻女性，她4年前在希腊度假时遇到了罗伯。在这段关系中，她总是对罗伯忽冷忽热。他们在希腊一见钟情，如胶似漆地在一起度过了一天一夜。"我们一起做了很多傻事，比如一起在沙滩上搭沙堡，带上香槟去野餐，我们拥抱亲吻，度过了一个美妙的夜晚。但美好的时光总是很短暂，他订的船票是第二天一早的，于是他不得不离开我们度假的小岛。那真是一个完美的浪漫假日。"虽然他们交换了地址，但杰姬并没有对这段恋情抱太大的希望。"他住在纽约，而我也放不下自己的工作。于是，我们开始写邮件、打越洋电话，他邀请我去纽约，我受宠若惊。在机场重逢的感觉就像电影里的情节一样，我当时非常兴奋。我注意到他看起来比记忆中矮了几英寸。他没有带我回他的公寓，而是和我一起住在乡下的民宿里，我们过得很愉快。他黏了我一个星期，我不得不整天和他疯闹，我在享受浪漫重逢的同时，还要抽空用电脑处理工作，这让我感到精疲力尽。我担心他会离开，但又希望能赶快把工作忙完。"有几次，杰姬也想要一点私人空间。"我本想建议他洗个澡，这样我就有时间赶一份工作报告，但他不停地喊我过去给他搓背。"罗伯比杰姬大 10 岁，他从父母那里继承了一大笔钱，所以出手很阔绰。"最后一天晚上，他提议去加勒比海玩一圈，费用他全包。我真想阻止他，因为我感觉我们的关系进展得太快了！我不喜欢'被包养'的感觉，所以我对他表达了感谢，然后拒绝了他。"尽管杰姬有所保留，但两人的关系还是持续了两年。杰姬自己买机票去纽约旅行，罗伯也去过几次英国。然而，杰姬一直犹豫不决，无法做出承诺。有那么一刻，杰姬在谈论两人关系时，会表现得很兴奋："第一次去美国的时候，我坐在了最靠近飞机前门的位置。我也说不清为什么，可能觉得这样会离罗伯的怀抱更近一点。"可一旦见到罗伯，她就觉得自己被束缚了，于是用工作当挡箭牌，有意无意地疏远罗伯。然而，当罗伯不在身边的时候，杰姬又会非常想念他，还会经常暗示罗伯要进一步发展关系。而和罗伯在一起时，她又开始打退堂鼓。"当我态度冷淡时，罗伯也会很难过。他会很担心地问我是不是出了什么事情。其实，我那时真想大喊一声

'别烦我！'。"

　　和罗伯分手后，杰姬又开始了一段恋情。在这段关系中，杰姬多数时间都在单相思。她设法避免了从前那种害怕被困住或被约束的感觉，全心全意地投入新恋情。我们都想知道她是如何克服恐惧的，但可悲的是，她并没有真正克服内心深处对亲密关系的恐惧，她选择了一个无法得到的人。那个人叫杰克，离杰姬的住处只有一小时车程。虽然床笫之欢非常和谐，可他们之间始终存在一个问题：杰克的职业。他经营着一个狗场，就连自家花园里都养着一大群狗。这些狗为杰克约会放鸽子提供了无数借口：有只母狗即将分娩，狗场缺人手需要加班；客户要来选狗；他正忙着照料一只被母亲抛弃的小狗。杰姬说："杰克会在两人之间设置许多障碍。"他从来不会爽快地约我，而且经常失联，好几天杳无音信，电话不接，信息也不回复，所以我们之间的关系总是若即若离。我一直在想，如果我能多花点儿时间和他在一起，我们的关系就会亲密许多。我想让他参加我的生日派对，见见我的朋友们，可生日那天下午，他在最后一刻还是放了我鸽子。我忍无可忍，对他发了一通火，然后他理直气壮地拒绝了我的邀请，就连星期天与我妈妈、姐姐的午餐也推掉了。"可尽管这样，这段鸡肋一样的关系依旧持续了三年。他是个很有爱心的人，有很多见解，也读过很多书。他向我介绍了一些精彩的书籍和音乐。只是，他能为我考虑一下就好了。"于是，杰姬在这些年全凭意志和勇气艰难地维持着这段关系。她甚至说服闺蜜在杰克的狗场里买了一只小狗，她想让杰克知道她的朋友也很"有趣"，这样杰克就能进一步融入她的生活。明眼人都能看懂，杰姬委身于一个并不想做出任何承诺的男人，他们只是看起来很般配，但一切只停留在暧昧阶段，他们的关系并没有任何实质性的进展，所有的承诺都是杰姬单方面的。经过几个星期的咨询，杰姬才明白：亲密关系是人类的基本需求，自己也同样需要。尽管她很渴望亲密关系，但她很害怕得到它。她没有意识到这种害怕已经将自己拖进了一个进退两难的困境，所以她才会一直重复类似的关系模式。尽管她经常说自己对待每一段关系都很认真，但她选择的男人都是无法得到的，因此她经常沉浸在暧昧中，这让她没有机会去面对真正的亲密关系。从某种意义上说，她可以找到美味的蛋糕，却从来没有机会去品尝。

"忽冷忽热"者和"一厢情愿"者的伴侣

建立一段关系需要两个人的共同努力，所以我们先要了解对方是否适合自己。

有时，我会在工作中遇到一些情侣，他们都是忽冷忽热型的恋人，常常互相折磨。他们中有些人虽然已经携手走入婚姻，但大多数对婚后关系并不满意。然而，重归于好的甜蜜喜悦（通常在剧烈争吵后的和好阶段）可能会让他们上瘾，这样的感受可以支撑他们走过低谷，并对未来充满希望。

我还遇到过一些情况截然相反的情侣，两人都是"一厢情愿"型，但这种组合极其罕见。如果这样的两个人能凑在一起，那简直是天作之合。他们都想让对方把自己当成生命中的全部，并且想要和对方一直长相厮守下去，还有比这更加美好的爱情吗？然而，为了维持这种过于亲密的关系，恋爱双方都要隐藏自己的真实需求和个性。在短期内也许并不难，但长期看来，双方最终会因为"想爱但不敢爱"而分手。他们的性生活也许会逐渐消失，也许变得枯燥而让双方都难以满意。

最常见的组合是"忽冷忽热"和"一厢情愿"。不幸的是，"忽冷忽热"的人很快就会觉得自己被困住了，有时还会退缩，而"一厢情愿"的人会担心自己被抛弃，有时会在关系中提出越来越多的要求。一般来说，这种关系会持续3个月到3年。最后，"忽冷忽热"的人会首先退出。然而，这种组合大概率会分分合合，纠缠好多年，即使分开也会藕断丝连，因为"忽冷忽热"的人喜欢吃回头草，并且还会信誓旦旦地保证会好好爱对方。

为什么会陷入"虐恋"

人类有两个相互矛盾的基本需求：亲密和独立。我们是社会生物，需要亲密关系为我们提供情感寄托和物质支持。能够在关系中支持和呵护我们的人，有时是父母和亲人，有时是朋友和伴侣。然而，我们也十分重视个人的自主权，需要足够的自由去成为自己，而不是背负着别人的期望生活。这两者很难平衡：如果你太独立，身边就会缺少亲密关系；如果你与他人过分亲密，就会失去自我认同感。在一段成功的关系中，双方既要共同努力去经营亲密关系，又要给对方留一些独立的空间。在这种压力下，人们会做出不同的反应，因此亲密关系中的双方有时会采取两极分化的应对方式：一方变得更加黏人，寸步不离地守在对方身边；另一方则是拼命地想要逃离，让自己沉迷于工作、游戏、泡吧或者其他业余爱好中。

为什么会有这样水火不容的两种表现呢？心理学家认为，童年经历影响着我们对待亲密关系的方式。那些童年幸福的人很容易与他人亲近（安全型依恋），并且不会在关系中有危机感。人群中56%的人属于安全型依恋。相比之下，童年时有过痛苦经历的人往往不太容易信任他人（回避型依恋），他们更喜欢与人保持距离。那些轻度回避型依恋的人经常在关系中有所保留，他们更喜欢独处；中度或重度的回避型依恋要么一直处于单身状态，要么在亲密和独立之间摇摆不定（即忽冷忽热）。然而，回避型依恋的人同样需要亲密关系，所以他们会将这种回避带入恋爱关系。大约有 25% 的人属于回避型依恋，程度根据个人情况有所不同。第三类是童年时需求没有得到满足的人，他们在成年之后总感觉自己得到的爱不够多，这种依恋类型叫作焦虑型依恋。它是指在亲密关系中经常焦虑，感觉伴侣和他们的距离不够亲近，因此喜欢一直黏着对方。中等程度的焦虑型依恋会放弃自己的需求，全身心地投入感情；程度较高的焦虑型依恋就是那些"一厢情愿"的人。19% 的人都属于焦虑型依恋。那么你属于哪一类呢？可以参阅本章末尾的依恋关系类型进行测试。

如何坦然面对承诺

我经常在咨询中说："童年的经历决定了我们对承诺的态度。"许多来访者听闻此言都会变得很沮丧。杰姬曾经问我："怎样才能改变自己呢？"我们都有着强烈的意愿想要做出改变，却忽略了良好关系带来的疗愈作用。恋人的身体和情感与当初我们和母亲之间的联结最为相似。因此，我们可以在恋人的怀抱中重新体验生命之初那段美好而温暖的感觉。许多时候，与恋人的相处可以修复和提高我们对亲密关系的态度。

在这一点上，我很想分享一下自己的经验。在 30 岁之前，我是典型的"回避型依恋"，经常刻意与人保持距离。一部分原因是我专注于事业，但更重要的则是我害怕失去个人独立性。我当时将那种感觉贴切地描述为："一种非理性的恐惧，害怕自己会被吞噬掉。"直到采访了一位研究双胞胎的专家，我才终于弄懂了自己为什么会有一种担心被吞噬的恐惧。这位专家一直致力于研究双胞胎家庭的养育方式，尤其是双胞胎中有男孩的养育方式。专家认为，由于女孩比男孩早熟，龙凤胎中的女孩通常会承担起照顾同胞兄弟的责任，并且很可能会对他发号施令。当这些女孩成为母亲后，她们依然会非常负责，尤其是对儿子。同样是龙凤胎的我母亲也是如此，她当然不会真的"吞噬"我，但这或许就是一个小男孩潜意识中的真实感受！我根据个人的真实经历，结合专业知识，总结出一些方法，希望能帮助大家坦然地面对承诺。

1 接受你的起点。

在现代社会里，越来越多的人开始强调自由、独立和自爱。新闻中对负面事件的报道比比皆是，人们比以往任何时候都缺乏信任感。在亲密关系中，我们往往会把事情搞得一团糟，因为我们总是指责对方，而不是接受自己在面对承诺时所表现出来的问题。如果你能够意识到自己是"忽冷忽热"或"一厢情愿"型的人，哪怕并不是很严重，祝贺你，当你敢于面对和承认问题时，这些问题就已经解决一半了！

2 从小事做起。

一旦人们接受了对方并不是真心对待自己的事实，他们就会转向完全相反的方向。举个例子，杰姬感觉自己配不上多金的罗伯，于是选择了杰克那样的闲人。可她委曲求全地倒贴杰克，却没能换来杰克的爱怜，二人的恋情最终还是潦草收场。这两段亲密关系的模式大同小异，而她却在其中扮演了截然相反的角色。杰姬需要的是学会面对承诺。我们可以把承诺比作一个虚空的幻境，幻境的一端住着隐士，另一端住着流浪者，中间则是形形色色的、介于二者之间的普通人。隐士深居简出，生活方式墨守成规，他们就像一厢情愿的人，抱着虐恋不肯放手；流浪者居无定所，一觉醒来可能就会把家搬迁到另一处，他们更像那些忽冷忽热的人。如果让隐士从自己的居住地走向幻境的另一端，成为不折不扣的流浪者，会让他感到慌张焦虑；反之，如果让习惯了迁徙的流浪者突然切换到隐士的生活方式，即使生活在世外桃源，也会让他崩溃。因此，我们需要逐步调整，找到适合自己的中间位置。

3 提前做好准备。

提前做好准备能避免把过去的依恋方式带入人际关系或者亲

密关系。本书的第三部分将着重介绍如何结识新朋友，你可以在那里读到更加详细的介绍。对于回避型依恋人格来说，这可能意味着你要在不忙的时候尽早回复信息，而不是等到事后才回复。对于焦虑型依恋人格来说，这可能意味着不要再催促对方和你一起做那些你认为会增进亲密关系的事情，比如不再急于留对方过夜或制订度假计划，而是等待对方提议。此外，我建议大家准备好自己的"恋人使用说明书"，在约会几次之后，可以和对方聊聊你自己喜欢的相处模式，不必郑重其事地和对方谈论这件事，要不经意的简短对话就可以达到效果。毕竟，你只是在展示说明书，而不是推销。例如，"我只是想让你知道，我很喜欢你，但有时我可能有点太心急了。所以，如果我太黏人了，请你一定要告诉我呦"或者"我真的很喜欢和你在一起，但我也想让你知道，我曾经在爱情中被伤得很深。所以，如果你感觉我有些犹豫退缩，请第一时间让我知道。这只是我的性格使然，我喜欢慢慢相处、日久生情的感觉"。请记住，这不是在忏悔，你无须向对方解释过多或者坦白自己的恋爱史，你是在让对方意识到你有一些无法独自面对的事情，不必马上把事情的经过全盘托出。当然，你要允许对方在将来问起此事。

4　关注自己的进步。

我们对亲密关系的态度不是短时间内就能改变的，因此不要把自己逼得太紧。尽管如此，你还是会在改变的过程中惊奇地发现：即使自己只是向前走了几步，也会感觉自己整个人都不一样了。改变关系相处模式，可以先从朋友开始，因为好友之间会相互包容谅解，不必担心关系会受到太多影响。如果你是逃避型依恋的人，可以邀请朋友过来住一段时间。如果朋友只住了24个小时，你就感觉自己的空间被入侵了，那就稍微忍耐一下，试着坚持到36个小时。如果你是焦虑型依恋的人，可以尝试延长给闺密和死党打电话的间隔时间。你也许会发现，即便你不主动打电话，闺密和死党也会打给你，可能还会比从前打得更勤。

5 找到让你感到舒服的亲密程度。

独立和亲密之间没有固定的平衡点。我遇到过一些情侣，他们发誓永远不分开；还有一些人，如果他们不能定期出差，或者周末偶尔离开伴侣，就会憋得发疯。每对情侣都需要找到适合自己的亲密程度。

三个关键心态——保持乐观、正确处理投射、坦然面对承诺，可以帮助你走出单身陷阱，找到适合自己的伴侣。它们互相促进、互相影响，如果能够将这三个心态整合在一起，并加以运用，可以帮助你快速融入一段亲密关系。乐观地看待一段关系，会让你更容易做出承诺。当你经过内省不再投射时，就不会把亲密关系中的一切问题和责任都推卸到伴侣身上，这样也可以让你不再被承诺所困扰。因此，即使只是一点小小的进步，也会形成一个良性循环。万事开头难，一旦做出第一个改变并取得了效果，你就会发现以后的改变会越来越容易，效果也会越来越明显。

– 今天的单身生活 –

每个人都会出于各种原因而不得不经历单身生活，比如忙于学业、打拼事业，或者搬迁到一个新的城市定居等。最常见的情况是失恋后又回归到一个人的孤独状态。52 岁的苏菲已经离婚 4 年了，这 4 年里她一直独自生活。"目前还没有人走进我的生活，即便独居生活很孤单，我也不想再找男朋友了，因为我把时间和精力都用在了工作上。另外，我儿子刚买了一套公寓，我一直在帮他装修和买家具。所以，我一直都很忙。坦白说，我还蛮享受单身的，没人跟我抢电视，我还可以按照自己喜欢的风格布置房间，如果我想读书，没有人会说我不理他，我仍然会做很多曾经和前夫一起做过的事情，比如看画展、看戏剧和歌剧演出等。有时我会和朋友一起去，有时自己去。我经常一个人，但我并不孤单。"虽然已经离婚多年，但苏菲找到了一个合适的平衡点，让自己能够在下一次恋情开始之前小憩一下。在我们这个时代，单身的人越来越多。虽然我们有时会庆幸自己单身，可单身的苦楚也让我们刻骨铭心，甚至会陷入其中无法自拔。洛娜今年38岁，最近刚刚结婚，每当她回想起曾经的单身生活，都会心有余悸。"单身生活让人感觉疲惫，尤其是女性。恋爱中的人可能难以理解这种感觉。周末尤其让人感觉孤独和酸楚，你必须提前计划社交活动，否则就只能独自守着漫长空虚的周末。工作日还算好，下班后我一般很累；不太累的时候，就会去健身房学有氧操；赶上有人过生日，朋友们会一起出去吃饭。然而周五晚上到周日晚上，朋友们都会和各自的男友、伴侣、家人在一起，所以那可能是我空虚无聊的时候。"洛娜又对比了婚后生活和单身生活的不同之处："如果周六早上天气不错，我和老公会开车出去兜风，在山上散步，有时还会去小酒馆吃顿午餐。结婚之前，我像碰运气一样打电话给我的单身朋友，如果她们都很忙，我就会打给我妈妈。当我知道妈妈周末也有活动时，我就会很沮丧。"结婚前，洛娜为了填补周末的空虚感，曾经做过一些让自己后悔的事情。"我会和不喜欢甚至讨厌的人约会。我还会在周五晚上打开一瓶酒，痛饮一场，把自己灌醉，然后给前男友打电话。不要误会我的意思，我只是偶尔才这样。我会一连几周甚至几个月都很坚强、专注，但我有时也会撑不住，撕开一个超级大袋盐饼干，拼命往嘴里塞。这样做的结果是让我十分厌恶自己。"洛娜有些哽咽，不想再继续说下去了。32岁的安努舒卡很坦诚地谈起了自己的性生活："我给自己找了各式各样的借口，'我最近工作很辛苦，所以要让自己放松一下''我压住怒火没有和大女儿吵架，因此我需要些温存''今天是情人节'……就这样，我总是放纵自己和陌生人一夜情。有些时候，这样做的确能给我带来快乐；但大多数时间里，我感觉自己很风尘。可不知道为什么，我总觉得这些借口都能说得通。我怎么这样自相矛盾呢？"

表面上看，单身男人比单身女人的日子好过一些。男人会大摇大摆地独自走进酒吧、足球场等许多地方打发空闲时间。而且，这些休闲活动大多离不开啤酒，因此许多男人在空虚寂寞时养成了喝酒的习惯。与酒为伴往往会让他们排斥潜在的伴侣。

适得其反的应对策略

虽然单身已经不像从前那样让人蒙羞，但是单身人士的艰难处境依然存在。许多单身人士都有类似洛娜的"空虚感"，而且他们的缓解策略只会让情况变得更糟糕。实际上，这些应对策略会占用大量时间，让生活看似很充实，但长此以往，这些策略会变成陷阱将你困住，让你越发绝望。

1 用朋友代替伴侣。

对于单身人士来说，如何平衡伴侣和朋友的需求并不是一件容易的事，尤其在你刚刚开始约会时。卡萝和爱丽丝是两位

30 岁的未婚女性,她们做了 3 年多的室友。卡萝说:"爱丽丝不仅是可以一起出去玩的人,她还可以周末晚上陪我一起待在家里。"而爱丽丝却说:"我遇到了想要嫁的人,他很喜欢泡吧。可每次晚上出去玩,我都感觉自己背叛了卡萝。如果我们邀请她一起出去,她会觉得自己像个电灯泡一样,而且她也不喜欢嘈杂的环境。"卡萝感觉爱丽丝似乎在不动声色地破坏她们的姐妹情。可爱丽丝坚持自己的立场,始终把男友放在第一位。这点在关系早期(我把它叫作"交往期")非常重要,在这段时间里,每一位潜在伴侣都必须放下那些影响关系推进的事情。我们都有很多欲望、激情和爱,这对增进亲密关系十分有帮助。如果恋爱双方没有足够的时间相处,就不可能建立必要的信任,真正走进对方的生活。不幸的是,我的许多单身来访者,都因为害怕朋友说自己重色轻友,从而怠慢了自己的潜在伴侣。当你没有那么多时间分给朋友时,朋友确实会有些不开心,但把朋友聚会和恋人约会区分开,其实是一件对每个人都有好处的事情。不久之后,卡萝也遇到了心仪的恋人,爱丽丝和男友相处的时间也越来越多。让人始料未及的是,卡萝居然先戴上了结婚戒指。爱丽丝在卡萝结婚 18 个月后,也举办了婚礼。

脱单之前,很多人除了让朋友陪伴自己,还会用孩子或者年迈的父母来替代伴侣。无论我们让谁来扮演临时伴侣的角色,效果都是一样的。把亲情和友情放在太过重要的位置,刚刚萌芽的恋情就会因为缺氧而无法生长。

2 安慰式约会。

　　为了避免感觉孤独，有些人喜欢给自己找个暧昧对象。为了寻找安慰而去约会的女人通常会选择年长的男性，他会带她出去玩并慷慨地款待她；男人则会选择那些可能有孩子，并且愿意在周末多准备一份午餐的女人。安慰式约会是一件随缘的事，在约会中寻求温暖和安慰，期盼将来也许会有更好的事情发生。在某些方面，这种策略并没有什么错，尤其当暧昧对象也对关系抱有一种随缘的态度时。然而，关系总是会变化的，简单的爱也会变得炽烈，灼伤那个动了真情的人。37 岁的亚历山德拉和 52 岁的利奥交往了 4 个月。他们相识于一场歌剧演出，后来又一起去海滨度假，并且顺理成章地发生了关系。亚历山德拉在咨询室里对我说："一个星期天早晨，我们拥抱了很久，被抱在怀里的感觉真的很好。但他开始流泪，经过一通安慰劝说后，他才承认'我知道我们不可能在一起，但请让我陪在你身边，直到你找到另一个人'。我听过之后心里很不舒服，那种感觉就好像他举着一个牌子，上面写着'把我留下做备胎吧'，这让我对自己的所作所为感到羞愧。我一直在利用他，我感觉自己简直就是个渣女。"亚历山德拉和利奥的安慰式约会，虽然是一段可以彼此慰藉的关系，但对双方都造成了深深的伤害。

在某些时候，人们会跳过约会，直接进入卧室。两个约定好的成年人直接享受性爱的欢愉，除了伙伴关系之外，彼此间没有过多的牵绊，这听起来并没有什么问题，但实际上并不能起到什么效果。28岁的菲比解释说："托比已经有了别的炮友，我们本来在周三晚上约会，但他想在那天去上西班牙语课。虽然我们在一起只有性，但它让我的脉搏加速，能一直开心到周末。"虽然性可以将两个人联系在一起，可菲比发现自己不仅喜欢和托比一起做爱，还喜欢和他一起聊天、一起喝酒。"如果他不给我打电话，我会感觉心里酸酸的。我甚至发现我们从来没有一起出去玩过，因为他害怕别人发现我们之间的关系。总之，我开始当起了他的情妇。"

菲比就这样爱上了托比，并卷入了一场持续了18个月之久的婚外情。用安慰式约会填补空虚只会留下更多的感情负担。

3 生活在保护罩下。

虽然从分手的阴影中走出来需要花一些时间，但有些人被感情伤害得太深，就再也不敢爱了。莉莎是一位50多岁的单身女性。尽管我们已经认识10年了，她却从来没有谈论过自己的伴侣，甚至也没提到过让她感兴趣的人。她经常和我说，50岁以上的女性就像隐形人一样。而作为一名畅销书作家，她似乎很享受这种不被关注的状态。事实上，我认为她和男人之间隔了一层透明的玻璃。虽然他们可以相谈甚欢，但这层玻璃阻挡了吸引、欲望等非语言层面的交流。那么她真的不打算再爱了吗？莉莎说："我一直在家附近的一家酒吧里写作，食物便宜又好吃。那里曾经是一座教堂，我喜欢坐在管风琴阁楼的角落里，那里挺安静。大多数时间，除了我没有人坐在那里。但几周前我看到有一个男人坐在我对面的桌子上看书。出于好奇，我在他下楼点单的时候偷偷瞄了一眼他的书，是关于科学的。后来，我又去了酒吧两次，每次都看见他坐在同一张桌子上，拿着同样的书。我感到十分欣喜，因为这简直太巧合了。第三次去酒吧时，我没有见到他，于是拿出笔记本电脑，开始埋头写东西，可当我再次抬起头时，看见他就坐在我旁边的桌子上。我吓了一跳，立刻把头低了下去。当我离开时，我想要和他说点什么，比如'你还在读那本书吗'，可他一直在埋头看书，我只好无奈地走了。"当莉莎讲这个故事时，我第一次感觉到她如此渴望和异性建立联系。也许莉莎周围还有许多男人对她感兴趣，是她没有注意到，或者她羞于面对。后来我得知莉莎有过一段糟糕的经历，她曾经和一个有暴力倾向的男人交往，因此对于她而言，最重要的事情就是人身安全。她不敢走出保护自己的玻璃罩，以免再次受伤。这层玻璃罩已经成为她的一部分，以至于她自己都没有意识到。这个策略虽然很管用，却让她既安全又孤独。我以为她不会再爱了，可我的想法让她惊讶不已。如果你也和莉莎一样，可以参考本章练习部分给出的建议。

4 自我麻痹。

有很多方法可以让你从孤独的痛苦中解脱出来，可很多人为了打发时间便一头扎进工作里。努力工作一向是被社会和文化所认可的事情，许多人感觉工作可以提升个人成就感，并且让生活变得有意义。而且工作上的共同目标也会让同事之间产生强烈的联结感和亲近感。然而，这种亲近缺乏真实感，因为职场上的关系是很微妙的，那些辞职后再回公司取东西的人可能会体会过人走茶凉的感觉。很多时候，工作忙碌成了生活空虚的借口："繁重的工作让我连休息的时间都没有，哪还有时间做别的事情。"其他麻痹自己的方式还包括：放纵自己大吃一顿、沉迷电视或手机、酗酒、强迫性购物、赌博等。很明显，当我们状态麻木时，感觉、直觉和认知都会被阻断，因此也就很容易在感情方面做出不明智的选择。

最终，当现实变得太过沮丧或可怕时，所有这些应对策略都只是在分散和转移我们的注意力，让我们逃避现实，而不是面对和解决问题。这是人类的自然反应——不喜欢疼痛。然而，疼痛也是有好处的。当我们的生活出了问题时，当我们需要做出实质性改变时，疼痛就会向我们发出提醒。如果我们选择逃避现实，而不从痛苦中吸取教训，就会形成一个恶性循环——糟糕的选择给我们带来糟糕的关系，在糟糕关系中经历伤痛后很容易再次做出糟糕的选择，进而陷入下一段糟糕的关系。19世纪德国哲学家弗里德里希·尼采在这个问题上做出了更加深入、尖刻的总结："病入膏肓的人往往是由于他们在疾病面前太过感情用事。那些在初期很容易被治愈的疾病，常常由于人为的拖延而恶化。自欺欺人的虚假慰藉，最终会让讳疾忌医的人付出代价。"对于单身人士来说，当我们刚刚开始感到孤单时，一切问题都不难解决，可逃避的态度最终会让问题堆积如山。事实上，转移注意力和不恰当的应对策略可能会让我们心态悲观、害怕承诺，更有可能把罪过投射到别人身上。

总　结

- 在悲观主义者眼中，生活处处充满挫折，并将这些挫折归咎于他们自身，且永远不可能解决。相比之下，乐观主义者认为挫折只是暂时的，发生在特定的环境中，因此很容易克服。乐观主义者更加容易建立人际关系，因为他们对新想法和新朋友持开放态度。

- 无法释怀的感受和纠缠不清的原生家庭关系会影

响到我们成年后的方方面面。我们经常把它们投射到其他人身上。在现实生活中，每个人都无法避免投影，但约会中的投射似乎更有杀伤力。

- 投射让我们把所有的希望和梦想都寄托在了陌生人身上，把他们看成幻想中的完美形象。而当我们真正开始了解他们时，心里或许会萌生出一种被背叛的感觉：他们不是我们想象中的那个人。与此同时，我们可能会忽略他们的优秀品质，草率地拒绝一个合适的伴侣。

- 讲甜言蜜语很容易，难的是经营一段感情并做出承诺。面对这种矛盾，有些人会对伴侣忽冷忽热，并且把问题归咎到伴侣身上：是他逼我不得不这样做的；有些人则是一厢情愿，委身于那些和我们没有情感交流的人，并责怪对方迟迟不做出承诺。

- 我们越是不敢面对单身的痛苦和空虚，就越难找到一段充满爱意的关系。

- 练习 -

悲观者的急救箱

霉运当头时，感觉压力重重时，你很容易陷入一种无意识的悲观反应。这项练习的目的是帮助你放下这种破坏性的思维模式，找到一些能支撑你摆脱消极情绪的资源。有的人会在手腕上套一根橡皮筋，每当脑海里有消极想法时，就会弹橡皮筋提醒一下自己。还有一个办法是用红笔在卡片上写下"停止"，并把它放在随身的包里，一旦感觉自己陷入消极模式时，就把它拿出来看看。你还可以给自己准备一个铃铛，必要时就摇晃一下。凭心情选自己喜欢的方式，重要的是它可以帮助你不再消极，并且帮助你识别出脑海中一闪而过的悲观念头。

接下来，记住这三条黄金法则：

1. 发生什么事情都无所谓，关键是我如何应对。

2. 我不能控制逆境，但我可以控制自己对逆境的反应。

3. 我应该努力寻找积极的资源，借助它们克服困难，而不是只关注消极的事情，认定自己做不到。

当你成功度过危机之后，可以拿出一张纸，开始挑战自己的某些想法。

挑战悲观想法

1. 第一项工作是识别这些想法。这可能有些不太容易，因为悲观似乎是人类的第二天性。所以，拿一张纸，写下你想到的每件事情。不必对自己太严格，想到什么就写什么，无论它看起来多么愚蠢或不重要。

2. 看一下你写的东西。当我和来访者做这个练习时，一个令人惊讶的事实是，他们写下的悲观想法往往比预期的少。这是由于我们的思维经常被压抑在头脑里，成为固定的思维模式。这些思维模式往往不受我们的控制，却又让我们倾向于用相同的模式处理事情。把所有的事情写下来可以防止这种情况发生。

3. 分清事实与观点。事实是可以验证的，在法庭上经得起考验。而任何需要解释和二次猜想的事情都是观点。

例子1：我在约会时很尴尬。

有什么证据？

事实：我拿死猫开了个玩笑，说死猫也可以有十种用途。其实，我只是想告诉她任何东西都可以物尽其用。

事实：她有一只猫。

观点：她觉得我既残忍又愚蠢。

例子2：我昨晚大吃了一顿，把饮食计划搞砸了。

事实：我昨晚吃了一大包薯片。

观点：我是一个贪吃鬼。

4. 了解后果是什么。

这可以帮助你理解自己对事件的悲观解读是如何转化为行为的。列出一个表格，将其分为三栏：事实，观点，结果。把你的想法写到表格里。

事实	观点	结果
我的玩笑搞砸了我在对方心里的印象。	我太愚钝了。	我没有再约她。
我吃了一大包薯片。	我是一个贪吃鬼。	放弃了自己的健康饮食计划。

5. 和自己辩论，寻找不同的意见。

哪些理由可以为"案件"辩解？哪些情节可以减轻"罪行"？还有哪些其他的解释？哪些事情被夸大了？例如，讲笑话的男人可以回忆一下自己和约会对象还讲过哪些笑话；吃减脂餐的人可以回忆一下自己在最近5天里是如何坚持合理饮食的。将不同的观点填入下列表格中，并写出一些可能出现的其他结果。

事实	观点	结果
我的玩笑搞砸了我在对方心里的印象。	他喜欢我讲过的其他笑话。 我以后再讲笑话时，要先过一下大脑。	给她打电话。 下次说话注意些。
我吃了一大包薯片。	我一直在坚持自己的健康饮食计划。 我只是偶尔犒劳一下自己。	继续坚持。 为饮食计划设定奖励机制。
闺密没给我打电话。	她并不是在针对我，可能是工作太忙了。	先去做点别的事情。

尽可能多地提出不同的观点，因为这些观点会帮助你想到不同的结果，其中一些结果会让人感觉事情很乐观。

感恩日记

单身久了的人很容易对失去的东西念念不忘，进而忽略自己所拥有的美好，这会让人情绪低落，甚至抑郁。相反，如果能看到当下生活中积极的一面，你就会更加乐观，并且更有可能实现自己的目标。这就是我们写感恩日记的目的。

1. 买一个漂亮的笔记本。放在你的床头、桌上或者文件盒里。

2. 和自己做个约定，每周写2~3篇日记。周日晚上是与自己对话的好时机，你可以回顾一下过去的一周，规划一下新的一周如何度过。

3. 以"今天，我感谢……"作为日记的开头。通常情况下，我们每天都会经历一些难忘而有意义的瞬间，把这些写下来可以帮助我们留住这些鲜活的记忆。

4. 每天记下五件小事。可以参考你最近在生活中经历的事情。例如，"我很幸运，在火车上找到了一个座位"或者"我接到了一个老朋友的电话"。如果你感觉找到五件事不太容易，那就记录一下身边的美好事物，比如"卧室窗外的美丽风景"。善于发现并捕捉生活中的小美好，别把它们当作理所当然。

5. 试着从以下五个方面进行思考。朋友和家人（例如，妹妹长久的支持）、工作（有机会出差或遇到有趣的事情）、社区环境（我住的附近有一家很棒的熟食店）、漂亮或有情调的事情（穿过公园步行回家，烤面包和咖啡的味道）、头脑思维（饮水机边上一场伟大的思辨、一本有趣的书或者曼妙的音乐）。

投射，投射，投射

如果一个刚认识的人让你产生很强烈的心理反应，无论是积极的还是消极的，都可以试试下面这个练习。这个练习也适用于泛泛之交，以及那些你不喜欢却又说不清原因的同事。

1 **识别。**

让自己先冷静下来，花点儿时间在脑海里好好审视一下这个刚认识的人。他会让你想起什么人吗？比如，让你想起某个人的脸、身上的怪癖，或者走路方式？他们有哪些相同之处？思考一下为何他们身上的这些行为或态度会让你感到恼火。接下来，做个深呼吸，审视一下这些评价是否也可以用在自己身上？

2 夸张。

一旦你意识到为什么这个陌生人会引起如此强烈的反应，仔细审视并检查一下你是否找到了正确的原因。你还可以想起哪些事情？需要特别注意的是，你需要反思一下，自己是否投射了太多东西在他的身上。

3 扭曲。

这是最重要的一步。找出证据，证明那个陌生人不像你的父母、兄弟姐妹……例如，当你感觉被她的大嗓门或他分配给你的重复性工作所困扰时，告诉自己：她不是我的母亲或他不是我的兄弟。

4 混乱。

你也许会在不同的场合遇见一些让你内心反应强烈的人，因此我们需要把上面的练习多重复几次，这样你就能找到越来越多的证据去澄清自己的投射。而且你会惊讶地发现，你一直在内心深处认为那个陌生人像你的某位家人，或者你在他身上找到了自己的影子。练习进展到这一步，你已经能够识别并停止投射。

5　解决。

最后，回顾一下你从自己身上感悟到了哪些东西。如果你一直把自己对某位家人的感受投射到陌生人身上，那你可能就需要重新评估一下自己和这位家人的关系了：回想一下你过去对他的不满，以及他身上那些让你看不惯的行为。如果你无法接受自己身上的某些特质，又把它们投射到一个陌生人身上，你该如何处理这种投射呢？你需要对自己宽容一点吗？你是不是对自己期望太高了呢？

你是哪种依恋类型？

这个测试可以帮助你了解自己的依恋类型，了解他人是如何处理类似问题的，并对你的依恋风格提出具有针对性的建议。

1　你如何看待自己的工作和同事？

a) 我对同事和工作保障都十分满意。

b) 我感觉自己没有得到同事的真正赏识，我应该得到更多的晋升机会。

c) 我的同事都无所事事，有些人业绩平平，但我觉得自己的工作还是很有保障的。

2 **以下哪一项最能描述你的工作模式？**

a) 我既可以独自处理工作，也可以和团队一起工作。

b) 我喜欢和别人一起工作，并且希望他们能参与到我的工作中来。

c) 只有独自工作才能发挥出我的能力。

3 **你是如何平衡工作和生活的？**

a) 我觉得谈恋爱比工作快乐。

b) 恋爱中的事情有时会干扰我的工作。

c) 工作比谈恋爱重要多了。

4 **新同事刚一见面就把自己毫无保留地介绍给你，你会有什么反应？**

a) 我喜欢坦率的人，但在我更好地了解新同事之前，我不会以同样的方式回应他。

b) 我喜欢那些毫无保留的人，我也会把自己的一切告诉新同事。

c) 我不喜欢这样的人，别指望我会把个人信息告诉任何同事。

5 下面哪个陈述能够恰如其分地描述你对自己的感觉?

a) 虽然我也有过不太好的经历，但总的来说我的自尊水平还是很高的。

b) 我很自卑，永远得不到足够的夸赞。

c) 人们认为我很自信、能掌控局面，但如果他们看到真实的我，就会有不同的想法。

选择 a 最多

安全型依恋。和别人亲近时，你会感到很舒适，很少有信任与否的顾虑。恭喜你，你已经为下面的练习做好了准备。

提升攻略：如果你偶尔有几个没有选择 a，可以看看 b 或 c 选项有多大程度符合你的情况。如果情况非常贴合，可以阅读一下其他两种依恋类型的介绍及提升攻略。

选择 b 最多

焦虑型依恋。你很喜欢和别人亲近，但是有些人会被你的热情吓到。你会和别人透露大量个人信息，随后又会担忧这样做是否合适。在恋爱或婚姻中，你总是觉得爱人和你不够亲密，并且会担心对方背叛自己。在过往的情感经历中，你经常因为太快做出承诺而让自己受伤，以至于让自己爱得太辛苦，甚至还会感觉对方不重视你。

提升攻略：深思熟虑后再去承诺，衡量一下对方到底是真心爱你，还是仅仅把你当作朋友。下次当你感觉自己想要做出承诺时，不妨先退后一步，多给自己一些时间去观察对方。也许比平时再多花一倍时间，就可以判断出你们是否真的相爱，还是只能做朋友。放慢速度有助于提升判断力。

选择 C 最多

回避型依恋。你很难信任别人，也很难让自己依赖别人。关系太近会让你感到紧张，伴侣想要的亲密程度通常会让你不堪重负。在过去的恋情中，你总是忽冷忽热。虽然你很想要一段温暖的亲密关系，但又害怕受伤。

提升攻略： 关注一下你在恋情刚开始时的表现。你的眼神中或许充满了爱意、欲望、新鲜感和对恋情的期待，这些信号也会点燃对方心中的热情，让对方误以为你在非常认真地对待这段关系。不要在恋情开始时就设定那些将来会让你手足无措的相处模式。比如，如果你在刚认识对方时就每天都打电话，对方就会很期待你的电话，并且习惯与你频繁联系。所以，时不时问问自己：我是不是开了一张无法兑现的空头支票？如果你属于回避型依恋，接下来的"放下防御"练习可以给到你更多的帮助。

放下防御

虽然护盾可以保护你不受伤害，但它也阻挡了美好的事物，比如爱和感情。

- 本性让我们生来就懂得怜惜和保护那些看起来很脆弱的东西，比如小猫、小狗。相比之下，那些强大无比的东西，比如坦克，就很难激起我们的保护欲。
- 想象你的护盾。它是用什么做的？石头，还是透明的材质？它有多高？到你的膝盖、脖子，还是比你高出许多？它有多厚？
- 在接下来的几天里，用心体会你的护盾，看看它会在何时升高或降低。面对压力时，你会做出什么行为？别人对你的行为会有什么反应？
- 当你清楚地了解自己的防御机制及其运作方式时，你已经为改变做好准备了。当你再感觉害怕时，试着深呼吸或数到十，然后想象自己的护盾逐渐下降。现在，你的护盾有多高？这样的护盾对你的行为会产生什么影响？
- 想想什么可以帮助你进一步放低护盾或让护盾变得透明

些。比如，你手里有一个正在进行的项目，你可以向同事寻求一些支持和帮助，也可以坦诚地与同事谈论你目前遇到的问题，或者为项目再争取一些时间，找出一切可能影响项目的因素，并冷静地解决它们。

· 记住，即使是很小的改变也会给生活带来惊喜。

走出失恋阴影

有两类人容易迷失在失恋的伤痛中走不出来。虽然这两类人看似迥异，但他们都会感觉自己陷在单身困境里。第一种人谈过很多次恋爱，但很少能够走进婚姻。事实上，他们在成年后的大部分时间里要么独居，要么与一个人合租。第二类人在成年后基本上都处于已婚状态或长期稳定的恋爱关系（3年以上）中，而在离婚、丧偶或感情破裂后，他们会回到单身状态。他们中的许多人从二十几岁甚至十几岁起就不再单身，亲密关系的戛然而止让他们的自信心备受打击。因为已经很久没约会了，对现今的约会形式又不熟悉，他们担心自己永远找不到新的伴侣。我们在前一章中已经讨论过第一类人，在本章中，我们将着眼于第二类人：刚刚结束一段稳定的亲密关系，又回到单身状态的人。然而，我建议大家把三、四两章的内容都通读一遍，因为我在前一章为大家介绍了一些重要的内容，特别是投射这种心理防御机制。这些内容贯穿始终，是本书的精华所在。本章探讨了一段关系的破裂，以及它对人产生的长期影响。虽然这些信息对于刚刚失恋的人来说至关重要，但对于曾经爱过和失去过的人来说，也能够起到很大的帮助。本章也为饱受单恋之苦以及关系陷入僵局的人提供了建议，并且还会带领读者一起探索悲伤的意义。

- 及时止损 -

分手后，身边的爱慕者往往会给我们带来极大的自信，新恋情带来的兴奋可以暂时减轻分手后的伤痛。这就是为何朋友会鼓励我们"从哪里跌倒就从哪里爬起来""天涯何处无芳草""会更好"……然而，立刻投入一段恋情并太早做出承诺未免有些草率，我们需要好好处理悲伤，并从逝去的关系中吸取经验，这样才能避免把问题带到下一段关系中。在很多情况下，走进我咨询室的人，总有很多关系问题需要解决。人到中年的艾拉是一家公关公司的老板，她经历了接二连三的打击，非常需要帮助和支持。她的婚姻刚刚结束，父亲在 6 个月前也去世了，维持了很久的婚外恋对象也离她而去。她说："男人们总是对我图谋不轨。我向女儿朋友的父亲咨询遗产问题。他突然放下报纸，把手放在我的膝盖上，对我说'休息一下吧，里面没人'。然后，我们就上床了。我当时也不想那样做，却想不出理由说服自己不去做。压倒我的最后一根稻草，是一位上了年纪的癌症专家。他想要开一家诊所，并找我咨询相关事宜。可他也骚扰我！我拒绝了他，但我很生气。"艾拉在离婚前就已经开始了那段婚外情，而这段婚外情最近也结束了。于是，她对性关系比较随意。三种不同的痛苦已经让艾拉不堪重负，她的关系问题像荆棘一样紧紧地束缚着她，不知所措。

　　疗愈期的情感纠葛可能带来另一项风险：我们只是在重复同样的关系模式，在同样的事情上发生争执，唯一不同的是换了一个对象。我们都见过朋友的恋爱经历，他们总是爱上同一类型的男人或女人。第一眼看到他们的新伴侣时，我们就知道了剧本，激情的亲吻最终会变成尖刻的指责。我们或许会提醒朋友，但他们似乎被热恋蒙蔽了双眼，根本看不出新欢旧爱身上的相似之处。看八卦杂志时，我们会惊奇地发现，名人也会一次次地与同一类型的人相恋，有时甚至连长相都极为相似。我把这种现象称为"公式型伴侣"。虽然每次的伴侣都是不同的人，但是他们的关系模式却像公式一样一成不变。

　　贾丝廷喜欢坏男孩，她曾经和乐队的鼓手、装置艺术家、演员谈过恋爱。他们中的许多人沉迷于吸食大麻，公寓里脏乱差，甚至连咖啡杯都不洗。贾丝廷非常喜欢帮他们整理住所，还想将他们的生活安排得井然有序。直到30岁，她才意识到自己有必要改变一下一成不变的生活方式。"有一年的新年，我列了一张清单，上面写着我想从男人那里得到的东西，"她回忆道，"其中最重要一点是他们必须是理智的，而且愿意和我一起生养孩子。"她确实找到了这样一个男人，他是个白领，过着朝九晚六的生活。这一切看起来相当完美，而且他们还生了两个孩子。然而，贾丝廷并没有从她之前的恋爱中领悟到什么东西。更确切地说，她还未曾处理好和父亲的关系。她的父亲比较文艺，很有创造力，生活混乱，还有酗酒问题。她说："我开始发现丈夫很无趣，他会抱怨家里很乱，抱怨我坐在沙发上发呆，我们还会为了钱吵架。一天晚上，我意识到一件让自己感到害怕的事：我在结婚前就喜欢给男朋友当保姆和妈妈，整天和他们唠唠叨叨，现在我老公扮演了我从前的角色，我只能不断地告诉他'冷静，冷静一下'，我的前男友们从前也是这样说我的。"毋庸置疑，贾丝廷依旧身处在一段公式化关系中，但这一次她变成了状况百出的一方，而她的丈夫则是理智的一方。

疗愈期的另一个极端是很难再爱上一个人，有的人甚至在关系正式结束许多年后仍无法走进新的亲密关系中。作家莱奥妮·弗里达在离婚7年后写下了这段感悟："我一直觉得自己还是个已婚女人，始终无法和任何人走得太近，要是这种感觉不存在该有多好。说心里话，我经常很孤独。我甚至乞求孩子们和我一起在我的大床上看电影，就像他们曾经乞求我能多陪陪他们一样。我似乎不愿意或不能向别人敞开心扉，因为我总感觉身边的位置还被前夫占据着，尽管我知道它已经空了很久了。"这段婚姻关系在法律层面、在前夫心里可能早就结束了，但莱奥妮依旧陷在过去的关系里。流行歌曲和诗歌中经常讲述那些不肯放手却无法挽回的爱情故事。有时，被爱的人竟然不知道对方一直深爱着他，甚至还会错误地认为那份热情只是出于彼此之间的友谊。然而最常见的是，被爱者曾经回应过，但现在拒绝了这份感情。无论背景如何，遭受单恋之苦的人始终无法继续寻找爱情和走进亲密关系，即使他们早就知道自己苦守的那段感情根本就毫无希望。

疗愈期恋情和单恋有着惊人的相似之处：前一段恋爱关系从形式上早已结束，却遗留了许多问题没有处理，所以让人难以从心理层面放下。我们需要从旧关系中学习，从伤痛中恢复，最终以一种合适的方式继续好好爱，尽管这个悲伤的过程需要我们去认真体会，但实际上，总有人为了逃避悲伤在疗愈期爱上别人，而那些单相思的人则是陷在悲伤之中无法自拔。那么，如何才能彻底与旧恋情告别？如何走出自己的悲伤呢？

- 悲伤的 5 个阶段 -

生于瑞士的美国精神病学家伊丽莎白·库伯勒-罗斯在她的开创性著作《论死亡和濒临死亡》里首次提出这个理论。她曾经在纽约为绝症患者提供临终关怀。她发现这些患有绝症的人往往会经历5个阶段：否认、愤怒、妥协、沮丧和接受。虽然库伯勒-罗斯教授的主要目的是帮助医生以细致和包容的方式善待濒死的病人，但她的5阶段理论已被广泛应用于治愈丧亲之痛的个案中。在我看来，这个理论稍有不足之处，因为这5个阶段过于简单地处理了悲伤，它们仅仅是把一段心路历程划分为不同的阶段，让人们感觉情绪可以被按部就班地一步一步处理好。可现实中，这个过程要是真的有那么简单就好了。有时候，我发现某些人完全有可能在一天之内体验完这5个阶段中的所有情绪。对我而言，悲伤更像是一群野兽，它们有时潜伏在森林里，有时会外出游荡，偶尔还会突然蹿出来死死咬住我的喉咙。尽管这样，我们依旧可以花时间去渐渐靠近、驯服，甚至圈养这些野兽。有了这种觉察，这5个阶段就可以帮助我们学会如何接受失去，无论是死亡、离婚还是关系破裂，因为这5个阶段让我们知道情绪是心声的自然流露，是健康的表达方式，也是人之常情。

失恋后，我们同样会经历这样5个阶段。

1 否认。

听到坏消息的第一反应是麻木："不，这种事不可能发生在我身上。"对于突如其来的打击，否认就像缓冲，为我们提供了一个喘息的空间来整理思绪、思考策略，并寻找那些可以支持我们的人。

2 愤怒。

我们会千方百计地搜寻证据，来验证坏消息的真假。这些证据最终会让我们看清事实真相："哦，是的，的确如此。"接下来，我们的心中会产生愤怒情绪："为什么是我？""我究竟做错了什么？"一般来说，愤怒有两种。第一种愤怒是合情合理的，毕竟我们被伤得很深。这类愤怒通常是针对伴侣（背叛我们的爱和信任）和自己（有时是因为我们自己的过错，有时是责怪自己没有及早发现问题的严重性）。我把这种愤怒称作理性愤怒。然而，第二种愤怒恰恰相反。虽然我们需要愤怒，却不敢在伴侣面前发火，尤其是当我们试图说服他们不要离开时。这时，我们会找个替罪羊，冲着别人发作。比如，那个好意告诉我们伴侣出轨的人、伴侣的出轨对象，或者那个鼓动伴侣和我们分手的亲友。我把这种愤怒称为非理性愤怒。

3 妥协。

事态并没有什么起色，所以我们开始使用应对策略。当我们还是个孩子的时候就清楚地知道，一味强求并不能让我们心愿达成，所以我们试着用友好的态度请求，并表现出自己最好的一面，或者自愿做些事情来换取我们想要的东西。悲伤让我们在许多方面都表现得像个孩子，无法掌控自己的命运。因此，我们总是想要以让步的方式达成协议。比如，"只要让我活到孙子出生就可以了""请让我过完 40 岁生日吧"，或者"让我们肆无忌惮地爱一场，什么都不管"。妥协在短期内是有效的，但只是让不可避免的事情晚些发生而已。

4 沮丧。

我们意识到事情已经无法改变，因此便陷入了沮丧。然而，这里需要强调的是：沮丧是哀悼的一部分，并且属于健康的情绪反应。如果我们能接纳自己的沮丧情绪并从中获得领悟，而不是用酒精、巧克力或其他方式替代，那么沮丧将成为我们康复过程中至关重要的一部分。沮丧由两部分组成。库伯勒-罗斯教授将第一部分称为反应性沮丧，是人们对于丧失的自然反应。第二部分是准备性沮丧，这种沮丧源于人们对未来的忧虑和失落，它会让人们退缩在自己的世界里，除了用被子蒙住头或坐在沙发上发呆，其余的事情一概都不想做。可事实上，解决眼前问题是继续构建美好未来的重要一步。因此，我们可以先想象一个美好的结局，再沿着这个方向去应对现在的问题。

5　接受。

一旦愤怒和沮丧的情绪被平复，我们的心情才会渐渐趋于平静。我们可能不想让这段关系结束，但最终会慢慢接受这个不可避免的结果。虽然在之前的几个阶段里，未来的希望十分渺茫，如同烛火之光，很容易熄灭，但在接受的过程中，希望的火焰会越来越明亮。有时候，我们在接受的过程中也会遇到挫折，比如外出旅行调整心情时，反而再次想起伤心事，但我们通常会选择向前看，而不是沉浸在过去的悲伤中。

无论你是否想结束这段关系，悲伤的 5 阶段理论适用于分手双方，但感受会略有不同。对于主动提出分手或离婚的一方来说，否认阶段可能会更长。凯莉在 56 岁那年结束了长达 30 年的婚姻，她形容那种感觉就像从一个漫长的睡梦中醒过来一样。凯莉说："记得有一年圣诞节，我看着空无一人的餐桌发呆。那一刻，我突然意识到不能再让下一个圣诞节这样冷清了。我好像一直在欺骗自己。我从前觉得丈夫永远不会改变，而那种从婚姻束缚中解脱出来的喜悦，一度让我欣喜若狂。直到这个圣诞节，我才发现我有多伤心。"和许多提出离婚的人一样，凯莉对随之而来的沮丧感到非常惊讶。"我丈夫当初想尽一切办法挽留我。但最后，我宁可净身出户也要坚决离婚，因为这样我就可以重获自由了。所以，我本想在拿到离婚判决书时好好庆祝一下，可当律师把判决书送到我手里时，我却坐在楼梯上号嚎大哭。"尽管凯莉一直渴望离婚，但她仍然需要尽情悲伤。"离婚后相当长的一段时间里，我的状态都很低迷，我感觉自己和世界之间似乎有一道屏障。但在我看来，或许每个人在离婚后都会经历这些。在闹离婚的那些日子里，剑拔弩张的生活让我肾上腺素激增，可当这场仗打完时，我却像个泄了气的皮球。"最后，凯莉终于发现了这段沮丧的日子带给她的意义："这段日子让我懂得，我需要一段时间来让伤口愈合，与其出去参加派对，不如待在家里疗伤。"对于被分手的人来说，愤怒阶段通常会持续得更久，尤其是那些被伴侣背叛了的人。在随后的沮丧阶段里，被背叛的感受越来越强烈，并且会一直折磨他们。28岁的马克道出了很多人的心声："我愿意为弗朗西丝卡做任何事，但她永远都不满足。为了挽回她的心意，我帮她粉刷了新家的浴室，还重铺了瓷砖，她却只说了一句'还行吧'。我不知所措，但她只是平静地站在那里说，'你给我制造再多的内疚感，我也不会留下'。当我想到她和别的男人在一起的时候，心里就不舒服，我担心这个心结永远不会解开。"在某些方面，虽然离婚带来的悲伤远不及丧亲之痛，虽然离婚带来的痛苦远远不及丧偶，但这种被抛弃和拒绝的感受让人如鲠在喉，并且会折磨人很久。

– 是什么阻碍了我们 –

走完悲伤的 5 个阶段并不容易，尽管它们像云梯一样，能帮助我们进入人生的新高度，但很少有人能按部就班地一步步向上爬。有时候你会发现，自己明明马上就要从悲伤中走出去了，却又突然退回到否认阶段或者妥协阶段。这种情况很常见。有时候，你以为自己已经接受了，但道听途说的消息也许会扰乱你，比如前任有了新恋情。总有些突发状况，会让站在梯子上的你又一次回到梯子的底端。也许你会一次又一次地从梯子上滑下来，但尽管如此，你会感觉自己摔得越来越轻，爬梯子也会越来越容易。在悲伤的 5 个阶段里，我们遇到的最棘手的问题是卡在愤怒或抑郁阶段徘徊不前。以下这些普遍存在的情况，会让疗愈过程变得更加艰难。

不想伤害对方

提出分手是一件难以启齿的事，因为分手总会带来痛苦。有时候，想要分手的人会事先守口如瓶，等到重要事件结束后才提出来，比如一起度假后。然而，即使另一方发现也于事无补，只会更加痛苦或更加气愤。我们把话题转移回莉莎身上。这位作家无法与家暴男直接说分手，因此她想用看似礼貌的方式来解决此事。莉莎会定期给朋友们群发邮件，告诉他们自己新戏上演的时间，于是她把家暴男也添加为收件人。演出当天，家暴男的确出现了。我问莉莎这种做法是否明智，因为她曾经说过，和家暴男共处一室都会觉得紧张。莉莎回答："他能看出来，我不再把他当朋友了，因为我会亲吻朋友的脸颊。而我那天根本没有吻他。"我怀疑家暴男是否会察觉出这种微妙隐晦的拒绝。

提升攻略：如果最终决定要分手，还是直接说比较好。否则，为了减轻痛苦而说一些模棱两可的话，会被对方误解，认为恋情尚有希望，比如"谁知道未来会怎样"或"也许有一天……"。

急着做朋友

在我的来访者中，几乎每一对想要分开的夫妻或恋人，都发誓会继续做朋友。这的确是一个值得称赞的目标，尤其是那些有孩子的人。可这个目标很难实现。我们在前面提到的马克和弗朗西丝卡是大学校友，有很多共同的朋友。马克说："虽然我们已经分居了，我还是邀请她参加了我的生日派对。可她不愿坐在我旁边，这让我感觉很不舒服。她坐在离门最近的座位上，吃完蛋糕就径直离开了。整个晚上就这样被毁了。"他们原本是因为弗朗西丝卡的婚外情而分居，后来就离婚了。马克帮她搬进了一套新公寓，在他看来朋友之间互相帮忙是应该的。当弗朗西丝卡的热水器出问题时，他也会放下一切去帮她修理。"我花了很长时间才意识到，弗朗西丝卡为自己创造了新生活，而我却想着和她重温旧情。"

提升攻略：恋人与朋友之间隔着一条鸿沟，很少有人能一夜之间就把对方当作朋友。所以，再次见面之前，先休息 3 个月吧。如果你有孩子，联系是不可避免的，但尽量只谈孩子的事。

为了原则问题争吵

为了原则问题争吵通常意味着一方或双方都想试图惩罚另一方，并且想要上纲上线地证明自己是好的，而对方很差劲。这种解决方式除了增加痛苦，别无他用。如果我们可以让自己理智一点，试着改变原有的争论模式，找到新的沟通方式，那么结果可能会比以前好很多。对于有孩子的伴侣来说，这一点尤其重要。维多利亚和斯科特有一个 6 岁的女儿，分手后女儿和维多利亚一起生活，斯科特经常去探望女儿。然而，何时送女儿回家，成了他们争论不休的问题。"如果我没有把女儿准时送回家，维多利亚就会暴跳如雷。和女儿见面的日子对于我来说是个重要日子，我不想在这样的日子里一直低头看手表。这是我的时间，我也没做什么过分的事，我可以在合适的时间把女儿送回家。"当然，维多利亚对此有不同的看法："女儿有自己的作息时间表。如果爸爸把她带出去疯玩一整天，第二天她就会又累又暴躁。一旦我打电话问他们在哪里，斯科特就会生气地挂断电话。"不幸的是，他们双方都不愿意让步，最终争论话题从准时送女儿回家转移到探望次数上。

提升攻略：解决争论的好办法是一次只解决一个问题。为了不让自己在完成第一个问题前急于思考第二个问题，可以在手腕上套一根橡皮筋。和前任通电话时，如果一件事情没说完时你就很想说另一件事，那么可以弹一下手腕上的橡皮筋，轻微的疼痛可以转移你的注意力，让你有足够长的时间来打消想说第二件事的念头。然后，把你的问题记下来，下次谈话时再提出来。有意思的是，当我们把问题写在纸上并再次回顾它时，很多时候会发现一些问题并没有那么重要。

沉迷

恋情可能已经结束，但其中一方仍不想放手，依然频繁地出现在另一方的生活中，在他们看来，他们的言行无所谓，只要保持距离就好。这些行为包括：拨打对方的电话，但接通后就马上挂掉；刻意开车经过对方家门口；为了打听对方的近况而与共同的朋友见面。29岁的丹妮尔始终无法放下前男友，甚至越陷越深。"我会在网上搜索他的新动态。我知道他的邮箱密码，所以会经常登录他的邮箱查看邮件。我甚至会对他进行网络跟踪，窥探他的一切事情。"丹妮尔和前男友在同一家公司工作，尽管在不同的部门，但他们会在圣诞派对上遇见对方。"我感觉自己仿佛在参加军事行动。我花了几周时间节食、健身，还买了一条会'让你后悔错过我'的裙子，你能想象当时他脸上的表情吗？最后我们一起回到了他家，那天的感觉棒极了。可第二天早上，一切还是老样子。我以为我们算是复合了，但对他来说那只是分手后的激情。"沉迷于一段已经逝去的关系会消耗太多的精力，占据太多的空间，让你的生活无法接纳其他事情。

提升攻略： 每当你感觉自己想去窥探前任的生活或沉溺于其他迷恋行为时，请试着让自己停下来思考一下：你压抑了哪种感觉？是愤怒还是沮丧？什么事情让你感到害怕？这些干扰会让你无法从失恋的伤痛中恢复，也会阻挡你走完接受阶段。

复仇

复仇心切的人从不缺少愤怒。有些人在分手后会因为心怀仇恨而绕过沮丧阶段，直接到达接受阶段。典型的策略包括和前任最好的朋友上床，散播前任谣言，毁坏对方珍贵的东西，拒绝对方探望孩子或接触曾一起养的宠物，等等。"卡莱姆把我伤得那样深，只有以牙还牙才能让我的内心感到平衡。"29岁的凯特在咨询时说。她发现前男友在卖房子，就装作诚心买房子的人到房产中介。"我故意把时间约在他的工作日，这样就只有房地产经纪人陪我去看房。趁着经纪人打电话，我撕掉了几张照片，把冰箱贴排列成脏话，把漱口水倒在他的床垫上，看起来好像他尿床了似的。我一路笑着走回家，虽然他会猜到是我做的。"尽管凯特口口声声说这样的报复让她感觉好受，但探讨一番后，她很快承认这场报复会让她十分讨厌自己。

提升攻略：报复会引起对方回击，进一步激起我们的愤怒，还会让我们和前任纠缠得更久。所以，当你的心中再次燃起复仇的火焰时，可以尝试相反的做法，做一些友善的事情，比如归还前任遗留在你这里的珍贵物品。从长远来看，这样做会让你感觉好一些。

绝望的忠诚

虽然一段感情已经结束，一点儿复合的可能性都没有，可还是会有人对这段感情放不下。这些人会执拗地从失恋的悲情中获得一种反常的快感，比如，重温从前的情书，播放能让人想起旧情人的歌曲，或者观看催人泪下的黑白电影。52岁的卡桑德拉就是这样一个沉浸在旧恋情里无法自拔的人。"我们的爱是纯洁的，在平淡无奇的生活中，它曾经就像灯塔一样，带给我光芒和希望。我还清楚地记得我们一起度过的第一个周末。那天中午，我们一起坐在露天咖啡馆里，那是个阳光明媚的日子，也是春雨连绵后的第一个艳阳天。他说：'我无法想象失去你会变成什么样。'我从未听过比这更加真挚的情话，于是我们开了香槟酒定情。"然而6个月后，公司把他调回了埃及，卡桑德拉想和他一起去埃及，但她发现他还有妻子和孩子。对卡桑德拉来说，这无疑是个沉重的打击，她的朋友们一开始都愿意支持她渡过难关。可6年过去了，她还是没能走出这段关系的阴影，于是朋友们也渐渐失去了耐心。如果一段恋情非常短暂，并且没有挽回的价值，最好的办法是从中吸取教训，继续寻找适合自己的恋爱对象。

提升攻略： 在治疗中，我经常发现与那些感情丰富的人相比，那些飞蛾扑火般献身爱情的人更容易沉浸在完美爱情的幻想中。那么，如何在失恋后继续好好生活呢？不妨跟自己做个交易，不要继续活在不切实际的幻想里：不要再听那些"特别的歌"了，把定情信物锁在抽屉里或者扔进储藏室。一旦你开始做那些关于"如果没分手……"的白日梦，就去做一些积极的事情来转移注意力，比如擦洗厨房地板或者玩字谜游戏等。

－ 寻爱前行的 5 种方法 －

我们在前文中介绍了悲伤的 5 个阶段，并且分析了为何有时人们会陷在某个阶段走不出来，无法继续前行。这里有一些简单实用的方法，可以帮助大家度过分手后的痛苦期，每个方法都有对应的案例供参考。

给分手一个合理解释

26 岁的格雷厄姆始终想不通，为什么交往了 4 年的女友会在分手后，又回来挽回他、欺骗他，然后再一次和他分手。恋爱关系的二次断裂让格雷厄姆更加痛苦，他对我说："我甚至想过开车冲下悬崖，这样我就能从痛苦中解脱了。"在我们的治疗过程中，他一直纠结于一个问题："她怎么能这样对我？"尤其是他认定了自己"为了讨她开心什么事情都可以做"。很明显，在我们找出这个关键问题的答案之前，格雷厄姆会一直被困在这个点上。格雷厄姆的祖母简洁明了地说明了情况："格雷厄姆和女友玛蒂娜来自两个完全不同的家庭。格雷厄姆父母结婚近 30 年，生活一直美满幸福。而玛蒂娜的父亲酗酒，母亲有精神疾病。玛蒂娜是个可爱的女孩，但她一直拒绝安稳的生活。"她曾经与格雷厄姆的妈妈谈论过他们的恋爱关系，并且还用了一句意味深长的话来评价这段关系。玛蒂娜说："泡沫就要破灭了。"尽管格雷厄姆的妈妈试图安慰她，并且向她保证自己的儿子"不是那样的人"，但玛蒂娜的生活经历让她认定情况并非如此。如果说玛蒂娜的内心是轻度悲观的，格雷厄姆的心态就是极度乐观的，他说："我能想象她将来会是什么样子。"

我们在咨询室里进行了很详细的讨论，格雷厄姆最后决定与玛蒂娜分手，理由是"我们要的东西不一样"。格雷厄姆发现，自己对爱情的忠诚和玛蒂娜的不专一形成了鲜明的对比，他最终承认："我们的价值观确实不一样。"从那时起，每当格雷厄姆发现自己开始纠结于这段关系时，比如，"为什么先发信息说'我爱你'的人总是我？"时，他就会对自己说："我们价值观不一样。"这个了然于心的答案能够帮他迅速处理脑海里突然冒出的有关前任的想法，避免让他陷入痴迷或沮丧。

让时间冲淡一切

没有人愿意接受不温不火的治疗方式，我们都想尽快把痛苦忘掉：一个周末是不是就足够了？不幸的是，痊愈所需的时间总是超出我们的预期。格雷厄姆花了10个月的时间才让自己从失恋的泥潭中爬出来，正确理解他和玛蒂娜的关系。和许多经历过痛苦分手的人一样，格雷厄姆和另一个女孩约会了几周。幸运的是，他很快就意识到自己对这个刚认识的女孩并不感兴趣。虽然这个女孩对格雷厄姆很热情，但他还是早早结束了这段关系。如果我们在失恋后随便找个人当安慰剂，或拉个人来临时取暖，对那个人来说真的很不公平。而且，这样的方式很可能会让自己再次陷入一段不合适的恋爱关系，带来更多的痛苦。根据我30余年的婚姻咨询工作经验，最让人痛苦的往往是疗愈期的恋爱关系，这样的关系注定会崩塌，甚至还会把第一次分手带来的失败感、孤立感和沮丧感放大3倍。

确认自己是否已经被时间治愈

很显然，没有人会强制规定你必须在什么时候做好准备去接受新伴侣，这取决于你对上一段感情的持续时间和投入程度。然而，我通常会建议大家等待一年，因为让自己独自经历这一年中的重要节日或纪念日，可以起到很好的疗愈作用。比如，第一次独自过生日、前任的生日，或者圣诞节，等等。如果你不知道如何熬过这一年，或者你不善于等待，可以看看自己从旧恋情中学到了什么。如果你能从中找到一些积极的东西，无论经历多么悲惨的事情，都不会让你感觉很糟糕。当我让格雷厄姆想想分手有什么好处时，他非常惊讶。但经过一番鼓励和引导后，他想出 4 个答案：他开始好好了解自己；在未来的亲密关系中，他会学着慢慢来，多一点耐心；他变得更坚强了；他不会再让别人占他的便宜了。正如格雷厄姆所说的："我经常会为别人做一些事，即使我自己并不喜欢。"从前，他很喜欢邀请别人一起去其他城市打壁球比赛，但比赛结束后，他连回家的顺风车都搭不到。有了这些经验，格雷厄姆不再自己掏腰包，并且还为他的壁球队找到了更为公平合理的行程安排。诚然，相比经历分手伤痛后领悟到的道理，他宁愿让玛蒂娜留在身边，改变自己从前的想法和做法。这些改变会为他的美好未来奠定基础。

带着新理念生活

如果你继续按照老样子做事，你的生活也只能像从前一样日复一日。如果你能为自己找一项新的兴趣或消遣，就可以从以下两方面受益：首先，它可以让你低迷的情绪变得愉悦；其次，它可以充实你的时间，让你不再一闲下来就怀念前任。谈恋爱可以消遣时光，可一旦分手，最糟糕的结果恰恰是让人在周末空虚难耐。与其在深夜醉醺醺地给前任打电话，或者开始一段"安慰剂"式的新关系，不如用一些积极的事情来让自己充实起来。格雷厄姆开始学习骑摩托车，并经常在星期天长途骑行，此外，他还打算学吉他。在找我咨询之前，他从没想过用这些兴趣爱好疗愈自己。虽然骑摩托车和弹吉他都能帮助他结识异性，但这恰恰是问题的关键所在。兴趣爱好都是个人专属的，它们让你有机会做那些从前一直想做，却没有时间或闲钱做的事。发展兴趣爱好的目的是帮助你实现自我提升，而不是急着找个人来谈恋爱，因此，在分手后的空窗期，与其匆忙找个人来填补感情空白，不如发展业余爱好来提升自己。

倾听脑海中的声音，学会分散注意力

即使理解了分手的真正原因，并且按照前面 4 个方式进行了自我疗愈，但那些与前任有关的想法依旧会突然跳出来打扰你。格雷厄姆已经取得了很好的进展，并且不再沉溺于过去。然而，在第四次治疗时，他突然抱怨自己这周大部分时间都在想玛蒂娜。而他用来分散注意力的方法，现在通通不管用了，比如摩托车骑行。遇到这种情况时，我通常认为这些发自内心的声音有其存在的原因。换言之，它们在试图告诉我们一些东西。不幸的是，这些想法常常被大量的过度分析淹没了。

时隔一星期的下一次咨询中，格雷厄姆说玛蒂娜的母亲去世了。他一直在考虑要不要发信息给玛蒂娜以示哀悼。如果他这样做了，又会发生什么呢？一旦她回信息，格雷厄姆的伤口就会被撕开；如果她不回复，他就会很沮丧。所以格雷厄姆决定什么都不做。我深入询问了一下格雷厄姆，看看是否还有其他隐情。格雷厄姆说他担心玛蒂娜可能会在周六晚上喝酒，然后伤心欲绝地给他打电话。第一次分手后，他们就是这样复合的。那么他现在要用什么方法应对呢？他决定在周六晚上关掉手机。格雷厄姆内心的声音给我们的咨询带来了新的突破口。如何分清自己到底是沉迷旧爱还是遇到了重要问题，请参考练习"如何倾听自己内心的声音"。

- 找回自信 -

如果一段重要关系的结束打击了你的自信心，你可能需要花些时间来让自己恢复，尤其是那些原本就不够自信的人。如果能循序渐进地按照以下 8 个步骤进行练习，那么你将不再自卑。这个练习提供了一个更加平衡的场景，可以帮助你提升自信。

1 不要再贬低自己。

令人惊讶的是，有许多人经常在谈话中说"我的想法可能不算太好"；有些人则是长途跋涉到了某地看风景，却黯然神伤地对自己说"我总是一个人"。多听听别人说的话，搜集更多的例子，再努力将这些自我贬低的词汇从自己的日常用语中去除。

2 不要拿自己和别人做比较。

总有一些人看起来生活得很轻松，身上散发着自信的光芒，但你永远看不透他们的内心究竟在想些什么，他们可能只是演技好，装出一副岁月静好的样子。也许你没有注意到，这世界上有很多人在羡慕着你！拿自己和别人做比较会让自己迷失方向，所以肆意享受你自己的旅程吧！

3 重构自己的思维。

把消极的东西变成积极的东西，不要再说"我不能……"或"我不会……"，例如，"我不再相信任何人了"，把它们换成积极的语言，如"我选择……"，例如，"我选择多和朋友们在一起"，或者"我选择学一门外语"。

4 明确目标方向。

经常在脑海里想象自己想要什么，放下那些不想要的事。我们很清楚自己试图逃避的是什么，比如，孤独。但我们往往对自己的目标概念模糊，甚至不知道自己想要什么。

5 设定小而现实的目标。

好高骛远的目标由于难以实现而充满变数，让人感到害怕。这种恐惧感会让我们封闭、退缩，甚至认为自己是个失败者。相比之下，那些容易实现的小计划，能够让人不断品尝到喜悦，并且从中获得成就感。

6 有耐心。

对自己有耐心，世间所有的美好，都值得用心等待。

7 不轻言放弃。

一路上我们总会遇到挫折，有人会克服挫折继续前行，有人则会半途而废。这两种人之间的区别在于，前者会寻找解决问题的方法，或者干脆再试一次。

8 接纳不完美的自己。

自信和让自己完美是两个不同的概念，不要混淆。想知道如何能做到这一点，请参阅练习部分的"提升自尊水平的 4 步法"。

我经常遇到一些刚刚结束了多年恋情的来访者，每当他们认定自己不可能再找到真爱时，我都会提醒他们，他们已经从上一段恋情中学会了如何在亲密关系中与恋人相处，懂得如何体谅别人，懂得如何腾出空间，让别人走进自己的生活。既然已经爱过一次，那么他们完全可以再爱一次。在很多个案中，我发现有些来访者已经开始建立新的关系，但中途因为一些小插曲半途而废了，这样做非常不明智。

- "迷你"关系的滋养 -

人们总是崇尚那些天长地久的爱恋。然而，"从此过上幸福的生活"和"直到死亡将我们分开"的执念让我们总是用"年"为单位来衡量爱情，却忽略了那些昙花一现的爱情为我们带来的好处。一段短期关系结束时，人们通常会很快将它抛在脑后，多数人认为这样的关系并不重要，或者只是把它们当成失恋恢复期发生的小插曲。

卡拉是我的来访者，27 岁，是一名出色的营销主管。她刚刚经历了一段短暂的恋情。在重新评估这段关系后，卡拉从中学到了很多。"我已经和这个可爱而敏感的男人约会 5 个月了，我真的感觉他就是我的真命天子。他曾和问题儿童一起工作，很懂得如何在沟通中倾听，我所有的朋友都喜欢他。但他突然开始疏远我，我们的关系就这样不了了之了，我感觉自己一直放不下。"两年前，卡拉的前夫也是突然失联。他一直欠卡拉一个解释，因为他当时只是从地球的另一端打来一个简短电话，以至于卡拉至今都没想通自己的婚姻为什么会结束，这让卡拉感觉自己很失败。通过咨询，卡拉不再把她和前男友的关系当作疗伤期的安慰剂，而是把这段经历变成了一个学习的机会。"我决定给他打电话，好好谈谈到底出了什么问题。后来，他很用心地给我写了一封长信，我突然意识到这样详细而认真的解释正是我想从前夫那里得到的。这件事真的挺治愈的，我觉得自己释怀了，可以向前看了。"

许多来访者都会谈到，他们在逐渐认识一个人的过程中为自己的新想法或兴趣爱好找到了资源。42 岁的丽贝卡是一名教师，她说："我和安东尼约会不超过 20 次。但在第一次见面时，我们也像大多数人一样，交谈了很久。我告诉他我想学习冥想，而他是当地佛教协会的成员，并带我去了一个午餐集会。"虽然和安东尼的关系没有继续走下去，但丽贝卡仍然会去佛教协会。丽贝卡说："这段关系让我开启了自己的信仰，如果没有安东尼，我永远都没有勇气去参加那次午餐集会。"在很多恋情中，那些忠诚的伴侣经常在另一半发展新的兴趣爱好时持保留意见，甚至怀有敌意，而短期恋情则不同，它们有时会给我们带来全新的体验。

即便这些关系不会深入发展，几乎没有结婚或同居的可能性，但它们仍然是有价值的。55 岁的乔迪认识了酒店经理杰维尔，尽管这是一段相差 5 岁的姐弟恋，但乔迪仍然很享受杰维尔的陪伴。乔迪能预见这段关系中的阻碍，她解释道："他有三个让我无法接受的地方——沉迷于唱片收藏；即将被调到圣彼得堡；最糟糕的是，他是西班牙人。"我已故的丈夫是西班牙人，重温旧梦似乎太痛苦了。尽管如此，乔迪还是决定继续和杰维尔在一起，好好享受他在英国的最后 3 个月。"能品尝到正宗的西班牙食物，又能再次说西班牙语，这种感觉真的很好。事实上，这段感情并没有唤起那么多痛苦的回忆。我渐渐明白，西班牙是我的经历中很重要的一部分，我没有必要仅仅是因为丈夫过世，就彻底了断与西班牙的一切。"

回顾这些成功但短暂的关系，我发现它们有几个共同的特点。首先，这些关系发生在一个人迅速成长的阶段，例如离婚后或者那些发人深省的人生经历后；其次，随着其中一方或双方的改变，大家觉得这段感情可以不求天长地久，只求曾经拥有；最后，在这些关系中，良好的沟通是最重要的基础，这种沟通并不是漫无边际的谈话，而是真正的心灵交流。39岁的电气工程师布鲁斯说："和我约会的那个女人简直就是个强大的测谎仪，我所有的想法都会在她那里得到回应。她会直白地告诉我，我的哪些话是可靠的，哪些话是言过其实的。"这种毫无顾忌的对话与人们在大多数恋爱关系中的表现形成了鲜明的对比，因为恋爱中的人总会绞尽脑汁地去展示自己最好的一面。要理解这一现象，就要给这种成功而短暂的关系取一个合适的名字，并且还要将其区别于简单的约会，因此，我选择了"迷你关系"这个词，它形容两个人明知不可能走到一起，但依旧彼此陪伴享受生活中所有的美好。

既然迷你关系如此美好，为什么几个月就结束了？答案也许会让人感到遗憾，因为迷你关系和长期关系的基础是截然不同的。迷你关系中的双方，为了治愈和成长而走到一起；而长期关系中的双方追求稳定和长久。处在迷你关系中的人需要灵活且随缘，并且在关系中努力提升，最终成为更好的自己。布鲁斯甚至在他的迷你恋情之初就与对方坦诚地说明了一切："我告诉她，我需要这段感情来了解我是个什么样的人。"我的很多来访者在经历了迷你关系后，变得和从前不一样了，因此他们招引闪恋或烂桃花的体质也随之消失了。布鲁斯的短期伴侣西尔维娅说："一个高大强壮的男人需要我，这一点很吸引我，也增强了我的信心。几个月后，他不再需要我了，他的激情消退了。然后，我们试着去做朋友，这种感觉也挺好的。"虽然双方通过深入的讨论，发现彼此有可能有效地建立起一段迷你关系，找一个依靠，但我还是建议大家要慎之又慎。虽然顺其自然是迷你关系最大的优势之一。布鲁斯肯定也发现了这一点："我不用担心她会在以后用我告诉过她的一些东西来对付我。"那么，以健康的方式结束迷你关系是至关重要的，试图在这段关系的自然"保质期"之外继续维持关系，只会带来痛苦，还会让一段原本积极的经历变得糟糕。

当来访者理解了迷你关系的概念后，他们中的有些人会担心自己的迷你关系是不是太多了。但我担心他们是否会一直忙于治愈伴侣，而忽略了自己的需求，或者带着同样的问题走入不同的迷你关系中，但没有任何实质上的改变。然而，大多数来访者都会发现，每一段迷你关系都会带来一些治愈效果。许多关系问题都要追溯到童年，因此自然也需要几段小的关系来彻底解决这些问题。

回顾一下你从前的情感经历。你经历过迷你关系吗？有过几段？你有哪些体会？我猜想这些恋情会对你寻找稳定的恋爱关系有所帮助。然而，你的内心深处或许也会响起自责的声音，因为社会上的主流观念认为，只有天长地久的爱恋才值得肯定，短期恋情则会被贴上各种负面标签。因此，如果你心中充满自责，就很难在短期恋情中看到自己的提升。

总　结

- 在亲密关系刚刚结束后，疗愈期恋情有时会让分手后的恢复阶段更加艰难。

- 当一段关系彻底破裂时，最好不要再沉溺其中，与其不切实际地想要挽回，不如坦然接受一个真实的结局。

- 没有人能转身就忘掉悲伤。平复伤痕需要时间，但最终你会接受它。

- 有些事情不仅会在你的伤口上反复撒盐，还会阻挡你前进的步伐：分手后急于做朋友；在孩子或其他原则性的事情上继续争执；与前任争强斗狠，心有不甘想报复。

- 虽然别人的爱慕会增加你的自信，但最持久的自信源于自我认识。

- 练习 -

如何倾听自己内心的声音

1 把每件事都写下来。

每当你心里有想法时，把它们通通记下来；无论你的想法多么荒唐，都不要评判自己。不必急着回答任何问题，继续写下一个想法就可以了。这个练习是我为格雷厄姆做咨询时想到的。

为什么要和别人上床？

她怎么这么招人厌烦？

她怎么能责怪我呢？

她根本不爱我，为什么还要心口不一地说爱我？

为什么她会说"从前不爱我，现在爱上我了"？

我还能再相信别人吗？

我还能再和别人说话吗？

如何才能对一个人不厌倦？

我想要的只是幸福。

我以前很随和。

2 将陈述变成问题。

类似"我曾经很随和"和"我想要的只是幸福"这样的句子，会给我们造成消极的暗示，让我们产生困惑和绝望的感觉。因此，试着把它们变成问题：

- 怎样做才能让我重新变得随和？
- 我如何才能幸福？

接下来，我们又有了一项新任务：为这些问题找出解决方案。有了解决方案，这些问题就不会再继续困扰你，不会再让你感到不知所措。

3 **开始回答问题。**

现在，这些问题再也不会像从前那样时不时就浮现在你的脑海中了，它们已经被清晰地誊写在纸上，变得更加容易处理。格雷厄姆发现自己可以在几秒钟内回答这些困扰他许久的问题。他的答案很好地解决了这些问题。

- 为什么要和别人上床？她想要上床，但是她并没有考虑过我的感受。
- 她怎么这么招人厌烦？责怪别人是人之常情。
- 她怎么能责怪我呢？参见上一个问题的答案。
- 她根本不爱我，为何还要心口不一地说爱我？那只是随便说说，不必当真。
- 为什么她会说"从前不爱我，现在爱上我了"？参见上题答案。
- 我还能再相信别人吗？当然可以。
- 我还能再和别人说话吗？当然可以。
- 如何才能对一个人不厌倦？我不知道，但我希望自己能做到。

4 **有些问题很值得思考。**

通常，每当我们无法接受恋情结束时，背后往往隐藏着更大的问题，而这些问题也许会引起更深层次的思考。

对于格雷厄姆来说，它们是：

- 我如何才能幸福？
- 怎样做才能让我重新变得随和？

格雷厄姆几乎不假思索地回答了前面的所有问题，可这两个问题需要深入思考。最后，他提出了以下观点：

- 继续摩托车骑行。
- 总有一天我会遇到一个合适的人。
- 有些时候我可以表现得不耐烦，因为这样做是为了不让别人占我便宜。

如果你需要帮助，可以试着打电话跟朋友商量一下。很多人不愿意寻求更多的帮助，担心无休止地谈论自己的前任会让朋友们感到厌烦。然而，与朋友讨论具体问题，并不是跟朋友不停地絮叨，二者之间有很大的差别。

给关系排毒

1 摆脱走马灯一样的约会。

如果你曾经有过很多短暂的恋情，这个练习将帮助你摆脱。那在开始练习之前，回想一下那些你曾经认真交往的人，为他们每个人准备一张照片，并把这些照片一一摊开来看。乍一看，他们每个人的信息都各不相同。大多数人貌似都没有固定的约会对象类型，他们会和不同长相、不同职业和不同背景的人约会。可奥秘就在于这些约会对象的潜在相似性。我们可以从以下这些方面，来看看你的短期恋情对象有哪些共性：

- 高难度约会：他们都是很高冷的人，并不好追，但你喜欢挑战，也喜欢剧本里那些扣人心弦的爱情。

- 安慰剂约会：这些约会对象给了你温暖而治愈的怀抱，他们非常崇拜你，但最终，他们会让你感到厌倦。

- 炫耀型约会：这些约会对象带出去很有面子，让你的虚荣心得到满足。但实际上，你从未对他们动心过。

- 受伤的小鸟：这样的约会对象会激发你的保护欲，让你觉得自己很强大、被需要或在别人眼里很重要。

- 穿着盔甲的骑士 / 女侠：他们许诺会解决你的问题或照顾你，实际却想要控制你。

- 社交型约会：你可能也喜欢你的约会对象，但你真正想认识的是他的家人、孩子或朋友等人脉。

要知道，追求截然相反类型的人并不能说明什么，你只是换一种方式陷入同样的困境。例如，如果你在一段感情中被欺骗了，那么在下一段感情中，也许会放纵自我。

2 审视哪些问题会反复出现。

你的约会经历是不是想告诉你一些东西？与其一头扎进这段关系中把同样的问题再经历一遍，还有别的办法来解决这些问题吗？

3 不急于约会。

如果你在分手后一直有种陷入困境的感觉，那么就尽量避免在关系结束后的3～6个月内约会。当你自我评价很低时更不要急于约会。修复被伤害的自尊心需要一些时间，你可以在这几个月里阅读一些自助类书籍、参加禅修，或者报一些培训班。此外，做一些助人为乐的事也是提升自尊水平的好办法，比如帮助年迈的邻居疏通下水道，或者去探险训练营为孩子们做志愿者。这些举手之劳的乐事，不仅可以把你的注意力从失恋中转移出来，还能让你在别人的赞美和感谢中提升自己的价值感。

4 **新的生活方式。**

你可以试着改变自己之前的生活方式，比如寻找新的兴趣爱好，和不同的朋友出去玩，哪怕只是改变上下班的路线。

提升自尊水平的四步法

1 **给自尊心找到十足的底气。**

- 找到自己最满意的身体部位
- 找到让自己最欣赏的个性
- 你之前都取得过哪些成就
- 你身上有哪些尚未开发的潜力

找一张纸，在每个题目下写出一个答案。思考一下你的朋友会如何从这些方面评价你，把它们写在旁边。最后，想象有一家口碑优良的广告公司要为你打广告，并从这些方面对你进行包装。这是一家有职业道德的广告公司，绝对不会做虚假宣传。试着把广告词逐一写在每个题目下。

如果有些题目让你暂时想不出答案，不要担心，因为这是一个需要耐心和时间的练习。你也可以请最好的朋友帮忙想想。广告公司的宣传词是最难想的，但创意往往会在不经意间出现，它们会突然出现在你的脑海中。最后，你会搜集到好多赞美的话语，足以增强你的自信。

2 你想改变自己哪一点。

思考一下你最想改变自己身上的哪样东西。闭上眼睛想象一下，如果愿望成真了，生活会是什么样子。在脑海中尽情想象改变后的新生活，并将其绘制成一幅画卷。你会看到什么？那会是什么感觉？假设你就生活在那样的世界里，慢慢展开画卷，继续用想象添加更多美好的东西。你能闻到什么？你能品尝到什么？你能听到什么？你能感受到什么？放纵你所有的感官。

3 如何让自己改变。

首先，用积极的言语描述你的目标。例如，不要说"不再害羞"，可以换成"我想和陌生人愉快地聊天"。接下来，问问自己：如何才算完成这个目标？也许是"当我在工作会议上发言时"，或者"听演讲时，我能在公开场合提问"。一旦有了方向，问问自己：我该怎么做？例如，事先阅读下一次员工会议的议程，这样你就可以做好充分准备在会上提问；在听演讲前仔细研究一下演讲者的介绍或成就，这样就可以在问答环节中有的放矢地向作者提问。最后，确定自己如何才能开启改变计划的第一步，比如，预订演讲的门票，或者成为活动的志愿者等。

4 奖励和犒赏。

在通往目标的道路上，每迈出一小步，都要把自己的成就记下来，并及时给自己一些奖励。奖励可以是一块巧克力，可以是星期天躺在床上看电影，或者给自己买个小手办甚至奢侈品。如果你觉得这些还不够，可以找朋友聚会或吃饭，庆祝一下你的成功。

第五章

为爱做好准备

当我用脱单计划来帮助来访者时，他们往往会感到信息量太大，并且担心自己会在单身陷阱中越陷越深。有些来访者甚至怀疑自己是否能找到稳定的亲密关系。如果你阅读到本章，说明你现在正处于黎明前的黑暗，付出了努力即将看到成效。而当我们把最后几章的任务完成时，就可以享受回报了。在你为爱情做好准备之前，你还有三项重要任务需要完成。在此之前，我要先和你说一个好消息：你已经完成了第一个任务以及第二个任务的一半，第三个任务可能已经有了一个好的开始。那么这些任务是什么呢？它们是：

　　1. 了解过去。

　　2. 清除当前的障碍。

　　3. 知道未来需要什么。

为了帮助你回顾心路历程，也为了帮助你为本书的最后一部分做好准备，我向大家分享一个我曾经在工作中遇到的意义深刻的故事。

– 了解自己的过去 –

桑迪是一位41岁的单身妈妈，尽管她已经生过3个孩子，但她看起来还是那么迷人。在寻找真爱的旅途中，桑迪感到精疲力尽，并且失去了方向。她已经离婚6年了，离婚后也有过几段恋情，但这些关系轻则令人失望，重则给她带来了灾难性的伤害。桑迪叹了口气，对我说："可能在你眼里，我把自己的生活搞得一地鸡毛。"实际上，我很欣赏她的诚实，因为她愿意正视生活中糟糕的一面。我可以清楚地看到，她看似脆弱，实则是一个聪慧伶俐、充满爱心的女人。谁能娶了她，那真是上辈子修来的福气。桑迪在一个全都是女性的家庭中长大。她的母亲是一个美丽但有些糊涂的女人，总是在镜子前精心地打扮自己，仿佛是为了等丈夫回家。这个让人操心的母亲，还给桑迪生了个妹妹。可她没有能力独立照料女儿，所以带着两个女儿一起住在娘家。桑迪的父亲是个商人，每天都忙于生意，每周到了星期五晚上才回家，可他却把周末的时间都花在了打高尔夫球上。父亲在几年前就去世了，桑迪这样描述他：嫉妒心强，颜值高，很可爱。对于桑迪来说，童年最深刻的记忆之一就是每星期一早上看着窗外发呆：爸爸好像又要离开我了。父亲不在的时候，桑迪负责料理所有家务，连家里的东西坏了，都是她来负责维修。因此，她在关系中总是预料到"男人终究会离开"，这一点儿也不奇怪。

桑迪讲述自己的经历时，总是对自己做非黑即白的评价，这一点让我非常震惊。比如，她说自己是"好学生"，却在16岁时变成了"好斗的商店扒手"；在她的婚姻中，她本来是一个"幸福且顾家的母亲"，可由于丈夫经常不在身边，她成了一个"宿醉后早上起不来的问题妈妈"。表面上看，桑迪的前两段感情似乎完全不同。正如她所说，她和这两个男人的个性都不一样。第一个男人非常懒散，而桑迪十分勤劳。"我心里充满了戒备，因为他好像根本不在乎我，我没有安全感，所以会做一些可怕的事情来吸引他的注意，比如和其他男人在一起，甚至不惜对他大打出手。"第二个男人则是对桑迪满腹猜疑，还经常翻看她的手机。对此，桑迪说："我真的不介意，因为从前我也经常这样做，所以我很能理解他。"不幸的是，他也经常在聚会上喝醉，然后指责其他男人对桑迪图谋不轨。有一次，他在一家夜总会门口与六名保安打架，警察都被叫来了。桑迪说："我变成了一个可怕的女人，就像电视里演的那样，喝得醉醺醺，一遍又一遍地对着他尖叫'不要这样，不要这样'。"这个男人也答应过桑迪，会改掉身上的毛病，因此桑迪才考虑让他回到她的房子里，继续一起生活。桑迪为什么会做出这样的选择呢？"和一个爱吃醋的人在一起，让我感觉很有优越感。我不再因为担心失去他而灌醉自己，也不会带着宿醉醒来，一睁眼就疑神疑鬼，我可以过得很好。"桑迪的这两段恋情看上去大不相同，但关系双方的互动方式却是相同的。在一段关系中，桑迪扮演了"吃醋"的角色，而在另一段关系中，桑迪却扮演着"无辜"的角色。

桑迪的故事讲完了，我帮她把这些零散的片段整合到一起。在理解了她与父亲的关系后，桑迪也开始理解自己的行为。她不再觉得自己像故事里所讲的那样，如同"怪物"一般，并且开始质疑自己非黑即白的想法。最后，她渐渐意识到，自己并不"坏"，只是一个有着艰辛童年、做出过一些糟糕选择的人，这个解释更加中性。桑迪下一步要做的是"敞开心扉迎接爱"，我已经陪同她一起做好了准备。

– 清除眼前的拦路石 –

桑迪一直用恋爱关系来支撑糟糕的自我形象，而第二任男友却恳求桑迪再给他一次机会，这个举动无疑给她带来美妙的感受。"在我看来，他已经意识到有多爱我了。"桑迪脸上露出一丝甜蜜的微笑，似乎正沉浸在自己的白日梦里，梦里的她或许可以将前男友从魔鬼手中拯救出来。桑迪灵光一闪："交个新男友或许会让我觉得自己很有魅力，自我感觉不错，但这只会持续很短的时间。如果我等不到电话，或者发生争吵，我的自尊心又会跌到谷底。因此，寻找新恋情实际上是高风险策略。"的确，经营亲密关系原本就不是一件容易的事，想要通过关系来提高自尊水平，无疑会让关系变得更加艰难。我们需要一些更好的方法来提升自尊水平。

事实上，提升自尊水平的方法有很多种。比如，户外徒步旅行，把自己的画作送到艺术馆展览，跑半程马拉松，拿个学位证书，或者在小事上助人为乐，帮社区里的老年人买东西……可以根据自己的喜好和兴趣，选择适合自己的事情。桑迪已经回归职场——很明显是为了提升她的自我形象，找到了一份需要责任心而又有趣的工作，对于一个一直待在家里的人来说，这简直是一个飞跃。这个飞跃对于桑迪来说无疑是一个积极的发展趋势，她可以此为基础，寻找其他的兴趣或项目。

在前一章中，26岁的格雷厄姆正从一段痛苦的恋情中恢复过来。对于他来说，绊脚石是自己太容易被别人利用。虽然格雷厄姆和哥哥是生意上的合伙人，但哥哥经常把他当作员工对待。在接受心理咨询后，格雷厄姆开始在一些很小的事情上明确自己的立场，比如午餐休息的问题，尽管这些小事不足挂齿，却对他和哥哥的关系产生了根本性的影响。格雷厄姆也通过此事认识到自己也是一个说话有分量的人。至此，格雷厄姆完成了疗愈的最后一部分。几个月后，他又开始约会了："她是个很不错的女孩。我也说不清她到底有什么特别之处，但是她会主动打电话给我，还会在我遇到事情时给我些建议，我再也不用一个人辛辛苦苦地维持着恋爱关系。在一个星期天，公司全员大扫除，我也忙得不可开交，她主动来帮忙，这简直太棒了。"而有些时候，我们也会遇到一些现实层面的障碍。帕特丽夏是我搭档的表妹，她曾经邀请我去家里做客。一进门，两条吵闹的西班牙猎犬就冲到我面前，它们跳来跳去。门厅和客厅之间有一扇小门，应该是用来防止小孩子从楼梯上摔下来的。帕特丽夏将那扇小门关上，把猎犬留在门厅里，然后邀请我坐下来喝啤酒聊天。尽管我从沙发上的狗毛看出，猎狗是被允许上沙发的，但我当时还没有准备好迎接即将到来的混乱。我听见两条狗一直在门厅呜咽，希望主人放它们进去，而帕特丽夏的注意力也完全在她的宠物身上，根本没有心思与我交谈。于是，她忍不住把门打开了，两条狗一起冲进屋子，在我们身上跳来跳去，还想要舔我们的脸，我们根本没法聊天。我喜欢狗，自己也养了一条，但这些西班牙猎犬让我有些无所适从。帕特丽夏对我研究单身人士的项目很感兴趣，所以邀请我来她家。可她在不经意间就向我展示了目前的障碍。"你的男朋友如何看待你的狗狗？"我问。帕特丽夏回答说："我的几任男友都讨厌它们。有一个人甚至想去旅馆开房。"她带我看了她的卧室，虽然有两个狗窝，可那两条猎犬还是和她睡在一起。更糟糕的是，公狗有时会对同床的男人发起攻击。我不是动物行为学家，<u>但这些</u>狗确实有<u>些</u>失控了。帕特丽夏一眼就能看出我在想什么，于是说："如果你能保证我找到男朋友，我就去学习如何训练我的狗狗。"我回答说："有一件事我可以保证，如果你不把狗狗训练得守规矩，没有哪个男人敢进你的家门。"

然而，对大多数人来说，障碍代表着内心的态度。这些态度往往根深蒂固，并且不易察觉。以下是 5 个最常见的问题。

1 把爱情当作救星。

小说和电影经常告诉我们，爱情是伟大的，无坚不摧，可以治愈一切。美国当代最负盛名的作家之一埃德蒙·怀特在他的自传中用充满爱意的语言描写了爱人的回眸一笑："有那么一刻，我感觉这个擅长游泳、通晓拉丁文的金发美人已经将我带到了一个更高的层次。"这句话恰如其分地诠释了这个观点：埃德蒙不再是那个被冷漠的父亲和绝望的母亲带大的笨拙少年，他被爱神眷顾后，改变了自己的生活。虽然爱情可以帮我们暂时忘记自己的问题，但这不是解决问题的捷径，我们仍然需要通过自己的努力将难题一一化解。仔细想想这句话，你便会觉得很踏实。

2 强迫自己光彩照人。

化妆品、健身、美容等行业的消费文化都在以各式各样隐晦的方式将一种理念灌输给大家：购买这个产品，一旦使用它，你就会变得魅力十足。然而，在30余年的婚恋咨询工作经历中，我经常想起那些长相寻常的夫妻在充满了烟火气的平常爱情中，也会经历坠入爱河、冲突磨合、重归于好的过程。衣着朴素的夫妻，甚至那些相貌有些丑陋的夫妻，也都会经历轰轰烈烈的恋爱。然而，那些高颜值男女的生活故事，会一次次地告诉我们，完美并不能保证爱情。爱情取决于性格、忠诚和真正的勇气。当然，如果你属于那一小部分不修边幅的人，那就需要去思考一下发型和衣着搭配的建议。如果去健身房让你感觉很棒，别犹豫，马上去！对于其他人来说，不要总想着等到你体重减轻了五磅、攒够钱买下那套大牌衣服或者改变自己的个性之后，才开始寻找爱情。最近，一位朋友给我看了一张她10年前的照片，她说："我年轻时多漂亮，可惜我那时竟浑然不觉。"不要等上了年纪才感叹曾经，曾经的你是那样美好！

3 **热衷攀比。**

攀比文化在我们的社会中总是占有一席之地。去国外度假的主要目的不是享受旅行，而是结交一些让自己感到优越的朋友。很多时候，伴侣的价值并不在于他们本身，而是在于能抬高我们的身价。更糟糕的是，当我们看到别人的伴侣身上拥有我们所需要的东西时，就会草率地认为那个人一定会在某个方面强过自己。与其担心别人的看法，不如专注于自己身上那些吸引人的长处。

4 完美伴侣。

我们总想找到一个独一无二的完美伴侣，这种执念会让人们将理智抛到脑后，但在爱情中，执念总会战胜现实。在这种世界观的影响下，我们总是执拗地认定某个人是我们的完美伴侣，任何人都比不上他。如果今晚就是最好的邂逅时机，我错过了怎么办？如果我的完美伴侣爱上别人怎么办？更糟的是，如果他对我的殷勤视而不见，怎么办？即使是再理智清醒的人，一旦开始胡思乱想，也会面临难以承受的压力。相信我，符合你条件的人不止一个，他们正在等着你出现。在这里，我可以毫无保留地跟大家讲讲自己的经历。我的第一任伴侣在我 30 多岁的时候去世了，我曾经以为自己再也找不到像她那样合适的人了。可 10 年后，我又一次坠入了爱河。或许在人生的不同阶段，我们会爱上不同的人，但所有的爱情都是一样的美好。

5 都是别人的错。

推卸责任是一件很容易的事，抱怨别人是一种阻止我们审视自己过失的防御机制。在咨询过程中，我经常发现来访者也有同样的行为，并且会因此感觉羞愧。比如，38 岁的乔治娅在我的咨询室里说："当我遇到一个30岁以上的单身男人时，我总是问自己：他是不是有什么问题？"我问乔治娅："他为什么会有问题呢？"她辩解道："如果他没有问题，不早就被别的女人抢走了？"几个星期后，她才吐露心声，她觉得自己有问题，所以才单身。这是一个重要的突破：乔治娅不再鄙视潜在伴侣身上的不足，因为她无法左右对方身上的东西。她开始审视自己，这是她可以改变的。

清除了心态、情绪和生活方式上的障碍，我们就可以进入本书的第三部分了。

－ 了解自己想要什么 －

38岁的丽贝卡一直渴望能找到真爱。她说："如果40岁还单身，我就躺在铁轨上一了百了。"然而，她的恋爱经验比较少，上一任男友是42岁的电视制片人亚当。他是个让人心动的好玩伴，却有点让人捉摸不透。出于工作缘故，他经常在最后一分钟打电话取消约会。"他总是把我搞得云里雾里。比如，我们约好了一起去看球赛，临去前他突然说自己必须去一趟曼彻斯特，可我明明看见他坐在球场附近的酒吧里。当我告诉他我知道他去喝酒了，他只是笑而不语。我倒不是很介意被放鸽子，只是无法再信任他。"亚当曾经身患肿瘤，多亏前女友一直照料他，病情才得以好转，可后来他们还是没能走到一起。和前女友分手后的第三天，他就开始和丽贝卡约会了。"就在他临时取消约会那天，我发现和他一起去酒吧的人竟然是他的前女友，他解释只是把前女友当成朋友见个面而已。"丽贝卡抱怨道。尽管丽贝卡非常失望，可她还是和亚当交往了6个月。"他比我大几岁，很善解人意，有时也会对我说说心里话。比如，'我没打电话，不代表我没想你'。"

在认识亚当之前，丽贝卡还和一位名叫丹尼尔的男子交往过。他们是多年的朋友，但只约会了9个月。"我和他的关系有点复杂，他是我妹妹前夫的继兄弟。他真的很可爱，但很脆弱，是一个生活颓废的人，患有抑郁症，还经常酗酒。我试图拯救，但无济于事。"丽贝卡的另一位前男友哈里，是她驾车穿越南美时的导游。他们在那次旅行中两情相悦，可回到伦敦后就不再经常见面，关系变得若即若离。"他总是独来独往。白天总是不理我，很冷淡，拒人于千里之外。但到了晚上，我们会在篝火旁相拥取暖。后来他解释说，他认为白天和我聊天就相当于给了我特殊待遇，这样对其他客户不公平。可我只是希望他能给我回个信息，告诉我他在忙，这样我就知道是怎么回事了。"丽贝卡解释，哈里的母亲在他13岁时离开了家，父亲在他15岁时遇到了另一个女人，随后也从家里搬了出去。从那时起，哈里就开始了独居生活，这就是为什么哈里很难找到一个让他足够信任并放心相处的人。丽贝卡在 20 岁时遇到了自己的初恋——杰。当时她在美国做交换生，杰是一个魅力十足、让人心动的美国男孩，但他在交往过程中劈了腿。最后，我们再来看看丽贝卡时间最长的一段恋爱。丽贝卡快 30 岁的时候遇到了亚历山大，他们谈了两年恋爱。她这样描述亚历山大："他是个老实沉稳的 IT 男，父母婚姻幸福，老家在多塞特郡。虽然，在我所有的男朋友中，我最不喜欢他，可是在与他相处的时候，我感觉很放松，也很平静，或许这就是为什么这段关系可以维持这么久。可问题是我感觉自己对他一点儿性趣都没有，虽然他对我很有耐心，还带我去看了心理医生，可并没有什么效果。我以为他是个值得托付终身的人，但他背叛了我，把我甩了。"和丽贝卡分手不久，亚历山大就结婚了。

为了帮助丽贝卡，我们整理她的恋爱史，绘制了一张关系树图，她能通过这张图找到一些对自己有益的资源。我用树枝来表示前任，用生长在树枝上的叶子表示对这段关系的观察评论（见下页图）。

我把丽贝卡的名字写在树干上，又找到一些合适的词语来形容她的每位前任。咨询结束时，我把丽贝卡的首要需求写在了树根处——我们稍后再谈这个问题。当看到自己的过去被呈现出来时，丽贝卡立刻发现了一些重要问题："我总是对那些能激起人同情心的男人情有独钟，但实际上，他们要么经常玩消失，要么

不值得信任，要么难以接近，或者三者兼而有之。唯一的例外是
亚历山大，他是个很可靠的男人，然而，他太老实了，根本吸引
不了我。丽贝卡认识到自己的约会模式总是处于两个极端，于是

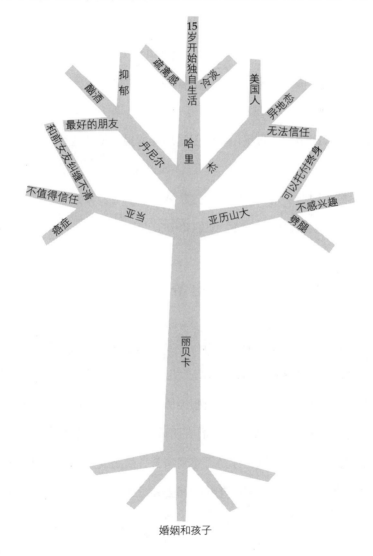

婚姻和孩子

她决定让自己折中一下。

本书这一部分的核心概念就是"你是什么样的人就会吸引什么样的人"（当你的境遇很好时，就会吸引那些和你一样生活得很好的人；如果你的状态很糟糕，就会吸引那些糟糕的人）。丽贝卡还从自己的经历中领悟到了哪些事情呢？她马上就明白了："我觉得我和丹尼尔就是物以类聚，因为我也经常陷入抑郁状态。他经常酗酒，而我在进食方面也有问题。"幸运的是，自从她摆脱了进食问题，就再也没有吸引过那样的男人了，这个发现也让她更有信心了。她还反思了自己，如果40岁时因为单身而自杀，就太像悲剧女主角了。此外，这次咨询还引导她发现了自己最重要的需求（树根的位置）：婚姻和孩子。

- 准备 -

在我们进入这本书的最后一部分"找到今生挚爱"之前，不妨先停下来复盘：检查一下你是否已经完成了"为爱做好准备"的三个阶段。你了解自己的情感经历吗？你是否已经将前方的障碍清理干净？你对未来的伴侣有明确的画像吗？除了这些问题，我还想再问一个问题：你是否感到痛苦、愤怒或怨恨？如果答案是肯定的，你可能需要多花些时间去和过往的恋爱关系告别。所以，不妨试试第四章的练习——为关系排毒。从长远看，为彻底走出失恋阴影而做出额外的努力是值得的。迈克是一名38岁的中年男子，和妻子离婚后，他经历了一连串不尽如人意的关系。迈克说："一天晚上，我浏览一家约会网站上的会员资料并考虑注册，但我突然想到，有没有什么办法能让我不重复相同的关系模式？"于是他决定先停下来，分析一下自己的行为，探索如何用不同的方式和伴侣相处。"一直以来，我只是和朋友介绍的女性见面，或是和工作中认识的女性约会，我只是为了走出家门，缓解孤独，从没想过要找个伴侣陪伴我左右。所以，当我在电视上看到交际舞后，为了自己能够放松下来，心情愉悦一些，便决定去报名交际舞培训班。那是个很不错的舞蹈团体，团体中的一位女士对我也非常有好感，但我提不起兴趣，我很担心万一我们相处得不好，会让课堂变得尴尬。后来，她开始加强攻势，邀请我共进晚餐，并且约我一起去看电影。我有点儿动心，觉得我们应该成为恋人，尽管我不是很喜欢她。可这件事点醒了我，我就是这样误入婚姻的。当年，我就是因为无法拒绝前妻才稀里糊涂地结了婚，现在想来真是有些可笑，结婚竟然只是不想让她失望而已！于是，我婉言拒绝了那位女士，但我们仍然是朋友，偶尔还是舞伴。6个月后，我参加了一场大型舞会，遇到了一位优雅高贵的女士，我决定放下过去的一切，开始和这位美丽的女士好好相处。"现在，迈克已经理解了从前的亲密关系模式，扫除了恋爱之旅上的障碍，并且还发现了自己真正想要的关系类型。更重要的是，他从咨询中得到启示，深入探索了隐藏在潜意识中的关系模式，并把它带到了意识层面。为了帮助大家达到类似的目标，我接下来会介绍一种进入潜意识的方法。我们很难一头扎进潜意识里，看清扑朔迷离的真相，因此需要找到合适的切入点。接下来的内容可能看起来有些新奇，但请耐心阅读。

－ 解锁恋爱剧本 －

人类从远古时代就对故事着迷。故事不仅仅是娱乐和消遣，还是人们了解世界的途径。最值得一提的是神话《吉尔伽美什史诗》。这部被镌刻在泥板上的美索不达米亚神话，是现存最古老的文字手稿。它被尘封在美索不达米亚平原的沙漠深处上千年之久，直到探险家亨利·莱亚德在一处巨大的沙丘下发现它并对其进行发掘，才让这部手稿的残片重见天日。直到今天，这些古老的文字才被学者们完全破译。在这部史诗中，国王吉尔伽美什统治的国度一直受到邪恶势力的威胁，这股邪恶势力来自一个遥远的地下洞穴。吉尔伽美什身背巨斧出发，打算去和邪恶势力决一死战，拯救他的子民。可当他遇到邪恶之源——怪兽洪巴巴时，他被洪巴巴的妖言所蛊惑，险些成了洪巴巴的俘虏。最后吉尔伽美什克服了巨大的困难，历经艰险逃出妖怪的洞穴，并杀死了洪巴巴。吉尔伽美什拯救了世界，最终凯旋。尽管这个故事是在人类最早建造的城市之一、《圣经》中的尼尼微城遗址中发现的，但它流传至今，并被引用在许多影视作品中，例如"007系列"电影中。

那么，这和单身又有什么联系呢？其实，我们可以从中得到两种重要的思想，并加以借鉴。纵观历史，每一种文化都讲述着同样的故事，我们可以通过故事的情节洞察人性并探索与人性有关的所有问题。这是我们可以借鉴的第一种思想（我们稍后会深入讨论这个观点）。第二种思想与我们的生活与故事息息相关：我们在儿时通过故事了解周围的世界，当我们可以观察图片、理解文字时，父母就开始给我们讲故事。即使成年之后，我们依然会被故事吸引。除了电影、书籍和电视剧之外，纪录片制作人、历史学家、记者，甚至综艺节目的制作人，也都在使用相同的建构方式，帮助我们将大量毫无关联并相互矛盾的信息整合成一个连贯、引人入胜的故事。在每天早晨的新闻会议上，主编会问他的团队："这是什么故事？"每当我们和朋友碰面，相互问候近况时，其实就是在互换故事。每当我们拥有新的经历时，无论好坏，都会将其融入一个更宏大的故事——我们的自传。当我们认识一个人时，同样也会成为他生活故事中的一个角色。不管我们愿不愿意，都会被构建到他们的生活故事中。他们构建故事的方式又会影响他们对我们的理解和认知。所以，理解自己和别人的故事是通往我们潜意识的直接方式。

破译故事的有效方法有很多，我们可以借鉴克里斯托弗·布克《七个基本情节》一书中的观点。作者布克认为，理解故事不仅能让我们洞察自己的生活，还能帮助我们理解周围的世界。让我们一起来看一下这 7 个基本的故事情节。

1 战胜怪兽。

平静的生活笼罩在可怕的阴影下，这时年轻的主角登场了，他克服了巨大的困难，打败了怪兽，从而成为一个更聪明、更强大、更成熟的人。主角光环让他成为拯救整个社会的英雄，保护了所有人的安全。

例如：《吉尔伽美什史诗》《大白鲨》《星球大战》《杰克与豆茎》。

哪些人会使用这个情节？刚从一段糟糕关系中走出来的人，或者有成瘾问题的人（某种程度上，"怪兽"就是成瘾行为）。

2 白手起家。

一个被众人排斥的普通人逆袭后拥有了重要地位，成为关键人物，这可能是最受欢迎的情节之一。

例如：《灰姑娘》《风月俏佳人》《鸡尾酒》《丑小鸭》《阿拉丁》或《简·爱》。

哪些人会使用这个情节？有人认为爱情可以改变人生，因此他们一直期待那些能够帮助他们提升或者激活潜能的人。

3 追求。

主人公立下鸿鹄之志，并且全力以赴去实现。他离开家，开始一段充满挑战的冒险旅程。无论遇到什么困难和诱惑，在他实现目标之前，故事永远不会结束。

例如：《指环王》《奥德赛》《沃特希普荒原》。

哪些人会使用这个情节？那些积极寻找爱情的人，他们将真爱视为神圣而纯洁的目标，而不是等待别人来"拯救"自己。

4 远航归来。

主人公并没有刻意去寻找什么，而是发现自己身处一个陌生的世界。在经历了许多惊心动魄的冒险后，最终还是决定回到家乡。一般来说，冒险经历并没有改变主人公。

例如：《爱丽丝梦游仙境》《绿野仙踪》《乱世佳人》《彼得兔的故事》。

哪些人会使用这个情节？那些经历过许多让人心动或心碎的约会，但并没有因此改变的人。

5 喜剧。

这个情节很特殊，它不仅是一个有趣的故事，一旦出现在浪漫的电影中，就会立刻被观众辨别出来。喜剧的根源可以一直追溯到古希腊时期的戏剧脚本：两个彼此相爱的人会因为某些情况（一般是父母的阻挠）无法牵手，或者恋人之间因误解而分手。后来，事情越变越糟，这对恋人似乎永远不会走到一起了。可在最后一刻，障碍被克服了，有情人终成眷属，亲朋好友都来祝福他们。

例如：《不可儿戏》《热情似火》《诺丁山》《我盛大的希腊婚礼》。

哪些人会使用这个情节？有些人在恋爱受阻时，会想尽办法克服人为的障碍，或者努力消除因不了解对方的感受而产生的误解。

6   悲剧。

这种情节被称为结局悲惨的喜剧，因为悲剧和喜剧的故事形式非常相似。在这两类情节中，整个社会大环境处于阴影之下，一些人只为自己的利益，只顾及自己的想法或需求。在悲剧中，主人公通常是问题的始作俑者。虽然他身上有一些好的品质，但有致命的弱点。一切可能会在某段时间内进展顺利，但最终会困难重重。与喜剧不同的是，这些问题没有被解决。主角没能吸取教训或做出改变，直到遭遇不幸结局（通常是死亡）才发现一切为时已晚。然而，大众会获得一些领悟，整个社会也会因为这场悲剧得到净化。

例如：《奥赛罗》《包法利夫人》《安娜·卡列尼娜》《雌雄大盗》。

哪些人会使用这个情节？有些人会从一段注定失败的爱情中获得反常的快乐，他们坚定不移地爱着一个不可能得到的人。这些身处虐恋中的人，基本都会遵循这一情节。悲剧情节中的男女主角几乎都会孤独终老。

7 重生。

主人公的头上笼罩着一团巨大的阴影。尽管危险不会立刻降临，但它最终会吞噬一切，让主人公遭受致命的打击。在最后时刻，主人公会被一个并不是很强大的人拯救，也许是孩子，也许是老人，也许是女人这样的角色。结局往往皆大欢喜，每个人都过上了幸福的生活。

例如：《圣诞颂歌》《美女与野兽》《秘密花园》《睡美人》《吸血鬼日记》《冰雪女王》。

哪些人会使用这个情节？有些人想要拯救自己的爱人，他们的爱人通常都是作茧自缚，以致身陷困境，他们想要帮助爱人从恶习、债务或感情问题中解脱。

如果说这7个情节足以涵盖作家所有的构思，听起来似乎有些不可思议，但事实确实如此。如果一部电影或一本书让人意犹未尽或感到失望，而作者似乎也没有对其进行完善，原因通常是作者在尝试突破这 7 个基本情节的框架。正如克里斯托弗·布克所解释的那样，这些"人类的本性和行为由一套绝对一致的规则和价值观所支配，而这些故事恰恰向我们展示了一幅有关人类本性和行为的地形图"。这些价值观是塑造故事的原型结构，以一种无法修改或控制的方式植入我们的潜意识。

在现实生活中，不同的人会从各自的角度出发，通过不同的情节来审视同一事件。爱上已婚男人的女人可能会通过"重生"来审视这段三角关系：她的爱人被女巫施了魔法，这个女巫并不爱她的丈夫，因此正在毁掉他的生活。她来救赎爱人，让他获得真正的幸福。与此同时，妻子可能会通过"战胜怪兽"来看待这个事件，情妇就是故事中的怪兽。而对于丈夫来说，一开始可能是在出演"喜剧"，剧本里的多数情节都在演绎一个男人如何在妻子和情人之间左右逢源。然而，从旁观者的角度看，这很可能是一场"悲剧"。因此，仔细品味这 7 个情节，再想想你的自传，有没有觉得自己生活在一个故事里？如果有，是哪类故事？如果你的生活一直在重复同样的情节，或者你期望爱情符合某一特定的情节，这种洞悉可以帮助你进入自己的潜意识。本章末尾的练习部分也会有更多关于如何进入潜意识的训练。

克里斯托弗·布克对这 7 个情节的分析传递出许多信息。对于我们来说，最重要的信息就是故事情节为我们提供了生活指导。我们可以分析出主人公在故事开始时需要什么，在冒险中获得了什么，以及为什么有些故事会变成悲剧，并借此了解到哪些因素可以造就美好的生活。那么，这些故事都包含了哪些经验教训呢？

- 在每个故事的开头，主人公的生活都会有所缺失。
- 在某些方面，主人公当下的状态有些失衡。
- 在喜剧中，男主角看不到女主角在某些方面的表现，他必须首先了解她的价值，之后才能结合，并成为一个平衡的整体。
- 在悲剧中，主人公会变得越来越失衡，直到没有人能拯救他。最终，主人公不是丧命，就是孤独终老。
- 在追求和战胜怪兽的情节中，战利品、战胜邪恶的功绩或在旅途中获得的经验，都可以让主人公达到平衡。
- 在白手起家和重生的情节中，主人公走出阴霾，社会或者主人公自身都形成了一个更加平衡的观念。
- 当每个人，乃至整个社会都达到平衡时，这个故事就圆满结束了。

那么平衡究竟是什么意思呢？这里我想引用卡尔·荣格的理论对其进行解释说明。荣格是心理学的奠基者之一，他研究神话和传说，并相信它们和梦境一样，能呈现出我们内心深处的黑暗角落。（毕竟，这些故事之所以能够广为流传，是因为它们与我们内心深处的某些东西产生了强烈的共鸣。）荣格的结论是，一个快乐和满足的人会同时触碰到内心世界中两个截然不同的部分：男性原始意象（内向型）和女性原始意象（外向型）。

男性原始意象	女性原始意象
坚强	同情心
纪律性	直觉
自控	敏锐性
坚定	理解
理性	全局观

从传统上看，和男性原始意象有关的特质被视为男性的力量，而和女性原始意象有关的特质则被视为女性的力量。

但是，男人可以是细腻敏感的，女人也可以是冷静理性的，这一点毫无疑问。这就是荣格的天才之处。他没有被 20 世纪初盛行的刻板印象所束缚，而是相信男性和女性必须同时具备双性的心理特质，这样才能达到平衡。

- 平衡内心 -

故事让我们懂得，人在状态失衡时会遇到问题。比如，悲剧主角被内心的仇恨控制，沉迷于自己的需求，而没有意识到他们正在让混乱蔓延。奥赛罗妒火中烧，他太过理性（男性原始意象），以至于不近人情。当敌人伊阿古在他面前造谣，诬陷他的妻子苔丝狄蒙娜不忠时，他竟然没有察觉到伊阿古语言中自相矛盾的地方。这是由于奥赛罗的男性原始意象占了上风，将他牢牢控制，让他与女性原始意象完全隔绝——无法看到全局，也看不见妻子身上的女性品质。因此，奥赛罗无法达到平衡。当这场悲剧落幕时，许多人命丧黄泉。

有些故事结局非常圆满，就像《美女与野兽》那样。在美女带着同情、理解和其他与女性原始意象相关的品质来到野兽身边之前，野兽的力量、纪律性和自控等男性原始意象始终被咒语所遏制。在《傲慢与偏见》的开头，伊丽莎白过于接近男性原始意象（理性和自控），因此无法表现出女性原始意象（同情）。当她看见达西先生不善交际、在舞会上表现欠佳时，就武断且片面地评价了他。好在这些故事都结局圆满，最终达到了平衡，每个人都可以过上幸福的生活。

荣格曾经说过，每个人身上都应该同时具备男性原始意象和女性原始意象。这一点是无可非议的。然而，许多美德都是相互矛盾的。比如，你能在保持理性的同时，还让自己直觉敏锐吗？如何才能既坚定又温柔呢？的确，在神话传说和热映电影中，很少有角色一开始就能做到平衡，比如《亚瑟王传奇》中的巫师梅林、《指环王》中的甘道夫、《奥德赛》中的智慧女神雅典娜。有趣的是，他们都是形单影只的角色，不需要另一半，因为他们已经完整了。普通人很难平衡女性原始意象和男性原始意象，所以我们习惯于将女性原始意象投射到男性身上，或者把男性原始意象投射到女性身上。

　　而在单身话题上，故事总是提醒我们需要找一个伴侣来达到圆满和平衡。很多童话、神话和传说的结局都是婚礼，象征男女意象合一。故事还指出，落入单身陷阱的人可能会在某些方面出现问题。我们先从男性谈起。32 岁的马丁曾经是我的来访者，他的亲密关系总是无疾而终。当我们一起观察他的关系模式时，发现他总是喜欢那些需要被拯救的女人。马丁描述："她们的生活总是一团糟，有很多事情需要处理。我总能帮助她们把一切都整理好。虽然她们都充满感激，但我们的感情还是会越来越平淡，最后变成友情。"实际上，马丁虽然直觉灵敏、善解人意，却同情心泛滥，他身上表现出了明显的女性原始意象，并没有达到平衡。因此，在潜意识层面，女友们都觉得他没有达到男朋友的标准。28 岁的卢克也感觉恋爱太难了，他感叹道："分手后我才知道，男人不坏，女人不爱。"在咨询过程中，我很快就发现他是一个心思细腻的人，能够敏锐地觉察出约会对象想要什么。然而，卢克也一样同情心泛滥，常常急着讨好她们，以至于完全忽视了自己的需求。可卢克不以为然，在他眼里："我宁愿自己吃点亏，也要让对方高兴。"与女性来访者的工作经验告诉我，卢克的做法在一定程度上是管用的，但这会让女友无法了解真正的他。更糟糕的是，她们会认为这种行为过于女性化，没有吸引力。和马丁一样，卢克也有些太过接近自己的女性原始意象了。陷入这种困境的还包括那些与母亲关系过于亲密的男性，以及那些离婚后与女儿关系过于亲密的男性。这两类男性虽然都在某种程度上与女性原始特征达成了平衡，但这种平衡有些扭曲和黑暗，因此终究是不健康的。

我们再来看看女人。如果女人过于接近自己的女性原始意象，会发生什么呢？被女性原始意象控制的女人会过分体贴，同情心泛滥，对男人的需求很敏感，甚至会忍受虐待或不尊重的行为，以至于陷入不幸的婚姻。如果这些女性有力量、性格坚定、头脑理智（男性原始意象），她们就会反抗或者离开。相反，很多长时间单身的女性也因为太过接近男性原始意象而状态失衡。38 岁的凯伦给人的印象是高冷、脆弱，还有点自恋。在咨询中，她和我讲述了她和长途货车司机布莱恩的一段恋情。他们约会了 3 个月，却在布莱恩生日那天分手了。"他开长途车去欧洲送货，我已经一周没见过他了，我精心准备了生日晚餐，还配上了蜡烛，但当我在门口亲吻迎接他时，他却抓住了我的胸部。我很愤怒，因为我本来想和他共度一个美好的夜晚，可他似乎只想做爱。"在给布莱恩庆生这件事上，凯伦原本有一个浪漫美好却又略显刻板的计划：晚餐从草莓香槟酒开始，"我们先互相喂对方草莓，然后布莱恩在喝开胃酒时轻言细语地讲讲他的长途车旅行"。凯伦计划在吃主菜时聊聊她最近一周的见闻，在上甜品前为布莱恩送上礼物，最后他们再亲密地走进卧室。这种控制欲和纪律性，是典型的男性原始意象。凯伦当时确实感受到布莱恩有些饥渴难耐，如果她能和自己的女性原始意象有更多的接触，或许会考虑到布莱恩的愿望，毕竟今天是他的生日。她也会考虑得更加全面，因为布莱恩一整个星期都在路上，可能非常想念她。而实际上，凯伦却因为计划被毁掉而愤怒，开始和对方争执，结果布莱恩怒气冲冲地走了，连礼物都没拿。如果你也和凯伦一样，需要取得内心平衡。我在本章后面精心地为单身男女设计了小练习，帮助大家学会如何在女性原始意象和男性原始意象之间取得平衡。

我们在此处做个总结：为了能与他人和平共处，我们需要与他人合作。而这种合作有时会与个人需求之间产生矛盾，故事就恰恰呈现了这种矛盾。然而，我们生活的时代，过度发展的社会崇尚男性原始意象，而忽略了女性原始意象。许多现代故事仅仅是一种消遣，它们或是脱离了真正的意义，或是还没来得及给出恰当的启示，就突然结束了。与此同时，正如我们在第一章中所讨论的，社会资本体系的崩塌，以及人们对女性原始意象价值观的重视程度降低，导致了单身盛行。

然而，一切并非毫无希望。本书的这一部分内容，可以帮助你了解你是谁以及你需要什么。此外，它还会帮助你打开心灵，建立更好的亲密关系。而本书的最后几章可以帮助你了解如何找到合适的人。

总 结

- 在寻找伴侣之前，我们要先做一件重要的事：确定自己是否真的为迎接爱情做好了准备。

- 你对自己的了解决定了什么样的伴侣适合你，也决定了什么样的伴侣不适合你。

- 善待自己还有一个额外的好处：当你感觉良好时，你也会吸引那些状态很好的人。

- 故事和梦一样，都是通往我们潜意识的捷径。所以，了解自己的故事类型以及自己喜欢的故事类型，将帮助你了解自己的爱情剧本。

- 练习 -

和自己签订爱情合同

- 如果你现在时间仓促，可以晚点开始这项练习，因为这是一个需要慢慢来的练习。
- 也许你会在几天后再回来完善自己的答案。因此，我建议你随身携带一个笔记本，一旦脑子里有了新的想法，就马上记录下来。
- 不要拘泥于下面的数字，它们只是一个参考和指引，答案的质量比数量更重要。每项有一个好答案足矣，如果你能想出更多的答案，尤其是经验和教训，那也是相当不错的。如果你在后面两个问题下写出多项答案，请选择一个最重要的。这样，你就会有一个更清晰、更容易实现的目标。

一路走来，我都学到了什么：

1._____

2._____

3._____

4. 我想要做出的一个改变：

我需要什么：

1._____

2._____

3._____

我应该避免什么：

1._____

2._____

3._____

- 在回答"我想要做出的一个改变"这个问题时，试着
  找到具体且实际的目标，并用积极的语言描述它。例
  如"学会唱歌"，而不是"让自己高兴一点"，避免那些
  跟心态相关的抽象目标。如果你的目标听起来有些消极，
  那么请用积极的语言来描述它。例如，将"不要在深夜
  给前任打电话"变成"心情不好时给朋友们打电话"。

- 和你的众多需求相比，"一个改变"听起来似乎微不足道。
  然而，一个小小的改变可以带来很多积极的变化，这些
  变化将会为你带来幸福和美满的恋爱关系。

- 不要急于求成，总想去改变，因为与当下行为相反的做法

多少都会有些冒险。而且，这样做会让你身上的问题继续存在，并让你最终在同样的关系模式中扮演相反的角色。

以下是前文中提到的桑迪在咨询后写出的答案：

一路走来，我都学到了什么：

1. 我从未真正了解过我的父亲。

2. 我是个足智多谋的人。

3. 一旦得到支持，我可以克服很大的障碍。（她曾经因为酗酒来接受心理咨询。）

4. 我是个慷慨大方的人。

我想要做出的一个改变：

去同城的一个残疾儿童戏剧协会做志愿者。（志愿者工作是提升自尊水平的好方法。）

我需要什么：

坠入爱河之前要好好了解一个男人。

我应该避免什么：

1. 控制欲强的男人。

2. 崇拜我的人，会纵容我的所有行为。

爱情剧本

我们的社会向单身人士传递了非常矛盾的信息。一方面，舆论总是将独立和自给自足当作美德去大肆歌颂；另一方面，社会主流观念又反复强调成家立业的重要性，就连童话、神话和传说都以婚礼结束。甚至在"战胜怪兽"这样的情节中，主人公也会迎娶公主，以此强调他从男孩到男人的转变；因此，不要迫于舆论压力而强迫自己谈恋爱，这样会让自己委曲求全，而真正的爱情是心甘情愿地投入。

1 **确定自己的故事情节类型。**

有两种方法可以帮助你确定自己的故事情节。

首先，找出那些能与你产生共鸣的书籍、电影和故事。和大家分享一下我本人很感兴趣的文学艺术作品：安妮·普鲁的《真情快递》（"重生"情节：丧偶的鳏夫带着全家离开纽约，回到了祖先曾经生活的土地——遥远寒冷的纽芬兰岛），马克·哈登的《深夜小狗神秘事件》（"追求"情节：15岁的阿斯伯格男孩踏上寻找母亲的旅途）以及贾斯汀·卡特莱特的《幸福的承诺》（"重生"情节：女儿曾因盗窃艺术品入狱，在她出狱后，家人也从危机的阴影中渐渐走了出来）。作为一名治疗师，我一直觉得这种兴趣源于自己的职业习惯——我喜欢关注改变，更喜欢关注人们从改变中得到的领悟。然而，直到做了这个练习，我才知道原来我喜欢的故事主题竟然如此相似。你最喜欢什么类型的故事？这些故事向你呈现了怎样的自己？

其次，思考一下自己的生活，想象一下你要写一本自传。你会给这本自传取什么名字？在7个基本情节中，哪个情节会占主导地位？哪些重大事件会被收录在内？如果将这些事件编纂进一个章节里，你会如何命名这个章节？你甚至可以找几张纸，给自传列个提纲，将书名写在第一页，然后逐一写出每一章的标题。你想告诉自己什么样的故事？你想为自己写下什么样的故事？

2 理解这些故事在告诉你什么。

重温一下7个基本情节，看看它们会给你带来怎样的建议和启发，特别是当你的自传或其中的某一章节与某个故事情节高度相符时。

战胜怪兽

有一个最重要的问题摆在我们面前：你是否战胜了所有的怪兽？许多使用这一主题的影视作品中，通常是在终极怪兽登场之前先来几个小怪兽。例如在《金刚》中，女主角在骷髅岛上先是被几只恐龙追杀，随后才遇到最大的威胁——金刚，这个可以站在帝国大厦顶端俯视纽约的巨大怪兽。而在现实中，问题通常是接二连三地出现在我们面前，有时我们甚至需要通过破坏性的应对策略来为自己扫清障碍，才能与终极怪兽对决。凯特的经历很好地证明了这一点。37 岁的凯特曾经战胜了困扰自己很久的酗酒问题："我会做一些又蠢又傻的事，比如喝得酩酊大醉，睡在地铁里。等我被保安叫醒时，地铁都已经停运了，我不得不坐出租车回家。"后来，凯特参加了一个治疗项目，并取得了很大的进展。然而，一切并未如凯特期望的那样顺利，她解释道："戒酒后，我的进食问题卷土重来，我开始狂吃街角小店的廉价蛋糕。这个问题从我小时候就存在，那时的我会把卧室的墙纸撕下来放进嘴里吃。当我把这件事告诉上一任治疗师时，我忍不住哭了起来。"现在，凯特终于做好了准备，想要讨论儿时被哥哥虐待的事情。如果"战胜怪兽"是你的故事情节，请好好地庆祝自己的显赫战绩，并将那些被你杀死的怪兽当成战利品。与此同时，你还要脚踏实地地面对未来的挑战。

白手起家

这个情节的关键在于，主角总是等着有人（通常是王子或公主）能带他们突破困境，而不是想办法凭借自己的力量从阴影中走出来。在《闪电舞》这类励志电影中，女主人公（一名焊工，想要进入顶尖舞蹈学院）通过努力最终获得了认可，可剧本却淡化了女主角为了取得成功而投入的练习时间，而是着重于爱慕者动用人脉为她争取试镜机会的剧情。一些选秀节目，比如《英国达人》《流行偶像》等，也和"白手起家"的情节一样。然而，制作方从不会告诉观众获奖选手从5岁起就开始学唱歌，因为"素人"男孩或女孩的人设很容易引起观众的共鸣。或许这样做会打造出收视率很高的综艺节目，但会误导人们干等伯乐的出现，一夜成名。如果这是你最喜欢的情节，问问自己：为了让梦想成真，我能做些什么？我是否在不断地重复着旧模式——重复的工作、同样的朋友、去同样的地方，却一直期待着新鲜事的发生？我该如何改变？

远航归来

和朋友们互相吐槽约会故事时，你通常会遵循这个情节：你去了一个奇怪的世界，看到了奇怪的东西，但还是决定回家。虽然你可能从经历中有所领悟，但这些领悟通常还不算深刻。例如，和矮个子男人跳舞时不要穿高跟鞋。如果你的自传中或其中的几个章节看起来与这个情节很像，请不必担心，因为每个人都要经历少年时的懵懂，才能变为成熟的大人，秘诀就是把"远航归来"转变为"追求"，并从你的经历中领悟到一些宝贵的经验。

所以，请试着回想一下你的约会故事，尤其是曾经草率地评论过别人的故事。问问自己：这个故事让我看到了怎样的自己？例如，在与矮个子男人跳舞的故事中，我是否有些以貌取人，并且草率地做出了判断？另外，我是否会将别人的不良行为归咎于性格缺陷，而自己身上出现同样的行为时却总能找到合适的理由？例如，当别人大喊大叫时，他们是脾气暴躁；而当自己大喊大叫时，则是被激怒了或者心情不好。

追求

这是一个非常积极的情节。主人公有明确的目标，虽然一路上不断地遇到障碍和挫折，但依旧毫不犹豫地大胆追求。与"远航归来"不同，"追求"的主人公在探索过程中会学到一些重要的东西，读者或观众会觉得他们理应达到目标。如果你最喜欢的书和电影使用了这个情节，恭喜你！这表明你是一个积极向上的人。如果你的自传中有一个章节符合这个情节，那就回顾一下曾经帮助你实现目标的技能、品质和策略。问问自己该如何利用这些资源来寻找伴侣。

喜剧

好莱坞的电影特别擅长演绎皆大欢喜的剧本，以至于我们在电影刚开场时就能知道谁会爱上谁。我们感兴趣的是主角们如何克服障碍，最终走到一起。然而，很少有观众会停下来讨论这部电影是否运用了喜剧情节，可见这个情节在我们潜意识中是多么根深蒂固。那么，喜剧情节如何影响我们对爱情的理解呢？莎士比亚最受欢迎的喜剧之一《仲夏夜之梦》中的一句台词可以很好地回答这个问题："通向真爱的路从无坦途。"换言之，我们似乎对追爱路上出现坎坷这件事习以为常，且我们始终坚信"爱神能征服一切"。甚至认为爱上完全不合适的人也无所谓，因为爱情会化解问题、解决分歧，创造幸福美满的结局。更糟糕的是，我们甚至可以忍受恋人的粗鲁、辱骂甚至蔑视，因为爱情电影中的许多情侣都是从互相憎恨开始的。如果这是你最喜欢的情节，或者你之前的爱情故事都遵循了喜剧情节的开场，问问自己是不是对爱情的期望太高了？爱情也许有魔力，但它不能像变魔术一样解决问题。

悲剧

当我们借酒浇愁时，很容易变得多愁善感，并把自己看成悲剧的主人公。借用莎士比亚的悲剧主角李尔王的台词：我感觉自己"罪无可赦"。换言之，或许我们真的做错了什么，比如和已婚人士上床，但实际上我们也是严重错误的受害者，以至于整个世界都反对我们。虽然把自己当作剧中的主人公可以让我们在短期内好受一些，但它也会让我们不敢承认自己的错误，无法正视自己在痛苦中所扮演的角色，最终没能学到对未来有益的经验。所以，如果你的自传看起来很符合这个情节，你应该怎么做？在故事中，悲剧的主角要么最终死去，要么孤独终老，因为他们被自己的男性原始意象所控制，以至于无法看到其他人的观点。所以，请参考章节后面的练习，平衡自己的男性意象与女性意象。

在某些情况下，我发现那些有着悲剧自传的人很容易把自己看成反面角色。莫莉是一名 28 岁的单身母亲，有一个 12 岁的儿子。少女时期的她曾经帮父亲最好的朋友照看过孩子。"我和这个人一直都很亲近，他就像我的亲叔叔一样，我在学校里向他倾诉不愉快的经历，他很耐心地听我说。其他的事情你可以猜到了吧？当我爸爸发现的时候，他的心都碎了，我想向爸爸隐瞒怀孕的事实，我想我那时应该是不敢接受的。爸爸曾和这家伙一起在海军服役，可因为这件事情，爸爸和他绝交了，他们多年的友谊就这么毁了。这个男人的老婆最后也和他离婚了。我怎么能这么自私呢？"我不得不提醒莫莉她当时还未成年。于是，她慢慢地接受了事实，不再把所有的责任都归咎到自己身上。最后，她把剧情改成了"战胜怪兽"。莫莉的改变对你有启发吗？

重生

这是另一个积极的情节，因为它涉及一个人如何做出改变并驱散黑暗阴影。然而，与"白手起家"不同的是，重生的主角们都是通过自己的努力获得成功。如果你喜欢的书或电影中的情节，或者你认为你自传中的经历始终被黑暗所笼罩，你该如何利用这些教训来让自己重生呢？在重生的故事中，主人公常常很孤独。在《圣诞颂歌》中，史克鲁吉没有朋友，和自己的侄子也不亲近；《秘密花园》中的玛丽是一个孤儿，她被送到约克郡荒原上一座偏僻的豪宅里。审视一下自己的生活：为什么你是孤独的？我们能做些什么来改变这种情况呢？另一个贯穿重生的主线是用全新视角看待问题。对史克鲁吉来说，是三个精灵的来访为他开启了新视觉；对玛丽来说，是春天的到来让她拥有了新视觉。如何才能找到全新视角并重新审视生活呢？记住，你不是在寻找能够改变你生活的人，而是一个能为你提供改变动力的人。

重新平衡男性原始意象和女性原始意象

1 把眼光放长远。

- 当你遇到生活中的重要事件时，你会做出什么样的自然反应？可以试着从这里开始，看看这些反应倾向于男性原始意象还是女性原始意象。

- 如果倾向于男性原始意象，权衡一下以自我为中心的短期利益（例如，随心所欲）是否会影响自己与他人

之间的长期利益（例如，同事之间的长期合作）。如果
倾向于女性原始意象，审视一下自己是否经常把他人
放在第一位。从短期来看，这样做虽然可以带来一定
的好处（例如，自我感觉良好或保持平静），但长远来
看是否会带来不利（例如，别人会认为你的付出是理
所当然）？

2　为他人考虑。

这个建议只适用于那些更接近男性原始意象的人，如果你更
接近女性原始意象，请直接看第 3 点。

- 其他人的需求是什么？你的行为如何影响他们？

- 你生活的圈子总体情况如何？

- 如果每个人都像你一样，会有什么后果？

3　站在旁观者的角度审视自己。

- 如果某位关系亲近的朋友和家人平时很容易被你的行为
  影响，不妨将自己想象成这个人。

- 他们对你的行为有什么看法？

- 他们会有什么样的感受？

- 站在他们的角度时，你如何评价自己的行为？

4　今后，你会做出哪些与以往不同的事情？

- 站在全新的角度思考你想要做出哪些改变。

- 如果你在某件事上不知道该怎么办，可以尝试一下新方法。

- 这样做会帮助你体验到自己灵魂的另一面。

5　完成上述练习后，分析这些变化。

- 哪些变化让你感觉良好？

- 哪些变化让你感觉不适，你可以自己安抚这些不适吗？

- 你如何在这些改变的基础上筹划未来？

第一步：走出单身陷阱

七条重要的经验

1. 不要惩罚自己。在我们的社会里，主张个人至上的利己主义日益盛行，使得建立和维持人际关系变得更加困难。

2. 吸引力法则：你是什么样的人就会吸引什么样的人。让自己敞开心扉，对周围人坦诚相待，你会吸引具有同样优良品质的伴侣。

3. 原谅父母。虽然父母的生活决策和教养方式塑造了你的生活态度和人际关系，但父母身上的一切也是在成长过程中被他们的养育者所塑造的。

4. 拥抱你的感觉，并从中学习经验，而不是转移注意力或麻痹自己。许多关系问题起初都很简单，并不难解决，但视而不见或用走捷径的方式去处理往往会让它们升级成最棘手的关系问题。

5. 在开始下一段感情之前，先彻底解决上一段关系遗留的问题。否则，旧关系中尚未解决的问题会继续对下一段关系产生严重的影响。如果问题越积越多，关系也会陷入深深的绝望。

6. 爱情不是万灵药。文化、故事和媒体给我们灌输了太多不切实际的爱情神话，所以我们总是带着过高的期望去要求伴侣和自己。

7. 进一步保持平衡。物极必反，中庸才是王道。

第二步

找到
今生挚爱

Finding
Lasting Love

第六章

约

会

写这本书的目的自然是想帮大家用全新的眼光来看待自己，但我更愿意邀请大家和我一起思考自己从前是如何寻找爱情的。大多数人把寻找爱情和约会画上等号，但约会真的是找到终身伴侣的最佳方式吗？约会的主要目的是在短时间内尽可能多地结识更多的人，但这种方式不但仓促，还显得有些刻意。为了能让约会成功，人们会追求当下最流行的事物，比如黑暗餐厅（侍者会戴上夜视镜，只有在用餐结束时才会亮起灯）。这种用餐方式刚兴起时，人们都对它抱有极大的希望。就像节食减肥一样，很少有人会质疑节食到底是不是最好的减肥方式。同理，也很少会有人质疑约会到底是不是判断两个人是否合适的最好方式。与此同时，约会始终在我们的文化中占有一席之地，甚至让我们误以为这是邂逅爱情的唯一方式。然而，纵观历史我们不难发现：约会只是特定时间和特定环境下的产物。

- 约会的历史 -

20世纪20年代之前，一种名为"登门拜访"（calling）的社交方式风靡一时，颇受中上层社会欢迎。在那个年代，家里的女主人往往掌管着整个家庭的社交生活，她们会安排合适的时间接待访客，并将待客的一切事宜安排得妥帖周到。和约会一样，登门拜访也有一套复杂的程序，包括何时对拜访者发出邀请（提前两周或更短），会客时间多久，为客人提供什么茶点，席间安排哪些娱乐活动（通常是家里的女儿为客人演奏钢琴）等。在那个年代，即使是中下层的家庭也雇得起女佣，女佣会去应门，通知访客女主人是否在家。《妇女家庭杂志》是美国最受认可的女性杂志，它曾经以赞许的态度报道了一群工厂女工如何聚在一起，租下当地一位寡妇的会客厅，这样她们就有了一位安排会客的女主人，同时也拥有了认识异性的场合。

后来，下层社会和上层社会的生活方式发生分化，这种社交方式也随之发生变化。大多数工薪阶层家庭的居住条件单调而拥挤，所以热恋中的男女不得不跑到街上谈恋爱。在社会阶层的另一端，上层社会的女性也会跑到外面和男性约会，目的是反抗干涉自己谈恋爱的母亲。比如，在爱尔兰剧作家王尔德的讽刺喜剧《不可儿戏》中，布拉克内尔夫人就曾经告诫她的女儿："婚姻应该是父母之命，媒妁之言。"

和许多社会创新一样，"约会"一词也来自美国。美国人引领了这种新风尚，并且制定了许多规矩和流程。虽然登门拜访是私密的，男女双方可以在家里见面，但他们的一举一动都在家人的众目睽睽之下。而约会作为一种全新的恋爱方式，可以让恋人们尽情地在外面的世界享受甜蜜时光，并且不必在公开场合透露自己的姓名。因此，约会不仅改变了父母和孩子之间的权力的分配，也改变了女人和男人之间的权利分配。家庭领域属于女性，公共领域属于男性，所以男性向女性发出约会邀请，实际上是想邀请女性进入他的世界。在"登门拜访"中，女主人发出邀请后，客人才会前来，而在约会中，女性则需要等待对方的邀请。

1914 年，"约会"一词竟然出现在一向以保守著称的《女性家庭杂志》上，这是美国单身女性文化发生巨大变革的时期。而在 1907 年时，未婚女性还被警告不要在公共餐厅与男性一起用餐，就连亲戚都不可以，因为这会让她们被在场的陌生人视为名声不好的女性。到了 20 世纪 20 年代，马萨诸塞州常青藤盟校之一的拉德克利夫女子学院，允许女生在学校批准的餐厅与男生共进晚餐，即便如此，某些餐厅在晚上 7 点半之前就不再接待学生。

渐渐地，约会开始变成一种娱乐活动，年轻情侣可以出去逛街、消费购物，不必再像登门拜访那样，只是耗在一起消磨时间。新锐派年轻女性杂志的评论员也经常用犀利的文字批判和警告那些只想到女性家里闲逛的男人。然而，恋爱活动的重点变成了消费，这让买单的年轻男人得到了很大的权力。与此同时，汽车的兴起不仅方便了年轻人出行，也保护了他们的隐私，还进一步抵制了母亲对女儿恋爱的管控。

虽然我们曾经将约会视为一种融洽的邂逅异性的方式，但约会也曾经有过有两段颇具争议的历史。而这些被质疑的约会形式都尤其符合特定的历史背景和社会状况。第一种约会叫"竞争型约会"。20 世纪 20 年代是美国历史上的繁荣时期，对男性来说尤为如此，年轻男性更是把约会视为竞争。人类学家玛格丽特·米德在对美国大学的研究报告《男性与女性》（1949）中曾经提到"约会排名"一词：约会人数越多的人，在圈子里越受欢迎。交际舞是那时异性之间的主要社交方式，但邀请舞伴的规则十分复杂。舞会上互换舞伴的行为被戏称为"插队"，即当男性与女性共舞时，会有其他男性去轻拍他的肩膀，并带走他的舞伴，这样这名男性就可以去邀请其他舞伴继续跳舞。舞会上最大的恐惧是整晚都和同一个舞伴待在一起。如果一名男性没有遇到插队的人邀请他的舞伴，那他只有两个选择：将舞伴送回到她的朋友中间，或者继续和这位舞伴一直跳舞，因为他不能把舞伴丢在舞池一角独自离开。而对于女性来说，整个晚上只和一个舞伴跳舞会被视为极大的耻辱，以至于许多女性会假装头痛，并要求舞伴护送自己回家。贝丝·贝利在《从陌生到亲密》一书中曾经讲述了这样一个故事：一名年轻男子被一个不受欢迎的舞伴缠住了，于是他便在舞伴背后挥舞一张 1 美元的钞票，贿赂他的朋友们插队。那位年轻的女士很快就意识到发生了什么，于是展示了自己的刚烈性格，她告诉对方：只要增加到 5 美元，她就会自己回家。而在当年的拉德克利夫女子学院，有一群女孩子被称为"约会寡妇"，她们都对自己家乡的某一位男子心有所属。这些女孩子会在周六晚上聚会，把心仪男子的来信读给大家听，并炫耀自己的定情信物。这些女孩子有些确定了恋爱关系，有的则是处于暧昧阶段。确立恋爱关系的女孩子会表现出一种优越感，因为她们至少还有一个男人可以约会。在竞争型约会的文化下，无论男女，拥有多位约会对象就会被看作是成功的，并且还会被别人羡慕。因此在一些学校里，女生一旦知道自己的竞争对手今晚没有约会，她便可以拒绝男孩子的邀请，安心学习。最后，竞争型约会让约会本身变了味，这种约会不是为了谈恋爱，甚至也不是享受某个女孩或男孩的陪伴，而是向别人炫耀自己有很多约会对象。

第二种约会被称为"稳定型约会"。1929 年华尔街崩盘后，繁荣时期结束了，评论家们抱怨适婚男性的短缺。在他们看来，适婚男性指的是在经济上有足够的保障、有能力养家的男人。从前的虚假繁荣仿佛一种幻觉。家庭主妇们不得不努力生男孩。而引领年轻人潮流的高等学府，招男生的人数总是多于女生。第二次世界大战进一步凸显了稳定型约会的优势。年轻人几乎人人都崇尚一夫一妻制，即便是那些十几岁的青少年，很少有人愿意在结婚前谈太多次恋爱。在这之前，最受欢迎的年轻人或许会经历上百次不同的约会。但到了 20 世纪 50 年代，人们对约会的态度完全变了。威斯康星大学 1953 年的一项调查发现，36% 的人说，他们高中受欢迎的学生都有稳定的恋爱关系，33.4% 的人说，受欢迎的学生经常和同一个人约会，只有 8.7% 的人说，受欢迎的学生是感情不专一的人。

在稳定型约会盛行的年代，男生必须在"确立恋爱关系"的过程中每周打几次电话，并且定期约女友出去。至于男生多久打一次电话、哪天晚上出去约会，取决于当地的习惯。此外，确立恋爱关系还要有交换纪念戒指和定情信物等一系列复杂的仪式。稳定的恋爱关系带来的益处要远远大于"约会排名"，因为在经历了几周的拘谨相处后，男女双方都能渐渐放松，并且以情侣的身份出席特殊场合。然而，在如此稳定的恋爱关系中，那些错过了学校年度联谊会的学生们基本上就不要指望在这个学年里有约会了。而对于那些有约会对象的青年男女来说，虽然他们可以在没有约会时和同性朋友出去，但仍然需要告知恋爱对象。这种"保持稳定"的恋爱关系对于现代人来说也许会让人窒息。那时的年轻人对这种"择一人终老"的恋爱方式情有独钟，但他们的父母对这种新型的恋爱方式并不感兴趣。这些经历了"约会排名"的一辈人认为子女的情感经历太过单纯。如果年轻时与异性交往的经验如此有限，怎么能做出好的长期选择呢？然而，父母的反对往往还出于更深层的忧虑，他们更担心"狂热的一夫一妻观念"会鼓励情侣间亲吻、爱抚和更出格的行为。更有意思的是，他们认为频繁更换约会对象会让孩子没有时间进行亲密行为，这样就可以保证女儿的贞操——这与现在父母所担心的截然不同。

在特定的历史背景下看待约会是非常有必要的。首先，历史发展证明了没有哪个年代是适合恋爱的黄金时代，每种约会类型都有利有弊，即使时光倒流，我们也做不来他们那样。其次，历史推翻了生物社会学的刻板理论，不再认为男人和女人之间是征服与被征服的关系。事实上，婚恋这件事一直深受时代背景的影响。

- 英式约会 -

虽然大多数人认为青年文化始于第二次世界大战之后，但早在 1905 年这种新兴的文化便开始萌芽。《1945 年以来的英国青年》一书中，威廉·奥斯格比翔实地记录了一名 19 岁男青年的日常生活。这名半熟练青年工人在曼彻斯特一家铸铁厂工作，每周可以挣到 1 英镑。他把 12 先令交给父母，其余的用于购物、逛赌场和进音乐厅。然而，重工业的衰落和经济萧条让大多数英国年轻人几乎没有可支配收入。当然，与美国人不同的是，英国人的恋爱不会卷入太多的金钱和利益。

口述的历史可以让我们很好地了解祖父母甚至曾祖父母是如何相恋的。利兹市阿姆利镇的霍尔巷社区中心在 20 世纪 80 年代启动了一个项目：让年轻人向老年人询问 20 世纪早期的生活情况。在那些老年人口中，阿姆利从前是一个磨坊镇，食不果腹曾经是这里的生活常态。一位受访者讲道，那时的女孩需要心灵手巧才能给男孩留下深刻的印象："我们那时买不起漂亮的裙子。有一位女孩的母亲是裁缝，她把自己存下的一些边角布料分给我们。我们把这些料子缝在大衣的下摆上，做成假两件套裙，但我们绝对不敢脱大衣。"当年，阿姆利的单身年轻人经常在一座小山的山顶上聚会，老人们戏谑地将其称为"兔子长跑"："如果你想和一个女孩搭讪，就要翻山越岭地走到那里。你需要翻过小山，到达山的另一边；转个弯，再翻过一座小山，继续爬另一座……只有这一条路通向那里。"另一位老人是介绍了当年单身男女的交往方式："我们从不吹口哨、说脏话或打架。你可以在街上闲逛，向姑娘们眉目传情，和她们交朋友，然后邀请她们去舞会。"另一位受访者说："有些女孩可能会很执着地倒追男孩，有一次我只是在外面闲逛，沿着镇上的街道走到酒吧，在里面喝了一杯。随后，我就被一个姑娘缠上了，所有人都知道我有女朋友了。我费了好大的功夫，才摆脱了那个姑娘。"第四个受访者将"兔子长跑"解释为"闲逛""交往""问好"。尽管各地的习俗和说法略有不同，但这就是英式求爱的精髓。

与美国不同的是，英国政府认为社会有必要对年轻人进行监督，因此赞助了很多青年俱乐部。这些俱乐部是非官方的，并不是童子军或社会组织，他们没有制服，也无须签署效忠声明。全国女子俱乐部协会成立于 1911 年，全国男子俱乐部协会成立于 1925 年。这种严格的性别限制并没有持续很久，甚至从一开始，俱乐部就定期举办联谊活动，会员可以邀请异性参加，这样他们就不必再进行"街头恋爱"。1944 年，全国女子俱乐部协会在其名下增加了"单身男女俱乐部"，并在 1961 年更名为"全国青年俱乐部协会"。依照今天的标准看，那时的会员费简直就是最低价，会员只需要支付运动器材和音响的费用即可。在普通的社交场合中，男孩们只能在一旁观看女孩跳舞，但青年俱乐部能够让男孩女孩们有机会在轻松、安全的氛围中邂逅心仪的异性。俱乐部的人数规模恰恰可以证明其社会影响力。1969 年的政府统计数据显示，在 20 岁左右的年轻人中，69% 的男性和 71% 的女性是（或曾经是）俱乐部的会员。

20 世纪五六十年代，年轻人公认的浪漫约会地点是海边的大游船、歌舞厅以及电影院，但这些场合通常适合已经确立恋爱关系的情侣。即使在 20 世纪 70 年代，来自美国的舶来品——约会，也没有真正被英国社会所接受，英国的男性还不习惯约女性出去或者花钱买单。年近四旬的克里斯蒂娜说："我在少女时期就遇到了我前夫托尼。我们当时都 17 岁，在同一个小团体里。一天晚上，我们在车站等候回家的公交车。闺密和她男朋友吵了起来，随后就不知道跑到哪里去了。我稀里糊涂地开始和托尼在车站接吻。爱情突如其来，但真的很美好。然后，我们手拉着手坐在一起，微笑地看着对方。我们没有说话，但我们知道过不了多久大家就会再见面。很快，朋友们相约星期六去游泳。接二连三的活动和聚会让我们成了男女朋友。后来，小团体里的朋友也因为长大成人各奔东西，而我和托尼也离婚了。从那时起，我发现约会似乎是一件很尴尬的事。我以为自己出了什么问题，但后来我意识到，我以前从来没有约会过。"克里斯蒂娜最要好的朋友也认为，在她们年轻的时候，"约会"似乎是相当另类的洋玩意："我好像只在美剧里看过约会是什么样子，男士一边抽着烟斗，一边和女孩的父亲闲聊，而他的女友正在楼上梳洗打扮。见面后，他会送给她一束美丽的鲜花。卢顿城里可从来没有发生过这样的事情。"事实上，直到 20 世纪 80 年代消费者革命兴起时，约会才真正发展起来。有线电视和卫星电视的发展是揭开约会神秘面纱的关键。电视台一天 24 小时不间断地播放美国的综艺节目、电视剧和电影，人们不仅知道了何为约会，还看到了不少不可思议的约会桥段：在舞会上被约会对象晾在一边的耻辱、挤破头去当"返校日皇后"，以及炫富一般的消费。

– 为什么约会令人沮丧 –

人们一直把"以结婚为目的的恋爱"视为约会的出发点，尽管这是 20 世纪 50 年代美国人的婚恋观。事实上，许多保守的观点都被收录进大受追捧的现代约会指南——《戒律》中。作者埃伦·费恩和雪莉·施奈德提出了许多关于约会的规则和流程，比如，不要主动和男士说话或请他跳舞；约会时不要 AA 制；凡事让男士做决定。不幸的是，对于那些可以成为跨国公司总裁、独自环游世界或在战场上可以与男人并肩作战的大女人们来说，这些扭扭捏捏的规则与她们的价值观格格不入。因此，蕾切尔·格林沃尔德在《哈佛商学院恋爱宝典：35 岁再嫁人》一书中给女性提出建议：女人不但可以尝试去改变老套的约会方式，还可以把自己看作产品，精心包装后再推销出去。只可惜我们所生活的世界不允许女人对爱情太主动，这一点让人很无奈。因此，女人要么被动地等待男人邀请，要么欲擒故纵地诱导男人上钩。

与此同时，下决心生育孩子的恋爱年龄从 20 岁推迟到 25 岁之后甚至更晚，也进一步固化了"以结婚为目的的恋爱"的观念。乔安娜今年 30 岁，在出版业工作。二十几岁时，乔安娜有过一个交往多年的男朋友。"每当回忆起从前的日子，我都会感叹曾经的我们为何如此认真。我经常想，如果我们那时结婚，生活会变成什么样子。在错的时间遇见对的人，是一生的叹息。我们还没来得及许下诺言，就匆匆忙忙地各奔东西了。"和 20 世纪 50 年代美国的青少年一样，乔安娜和前男友很认真地为了结婚而谈恋爱，尽管他们那时在经济上和情感上都没有为婚姻做好准备。

还有一点需要强调的是，现代约会正在变得极度分裂：在"以结婚为目的的恋爱"中加入了"约会排名"，并且双管齐下。人们想要尽可能多地与不同的异性约会，就像"约会排名"一样，而这种做法一直很有吸引力。28 岁的系统经理多米尼克说："我喜欢男人们围着我转，这让我感觉自己很有魅力。即使约会很糟糕，我也能发现一些好玩的事情，并讲给我的同事听。其实，有时我觉得自己更喜欢向别人炫耀自己有许多约会，并非真的想要约会。"难怪现在的人对约会都感到很迷惘，因为它让人陷入一个进退两难的矛盾处境。

此外，还有两种更深层次的变化趋势也让约会变得更加不稳定。第一个趋势是我们认为自己没有那么多时间去仔细了解一个人。我们总觉得没那么多时间犹豫，因此想要马上做出决定，哪怕对方是刚见面的相亲对象或者派对上的陌生人。然而，我们不可能在短时间内判断对方的脾气秉性是否与自己合得来，也无法判断对方是否与自己情投意合，所以我们总是依赖于社会、朋友和媒体所看重的东西：年轻、颜值高、多金、有社会地位等。更糟糕的是，这些标准越来越苛刻；人们对"优秀"的定义也越来越严格。我们很难依照自己的审美标准发自内心地欣赏一个人，而是被普遍想法左右，从而看不到别人的内在价值。

第二个趋势是生活越来越富裕。半个世纪前，大多数人只会与附近的人结婚，择偶的地域范围受限于他们的活动与社交范围，许多农村地区的人选择范围更小。后来，汽车的普及扩大了人们的择偶范围，但父母那一辈人可能依旧会与同城或临近城市的人结婚，这个范围比从前大了许多，但仍然可控。现在互联网的发展和廉价航空公司的兴起，意味着我们有机会遇见数百万名潜在的伴侣，而生活的富足不仅让我们更难做出选择，还让我们感觉自己根本没理由单身。

－ 约会成功 ≠ 成为恋人 －

20 世纪 80 年代，加拿大安大略大学的学者深入研究了爱和喜欢之间的区别。项目小组成员塞利格曼、法齐奥和赞纳认为：我们会对潜在伴侣的不同品质——外在品质与内在品质做出反应。外在品质是能为他人做什么，与个性即内在品质无关。比如在《傲慢与偏见》中，简曾经询问伊丽莎白是何时爱上达西的。面对这个问题，伊丽莎白总结了一个外在的特质："在潘伯雷庄园第一次看见他惊为天人的容貌时，我就无法自拔地爱上了他。"事实上，伊丽莎白是在戏弄她的姐姐，因为她更看重的是达西的内在品质——性格，伊丽莎白喜欢达西对朋友的忠诚、慷慨大度，以及有良好的判断力。在研究中，塞利格曼、法齐奥和赞纳让约会时间少于 12 个月（平均为 6 个月）的学生情侣将一些语句补充完整，并以此对内在品质和外在品质进行了区分。比如，"我和我的女／男朋友在一起是因为……"，这句话引出了内在的特质；而"我花时间和我的女／男朋友在一起是为了……"则是引出了外在的特质。我们都知道，虽然我们很难确定自己和对方是否相爱，但当从欣赏外表变成欣赏内在时，我们似乎就已经坠入爱河了。也就是说，外在品质让我们喜欢一个人，内在品质让我们爱上一个人。我们或许会对那个让我们搭便车去上班的同事暗生情愫，但我们深爱的人始终是陪伴在我们身边的恋人或伴侣，即使当他卧病在床，不能为我们做任何事情时。

让安大略大学的研究团队感兴趣的是，如果让一个人意识到恋爱关系的外在品质，那么恋人之间就会产生更多的爱情。因此，他们将学生随机分为两组，一组在完成句子补充后就可以离开；而另一组则留下来详细讨论外在品质对恋情有哪些裨益。第二天，研究人员对这两组学生进行了一项测试，衡量他们对恋爱对象的喜欢程度和爱的程度。在第三次测试中，讨论过外在品质的学生在"喜欢"量表上得分较高，而"爱"量表上得分较低，并且他们都不太愿意将自己的恋爱对象视为潜在的长期伴侣。换言之，人们越是强调一段关系的实用性和社会性优势，就越难坠入爱河。不幸的是，约会往往就是在引导人们过于重视这些肤浅的外在品质。38岁的特雷莎说："从理论上讲，他绝对是个好老公的人选。他有一份体面的工作，还带我去很高级的餐厅。我父母对这个未来女婿相当满意，我也很喜欢他的陪伴，我不停地告诉自己要赶快嫁出去。闺密认为我应该展示出最好的一面，因为这个男人好到让她羡慕。就这样，我们的关系维持了6个月，我越来越发现我是在勉为其难地和他相处。最终，我还是提出了分手。"

在童话故事中，王子和公主为了找到与自己真心相爱的人，会进行伪装。他们希望对方爱上的是真实的自己，而不是城堡和财富。童话之所以能够世代流传，是因为它告诉了我们一些重要的道理。在王子和公主的爱情故事中，我们看到：每个人都希望有个人一直爱着内在的自己，否则，当更富有、更美丽的人出现时，那些建立在外在品质之上的爱情会遭遇什么呢？一般来说，我们会羡慕童话中那些拥有美德（内在品质）的普通人，他们并不知道自己爱上了拥有皇家血统的贵族，反而因为不慕权贵而获得了回报。然而，社会的富足和文化的繁盛早已把我们从青蛙变成了王子和公主，所以我们会偏执地认为别人对我们另有所图。安大略大学的研究小组发现，人们给予对方的潜在回报越多，就会越怀疑对方的动机，也越难判断自己是否真的坠入了爱河。

此外，过分注重外在品质会让人顶着巨大的压力约会。首先，我们会担心对方是否接受自己，还要思考去哪里约会、彼此是否合得来、会不会再有第二次约会等。当人们紧张或感觉自己被人品头论足时，会表现出一些特性，甚至开始敷衍了事。32岁的布莱恩是一名环保工作者，他这样描述自己结婚前的约会："我的朋友们总是说，最好的相处方式是保持情绪愉快和聊得来，这与我的性格恰恰相反，刻意在约会时侃侃而谈，让我感觉自己像个傻瓜一样。在经历了几次尴尬的约会后，我觉得哪怕是悲剧收场，也好过荒唐的闹剧，于是不再装模作样了。"你一定以为布莱恩至今还在打光棍，可事实上，他已经结婚3年了。有些人为了给约会对象留下深刻印象，会刻意撒谎或隐瞒一些关键信息。在约会对象面前粉饰自己已经变成了一种普遍现象，以至于许多人在第一次约会之前，还会在网上搜索对方的背景信息。

与布莱恩形成鲜明对比的是刚刚失恋的菲奥娜。尽管这段恋情很糟糕，但她还是苦苦维持了4个月，心力交瘁的她开始接受心理咨询。"他骗我说他是一名律师，可事实上，他只是房产大厅过户窗口的办事员。我一直很怀疑他，直到有一天晚上我在他的住处过夜，在他的柜子上发现了一张催款单，这才知道他欠了几千英镑的债。"然而，随着咨询的继续，菲奥娜承认她也在关系中有所隐瞒。"我没有告诉他，我的前男友一直在跟踪并威胁我，如果他知道这件事，估计我们早就分手了。"许多恋情在一开始就注定了结局。由于担心被拒绝，所以我们用欺骗来保护自己，有时甚至会刻意去立一个更聪明、更优秀的人设。一旦这样，我们就很难再与对方彼此坦诚相待，甚至在以后的相处中，也要遮遮掩掩。然而，对于维持和经营一段稳定亲密关系这件事，坦诚相待恰恰是非常重要的。

最后，我们再来看看正式约会有哪些特点。在正式约会前，人们会提前几天甚至几周订好见面的时间，并且会在精心准备后去赴约。在此期间，我们可能会对约会对象充满期待和想象。45岁的玛丽亚说："虽然我不太相信命中注定这件事，但我会想象和他一起度假的情景，还会琢磨他喜欢什么圣诞礼物……老实说，我心中确实有一个完美男人的形象：年纪稍长我几岁，妻子可能早已去世。孩子们已经长大成人，能够很融洽地接纳我，也不需要太多的照料。我们就可以在伦敦享受午餐，或者一起学习骑马。"尽管玛丽亚很有自知之明地笑了起来，但在约会之前，她还是不停地在脑海中编织着幻想。"我终于盼到了约会那天，可这次约会让我失望至极，他的身高比我想象中矮了一些。约会时，他没完没了地讲捷豹汽车鉴赏协会的事情，我们什么都没聊。"也许是她的约会对象太紧张，所以没有注意到玛丽亚对汽车不感兴趣，或者他本身就是个不讨人喜欢的人。其实，玛丽亚完全可以通过第二次约会了解更多情况，但她说："刚见完面，我就已经彻底死心，不抱什么希望了。"

- 完美伴侣 -

现代文化总是刻意倡导人们重视关系带来的好处，从某种程度上讲，我们把这些愿望毫无保留地表达出来，也许很快就能找到完美伴侣，从此过上幸福生活。30 岁的莉迪亚有一个年幼的孩子，但她对那些追求她的男人不再抱有任何幻想："他们在某种程度上都是失败者，虽然表面看起来还不错，但他们酗酒、吸毒或者穷困潦倒。实际上，他们连自己都无法照顾好。"莉迪亚决心不再犯同样的错误，她在愿望清单中列出自己对完美男人的要求，括号里是她对要求的详细解释：

- 年龄在 38～48 岁之间。（理想情况下，他最好比我大 4 岁。）

- 别太传统保守。（我孩子的父亲从小没经历过什么挫折，所以我们根本无法真正了解彼此。）

- 曾经有过坎坷的经历，但是现在一切都步入正轨。（我很容易感到无聊，"平淡"的关系会让我感觉压抑和窒息。）

- 去过许多地方旅行。

- 读过吉姆·道奇的《石头结界》。（如果你不喜欢这本嬉皮士风格的魔幻现实主义小说，还是别来做我男朋友了。）

- 有创造力。

- 了解电影《奇异小子》。（你不必看过这部电影，但这是另一种考验。不然我怎么知道你能应对我暗黑的一面呢？）

- 可以没有宗教信仰，但必须有精神信仰。

- 有个漂亮的文身。

- 占有欲不要太强。

一开始，我以为莉迪亚在开玩笑，但后来发现她的确是认真的，而且，她建议我把她的电子邮件地址也写进我的书里，万一有人符合上述所有标准，就可以直接联系她！我问她这些标准中有没有哪条是可以稍作让步的。"也许是文身，我能容忍他的文身不漂亮，但不能没有文身，因为我和没有文身的人不是一路人。"莉迪亚的标准已经从很多方面展示了自己，于是我开始怀疑她是不是把自己投射到这个完美伴侣的身上了。如果莉迪亚眼中的完美男人真的存在，那他简直就和她的孪生兄弟一样！他们俩可以没有障碍地和睦相处，听起来的确不错。但现实情况又如何呢？作为一名从业 30 年的婚姻治疗师，我发现关系双方无论是太过相似还是迥然不同，结果都是一样糟糕。这些双胞胎夫妇就像兄弟姐妹或好朋友一样，所有的激情都会慢慢消失殆尽。实际上，我们需要差异来保持亲密关系的活力，让关系更有趣并不断发展。伴侣之间的差异就像牡蛎壳里的沙砾，它可能会给牡蛎带来烦恼，但它也会让牡蛎生出璀璨动人的珍珠。所以，我一直怀疑完美的伴侣是否真的能带来幸福。也许在我们期盼和需求之间存在着一定的差异。

马萨诸塞州布兰迪斯大学哲学和女性研究领域的退休教授琳达·赫舍姆更加深入地阐述了上述观点。在许多女人的愿望清单上，最常见的一项就是要有一个多金的丈夫。然而，赫舍姆教授在研究了《纽约时报》的新婚夫妇专栏后，认为成功的女人应该嫁给以家庭为重的居家型男人。新婚专栏曾经追踪报道过一群职场丽人，在1996年她们从事着医生、律师、华尔街的高管等光鲜职业。但10年后，她们中的有些人事业发展得并不如意，有些人则是为了照顾家庭而告别了职场。赫舍姆教授得出结论：这些女性都嫁给了地位高于自己的人，因为挣钱少的一方需要牺牲自己的事业来照顾孩子。她给女强人们的建议是嫁给文艺青年，因为他们很有情调、有激情，与呆板沉闷的职场形成鲜明对比，最重要的是，他没有底气强迫你在家看孩子，因为他的收入不够养家，你不赚钱养家就无法生活。此外，他很可能是个自由职业者，可以灵活地安排工作，以便照顾孩子，而你仍然可以全身心地投入事业。赫舍姆的观点虽颇具争议，但它在一定程度上说明遵循"愿望清单"并不是选择伴侣的最佳方式。

- 网络约会 -

互联网已经彻底改变了人们的联络和交友方式。虽然大多数从小就接触网络的年轻人仍然通过朋友、酒吧、派对等传统的方式来寻找恋爱对象，但40岁以上的人群已经攻占了婚恋网站。原因有二：第一，他们的同龄人都已成家立业，社交圈子大多是夫妻和情侣，这让他们难以融入。第二，他们一般都急切地想要步入婚姻，而婚恋网站会员众多，并以速配作为卖点，符合他们的要求。然而，以这种方式寻找灵魂伴侣很可能会让人心灰意冷。艾琳是一位离异的女士，她说："在使用婚恋网站时，你必须保持十二分的警醒。网上有很多骗子，甚至还有已婚男人和有怪癖的人。我发现网站上很多男人都在撒谎，他们故意把自己说的年轻了几岁，或者虚报身高。"那些在网上寻找约会对象的人都经历过有趣或可怕的事情。痴男怨女的故事屡见不鲜，但很少有结局圆满的。艾琳抱怨道："我认为城市童话已经有了新的剧本：一对男女在网上浪漫邂逅，然后结婚生子。因此，每当有朋友在网上找到约会对象时，我就会询问是哪家网站，并且询问他们我是否可以和她一起与约会对象见面，帮她参谋一下。虽然她们都抱着很高的期望，但最后还是'见光死'了。真的有人能在网上找到终身伴侣吗？"

我可以向大家保证，这些幸运的人确实存在。我在多伦多一个朋友的家里就遇到了这样一对夫妇。共进晚餐时，我详细了解了他们的恋爱秘诀。那么，他们的做法和其他人有什么不同呢？首先，他们都是网络相亲的"新手"，而且只在网上待了几周。互换联系方式时，甚至连照片都没有上传。这种新鲜感让他们对彼此充满了想象和期待，而没有武断地拒绝对方。其次，刘易斯并不在乎长相和年龄，他对伊莎贝拉资料中"喜欢的书籍和电影"一栏更感兴趣："很少有人在网上写出自己喜欢看哪些书，也有只是把《达·芬奇密码》一类的畅销书拿来敷衍了事。"最后，在见面之前，他们花了数周时间发信息长谈。"一条信息最多只能发送 2000 个单词。我比谁都清楚这一点，因为我们经常觉得这点字数不够用。"后来，伊莎贝拉终于发了一张照片，因为她和刘易斯已经无话不谈。伊莎贝拉解释道："我唯一的近照是专业摄影师拍的。我是个歌剧演员，那张照片上的我妆容精致、发型完美，在柔光灯下明媚动人。这张照片非常适合放在简历上或者音乐会的节目单上。可我在现实生活中看起来并不是那样。于是，我告诉路易斯可以给他发张照片，但他最好不要抱太大希望。"后来，伊莎贝拉和刘易斯成功地见面了，没有网络约会中的虚情假意、游戏态度和善意谎言。

然而，网络相亲的最大优点恰恰也是最大的问题：人数多得让人眼花缭乱。面对大量的会员资料，你需要想办法快速缩小搜索范围。女会员常常抱怨男人总想跟比自己年龄小的对象约会。

艾琳就遇到过这样的窘境："如果我认同这个想法，我就要和50岁以上的男人约会，但我想遇到和我年龄相仿的男性。"男会员则是抱怨女人只喜欢高个子的男人。36岁的本说："我的身高只有167cm。即便是身高在150～160cm的女性，也想找个身高至少172cm的男人。"虽然大家都说自己不会看重外貌和年龄这些浮于表面的东西，可很少有人能绕过外表直接去了解有趣的灵魂，这样做很可能会错过合适的人选。我就见过这样的例子。内森和简已经结婚10年了，他们经常取笑对方的品位。简说："他总是读那些砖块大小的书，每一页都充斥着暴力和死亡。他还抱怨我读的书很无聊，说我读的书看起来很有获得诺贝尔文学奖的潜质，但内容十分空洞。我也无法欣赏他喜欢的音乐，都是些20世纪70年代的前卫摇滚，老得就像灭绝了几百万年的恐龙。可当他发现我在厨房跟着收音机里的流行音乐跳舞时，就像逮到了复仇机会一样，拼命地贬低我的音乐品味。然而，我和他之间有一个很重要的共同点，我们会为同样的事情欢笑或哭泣，这件事很难从几封邮件中看出来。"简有一个观点，她认为：尽管缩小搜索范围可能会让你少收到些站内消息，但在找到符合标准的伴侣之前，这种做法只是从现实层面帮你过滤了一些不符合基本情况的信息，让你不再为某些无关紧要的人花费心思。

即使你事先打过电话或者视频聊天，然后再去酒吧或咖啡店见面，你们的见面过程依旧可能会失败，因为约会对象不仅要努力确定你和他是否合得来，还会把你与他的所有潜在约会对象进行比较。47岁的苏珊早在年轻时就使用过报纸杂志的征婚专栏，而离婚后的她现在也开始慢慢接受网络约会了。"我总是觉得自己是在试镜而不是约会，我应该跳着踢踏舞过去，而我的约会对象手里拿着一张计分卡，对我的个性、外貌、表现逐一打分。"在几十年前，即使是在最受欢迎的报纸杂志上征婚，你也只能收到几封信而已，可现在的网络征婚给人们带来了无限多的可能。有时我在想，在大喊"下一个"之前，大家是否再给彼此一个机会。

网上的注册会员众多，这给相亲带来了新的变化——每个注册会员都可能同时和几个人相处。苏珊说："我已经可以接受这样的事情了。你可以在网上和别人关系暧昧，也可以找个人聊得火热，甚至可以多约几个人出来'见面'。既然你不想和他们断了联系，因此不必把这些事告诉别的男人，但是他们多少会对你的情感状态有些好奇。可无论怎样，他们可能也会做类似的事情。谁都希望自己能有一段认真的感情，并且做好准备和对方说'我们不要再跟别人约会了'。我总觉得这听起来更像美国人做的事，但好像也找不出更好的表达方式了。"

科技发展的另一个好处是能够收集大量数据并且对其进行排名，但从另一方面看，这也许是一种诅咒。一些约会网站开发了打分功能，让用户给自己心仪的会员打分，并且还可以为会员创建联系人功能，让会员能够将自己心仪的对象添加为好友。即使没有这样的功能，婚恋网站也可以让人们衡量自己的受欢迎程度，并且每天登录网站时都能看见。"没有什么比发现收件箱里塞满了邮件更让人沾沾自喜了，"艾琳解释道，"这简直让人自恋爆棚，尤其是忙碌了一天回到家后。"不幸的是，人们开始过度包装自己并以此来提高曝光度，包括剃掉胡子减龄、虚报身高、过度美化照片等。42岁的梅根说："有些事情必须在第一次约会时就和对方交代清楚，比如你的个人资料里有多少不真实的信息。"然而，当遇到合适的人并开始约会，又该怎么办呢？梅根之前的选择是继续自欺欺人，也因此总是让自己在不停地圆谎中疲于应对。"有一次，我不小心提起了40岁生日派对上发生的事情，当意识到自己说错话时，一切似乎为时已晚。所以，我只能用另一个的谎言结束了这个话题。这是我们第一次见面，无论怎样都是很尴尬的。"

网络约会还有另一个问题：它会消耗大量的时间。苏珊说："你必须注意时间，否则就会整晚泡在这些网站上。一开始，我只是想看看有没有人给我发消息，可一不小心就在电脑前坐了好几个小时。上网有时会让人上瘾，所以我需要限制时间。"然而，每当她解决了工作上的难题时，就会花上几个小时和网上的暧昧对象聊天互动，以此"奖励"自己。"有时候，我真的可以在网上找到一些小惊喜，比如，一个你很喜欢的人关注了你，或者见面后不抱希望的潜在约会对象突然给你发消息。尽管没有人听你分享这些小惊喜，但它们足以让你兴奋一个下午。然而，当我意识到自己'认识'了很多男人，却对他们一点儿都不了解时，我决定离线一段时间。在刚开始的几天里，我感到非常紧张，生怕错过真命天子发来的信息，但我还是努力放松心情。我惊讶地发现自己的内心竟然可以如此平静，我终于又能专注于工作和朋友了。"有一件很重要的事需要注意：网络约会也许可以让你的情绪在短时间内迅速改善，就像酒精、咖啡因或巧克力和其他物质一样，但前提是要适度。如果太过沉迷于网络约会，同样也会出现问题。如果你担心自己对于网络约会无法自拔，可以关注本章后面的练习部分。

- 两性之争 -

约会向来都是男人之间的竞争，胜利者可以赢得最漂亮的女人的青睐。而女人之间也会竞争，因为她们想让受欢迎的男人同样倾心于自己。人们原本希望性别平等能让男人和女人更好地理解对方，并且能够彼此坦诚相待。然而，两性之间的关系并没有因此变得更好，反而越发糟糕。比如，许多书籍开始教男性使用所谓的约会技巧。可在过去，这些建议都是帮助女性去寻找男友的。因为男人以前可以公开对女人展开热烈的追求，而女性在追求男性时，既要含情脉脉，又要不露声色。所以，女性追求男性要困难得多，因此女性在恋爱方面需要更多的帮助。而现今男人们也开始暗中使用计策。畅销书《游戏》中就为男人提供了许多用于吸引女性的花招。在采访中，作者尼尔·斯特劳斯还在拼命为这种诡计多端的行为辩解。他抱怨男人之所以使用计策，是因为女人在约会中高高在上。有趣的是，一些女性作家也认为男人在关系中掌握着主动权。作为一名婚姻咨询师，我很好奇为何男人和女人都觉得对方掌控着一切，尤其是那些处于危机中的夫妻。丈夫和妻子都在咨询中不停地抱怨对方控制欲强，他们只能逆来顺受。而我的工作恰恰就是化解这种针锋相对的僵局，帮助双方了解各自的优势和不足，改善沟通方式，并且学会合作。同样的方法也适用于谈恋爱，但首先我们要重新审视自己，并找到另一种压力更小、评判更少的方式来与对方相知、相识。这样做不仅能让我们在对方面前表现得坦诚、不做作，更重要的是，它可以帮助我们做出更好的选择。

总　结

· 约会是在特定年代和特定环境下的产物，在今天看来，它未必是邂逅恋爱对象的最佳方式。

- 压力会让我们做出与自己性格不符的行为，我们有时会编造一些善意的谎言，而且为了让自己看起来更有吸引力，我们有时还会沉迷于各种花招。
- 约会中的花招和计策并不能帮助我们建立稳定的亲密关系。
- 约会容易促使人们匆忙地做出价值判断和选择。在网络中，这个过程变得更加仓促，随之而来的问题也更加明显。
- "两性"之争让我们更难找到真爱。

- 练习 -

审视你的择偶标准

接下来的练习很考验一个人的诚信度。然而，如果你可以袒露内心真实的想法，就能以一种全新的方式来寻找爱情。

1 **列出你的标准。**

- 你对伴侣有哪些要求？把每一个要求写下来，尽可能详细具体。例如，不要只写"年龄相仿"或"比我年轻"，而要将你可以接受的年龄范围精确地写下来。

- 这里有一些小提示可以帮到你。身高多少？发型什么样？身材如何？体重多少？肌肉发达吗？从事什么职业？薪水多少？有哪些兴趣爱好？居住条件如何？有哪些经历？社会地位如何？家庭状况如何？你家人有哪些意见或要求？

- 接下来，思考一下你从前为什么拒绝了那些追求你的人。比如，因为对方戴了一块廉价手表，或者对方个性不够开朗。坦诚地面对你内心的偏见。再看看你从不和哪种类型的人约会。

- 如果与有着相似品味和性格的人约会让你感到局促不安，可以试着回想一下曾经的恋情和糟糕经历。有些事情在别人看来可能微不足道，可一旦你坦诚面对，便会发现恰恰是这些问题让你狼狈不堪。当我指导 32 岁的康纳做这个练习时，他坦诚地对我说："我总是想要弄清对方都收藏了哪些 CD 或唱片，尤其和一个不懂音乐的女孩约会之后。她家里只有一些非主流艺人创作的曲风另类的专辑，甚至还买了他们的写真相册，这让我非常怀疑她的审美和品味。更糟糕的是，我们会因为开长途车时听什么音乐而吵得面红耳赤。"另一位来访者菲比的经历听起来让人更加心情沉重。菲比说前男友是个恶霸："他虽然从来没有攻击过我，但我感觉如果一切不能如他所愿，他可能就会这么做。所以，粗野的大块头男人会让我紧张，尤其是那些嗓门很大的男人。"

- 还有什么要补充的吗？把它们写在你的愿望清单上，即便有些想法会让你显得有些肤浅。

2 调整标准。

- 把你写下的标准从头再看一遍，好好研究一下，看看找到满足你所有标准的人的可能性有多大？当你说："我从来没有遇到适合自己的男人"或者"我从来没有遇到一个像样的女人"时，你真的想表达"我从来没有遇到过任何符合我所有条件的人"吗？

- 仔细想想，某些标准看起来是否有些过于苛刻？如果是这样的话，把它们从你的愿望清单上划掉。

- 接下来，回想一下之前的恋情：你曾经遇到过困难吗？你是如何克服这些困难的？例如，菲比不喜欢别人在她的公寓里抽烟，并且拒绝和抽烟的人约会。然而，她在工作中认识了抽烟的杰米，而杰米也在不知不觉中爱上了她。"我们想出了一个折中方案：他可以去室外吸烟。6个月后，他减少了吸烟次数，只在周末去朋友家做客时或者去俱乐部时才会吸上两口。"你还打算从愿望清单上划掉哪些标准呢？

- 想象你未来的约会对象是一个通情达理的人。你们可以在哪些问题上达成妥协？例如，康纳同意在自驾游时不再只听自己喜欢的音乐，也可以接受不听音乐只聊天。你愿望清单上还有哪些标准是可以做出让步的吗？

3 **挑战。**

- 重新审视一下内心中那些难以动摇的信念。有些东西看起来似乎是神圣不可侵犯的，但实际上，灵活应变在大家眼中反而是一种智慧。

- 多金真的比其他品质更重要吗？伴侣的身高真的那么重要吗？除了效仿影星和模特，还有其他办法可以让你变得更加迷人吗？

- 愿望清单上的哪些标准可以从先决条件改为参考条件？

- 完成上述练习后，希望你在愿望清单上多添加一些考察未来伴侣性格的内在品质标准，而不是太过看重习惯、外表、境遇等外在品质。

最后，一张简洁明了的愿望清单远远好过冗长而不现实的愿望清单。如果你怀疑我是在让你随便找个人将就，请不要有这样的担心和顾虑。这样的建议是为了帮助大家保持开放的心态，在没有深入了解约会对象之前，不要轻易下结论，因为他可能会成为一个很好的伴侣。

约会自我评估

这个练习的目的是帮助你了解如何遇到生命中最重要的人，并借此来评估和重新审视你目前寻找爱情的方式。

1. 列出所有恋爱史中出现过的重要的人。这里的"重要"是指那些和你约会半年以上甚至更久的人，也许有些人是在离开你之后才让你念念不忘的，这样的人也可以算作重要的人。尽可能把这些人的名字都写在列表上，这样才能让练习更有效果。

2. 在每个人的名字旁边写下你们是如何认识的。例如：在工作中、朋友介绍、通过共同的兴趣、体育活动、聚会、相亲、网络约会、聊天等，尽可能具体，明确。

3. 对所有的关系进行评分，分值由1～5，关系越亲密，分数越高。

4. 在每个名字旁边写下你第一次见面时的心理状态和约会

态度。再强调一次，这个练习同样要求如实作答。当我指导罗丝玛丽做这个练习时，她在名单上写下"空虚时找人聊天""很好奇""比起约会，了解一份新职业让我更感兴趣""逃避""性感""他看起来很有趣，我想要认识他""因为无聊，想找人陪伴""我好像只想看看约会的人到底是什么样子，但其实我根本不想约会"。

5. 接下来，探索你自己的模式。你是否倾向于用一种特定的方式与人交往？你是如何与那些关系得分高的前任认识的？又以什么方式认识了那些关系得分低的前任？二者之间有区别吗？对于关系得分低的前任来说，你与他们的关系持续时间会相对短一些吗？回想一下你和前任相遇时的情形，你当时的状态对后来的关系有什么影响吗？当罗丝玛丽将关系分数和心情状态进行对照时，发现她与得分最高的前任相处时总是能彼此坦诚相见。"逃避"也可以算作一个社交、约会场景，只是她总是忽略身边的伴侣，反而喜欢融入伴侣的社交圈子。因为"无聊"而谈的恋爱，总是不了了之。她失落地对我说："我刚刚结束了一段长期恋情，我感觉自己太绝望了，没有人会喜欢我这样的人。""性感"确实带来了很多激情，但不能维持太久，她给这样的关系打了一个中等分数。而让她感觉很棒的关系是"比起约会，了解一份新职业让我更感兴趣""他看起来很有趣，我想要认识他"和"我好像只想看看约会的人到底是什么样子，但其实我根本不想约会"。

6. 回忆一下最近两年的约会经历，和刚刚开始约会时有什么区别吗？你是否改变了与人交往的方式？为什么会发生这样的变化？你能从过去的成功恋爱中领悟到什么？你还希望做出哪些改变？

7. 最后，我们看看你现在对约会有什么感觉。下面是关于约会的一系列陈述，无须深思熟虑，凭借第一感觉作答即可。

· 当我准备好要去赴约时，我感觉……

· 在约会之后的第二天，我感觉……

· 想想自己的约会经历和朋友的约会经历，你的脑海中会浮现出哪些词？将你想到的前三个词记下来。

如果你想到的词语是积极的、乐观的、有趣的，那就用同样的方式继续约会吧。如果它们是消极的、破坏性的或令人沮丧的，不如暂时停下约会，趁这个时候专心阅读一下本书的第一部分。(否则，就像罗丝玛丽一样，把时间和精力浪费在低分关系上。只是为了解决眼前的问题而认识一个人，比如无聊。这样的关系并不能建立平等的伴侣关系。）当然，你也可以继续寻找爱情，但请使用另一种更为包容的方式，我们将在下一章为大家详细介绍。

重新评估你的网络约会习惯

回答下列问题，回答"是"记 1 分。

1. 当你在网上遇到一个符合你标准的潜在恋爱对象时，你是否会紧张和兴奋？

2. 你认为自己很爱上网吗？

3. 你对网络生活有过规划吗？

4. 当你和朋友出去玩时，是否会担心自己有可能错过网上的一些东西？

5. 和朋友在一起的时候，你是否还在和潜在的意中人发消息？

6. 压力很大的时候，你会在网上与人暧昧或寻找艳遇，并以此为慰藉吗？

7. 你是否发现自己在得到一个人后就会失去兴趣，并开始寻找下一个目标？

8. 陌生人的奉承让你受用吗？即便你很怀疑这些话里究竟带着几分真诚。

9. 网络生活能帮助你忘却其他问题吗？

10. 你是否只有在上网时才能真实地感觉到自己的存在？

11. 你是否会和别人谎报自己的上网时长？

12. 你有没有在网上和不喜欢甚至讨厌的人尴尬地聊天过？

13. 你在最喜欢的约会网站上花费了多少时间？是否早已超出了你的预计？

14. 半夜醒来时，你会去约会网站查站内消息吗？

15. 当你年岁增长、魅力不如从前时，你是否觉得生活会变得百无聊赖？

16. 你的朋友、家人或同事是否担心你每天的上网时间太长？他们有没有对你的约会方式表示过不赞同？

17. 如果有人对上述大多数问题给出肯定回答，你能感同身受吗？

计算你的得分

也许你会根据题目去确定自己在某一件事上的表现是否及格，并急于采取行动做出改变，但这并不是我们设计这项测试的初衷。我们更希望它能启发你去思考自己的网络约会模式。不过如果回答"是"的题目超过四五个，你就应该稍加注意了。

解读你的得分

有些成瘾人格患者会发展出交叉成瘾的症状，并且需要通过专业的问卷进行评估。我借鉴了那些问卷，编写出上面的测试题目。（交叉成瘾：有成瘾问题的人需要维持躯体的成瘾状态，因此一旦放弃某种物质，往往需要另一种物质去抑制放弃该物质后的撤药反应。比如让酗酒的人戒酒，她就可以能将注意力转移到非法处方药和咖啡因饮料等物质上）。理查德·海尔曼博士是研究成瘾问题的先驱者，他在明尼苏达州黑泽迪恩基金会工作，并且在学术研究上取得了突破性进展。海尔曼博士不仅关注成瘾物质或成瘾行为的使用数量或频率，更着重研究了成瘾问题背后的行为模式，并总结了八个特征：渴求（测试问题1~5）、单独使用（问卷未涉及）、痴迷效果或当作药物（测试问题6~10）、确保供给（测试问题11、12）、使用超过计划（测试问题13、14）、用量高于别人（测试问题15~17）和记忆中断（问卷未涉及）。

如何采取行动

虽然网瘾或强迫性约会与酗酒、吸毒很大区别，但我始终认为这种行为并不会帮助你找到忠诚的伴侣。那么，你应该怎么做呢？也许是时候休息一下，考虑一下用其他方式与人交往了。任何有严重成瘾问题并且在这项测试中得分很高的人，都应该考虑寻求医生的帮助，或者找一个合适的心理治疗项目。

第七章

有效社交

作为一名婚姻治疗师，我在咨询中通常会先将来访者的关系史了解清楚。在 30 余年的从业生涯中，我听过几百对情侣的爱情故事。尽管书籍、电影、歌曲都在歌颂一见钟情和与陌生人坠入爱河的浪漫邂逅，但大多数人在开始约会之前都是在寻常场合中认识了彼此，有些情侣从前甚至连一点儿交集都没有。我可以和大家分享一下自己听过的故事。32 岁的客服经理莎伦说："在我遇见大卫之前，从朋友那里听说了很多关于他的糗事，以及他那奇特的幽默感。我非常看不惯他用两根吸管喝鸡尾酒，可不知为何，我居然渐渐喜欢上了他。我们在朋友的聚会上相识，6 个月后便决定在一起。"

工作是一种低风险的认识方式。38 岁的白领伊丽莎白通过公司内部邮件系统认识了现在的丈夫亨利，婚后 5 年生活一直很幸福。"他从前经常在邮件系统里发一些非常有趣的消息，尽管他在另一幢写字楼工作，我并不认识他。有一次，我回应了其中的一个笑话，于是，我们在短短的一天中相互发送了十几封电子邮件。后来，他拿着一杯我最喜欢的低脂椰香拿铁出现在我的办公桌前，并郑重其事地做了自我介绍。"

有些伴侣则是由于共同的兴趣爱好走到了一起。38岁的迈克，就是我们在第五章提到的离异男人，在舞会上遇到了他现在的伴侣。迈克说："我请她跳萨尔萨舞，随后又邀请她跳了快步舞，我还加入了她和朋友们的聊天。我非常放松，在舞会结束时，我跟她要了电话号码。几天后，我毫不紧张地打电话，又约她一起去跳舞，我们相处得非常愉快，能有个共同爱好真的是太好了，我们正在考虑一起参加业余交谊舞比赛。"

在寻常场合通过朋友、工作或共同爱好认识意中人，可以让我们卸下所有的防备，以最自然的状态面对彼此。或许你并不想刻意去结识潜在的生活伴侣，只是在等电梯的时候和别人闲聊了一会儿；或许你从未幻想过能在海滩上的酒吧邂逅陌生人，而是顺手帮某人复印东西时得到了充满温情的感激；或许是在西班牙语课上认识了一个有共同学习目标的同班同学。在这样的情境下，潜意识可以帮你评估眼前的这个人是否与你般配，而不是像在约会中那样大脑时刻保持清醒状态，审视对方是否符合你的标准：身材不好、不够有钱、不是我喜欢的类型……这样做的另外一个好处就是，赌注很小，也不需要花太多心思精心安排，还可以展示自己真实自然的一面。

其实，我很想建议大家重新回归到传统的英式恋爱：闲逛、交往、问好。别担心，这并不意味着要在寒风呼啸的山顶上闲逛，而是在传统中加入现代的交往方式。比如，我们不再以寻找伴侣为目的去参加派对，只是为了享受结识朋友及沟通聊天的乐趣，或许在聊天中，别人为你推荐一场艺术展览，这样你就有机会在画廊里和同样喜欢艺术的人交谈。再比如，出于对文学的喜爱去参加诗歌课，而不是为了在课堂上寻找约会对象；去同学的咖啡店看演出时，也许会认识他的朋友或同事；利用空闲时间参加志愿者工作，可能会和同样热爱公益的人共乘一辆出租车。交往意味着对新想法、新机会和陌生人保持开放的态度，这就是为何我们能在人际关系中认识合适的人。安德鲁和伊利安娜都过了而立之年，并且已经结婚两年了。他们是在圣诞节时认识的，那时，伊利安娜刚刚搬到伦敦的新公寓，需要买些绵纸铺衣柜抽屉。她逛了好几家商店都没买到，于是走到收银台去询问。安德鲁无意中听到了她和店员的谈话，便走上前建议她去附近的另一家商店看看。安德鲁说："我当时很后悔就那样让她走掉了，我应该主动提出带她一起去那家商店。"伊利安娜说："我得承认，他很有魅力，我当时有点儿动心了。"幸运的是，命运还是让他们在 10 分钟后走到了一起。"我很快在那家商店买到了绵纸。当我正往回走时，在人行道上看见了安德鲁，所以赶紧走上前对他表达了谢意。"伊利安娜说。安德鲁马上补充道："我不会再让她从我面前溜走了，于是请她喝了一杯咖啡。"他们一起唱圣诞颂歌，一起布置伊利安娜的新公寓。慢慢地，他们走到了一起。这个故事的关键之处在于，他们并不是在寻找约会对象时认识对方的。伊利安娜外出购物，安德鲁只是顺便帮忙。即使是在喝咖啡后，他们也没有开始约会，而是一起出去逛逛。

掌握有效的社交技能不仅能帮助你认识更多的人，还能帮你改掉约会中养成的一些坏习惯。具体是哪些技能呢？

- 沉浸其中
- 六度分隔
- 敞开心扉
- 主动搭讪
- 敢于冒险
- 换位思考
- 做个哲人

这些技能有些让人一目了然，有些则需要进行解释。当它们成为你的第二天性时，就会更好地帮助你。因此，我在这一章的末尾为大家设计了一系列的小练习。

- 沉浸其中 -

你是否曾经有过这样的经历：当你全神贯注地做某件事时，会忽略周围的一切，并且感觉时间过得飞快。心理学家把这种全身心的投入称为"沉浸体验"，它不仅会让人感觉非常愉快，还会让人心情豁达、宽容、富有创造力。更重要的是，"沉浸体验"可以将我们带入一种忘我的状态，让我们的自我意识不会过于强大，因而也就不太可能过分自我批评。这不仅是遇见伴侣的最佳心态，还会大大提高我们的脱单机会，人们都愿意和快乐的人相处。

那么，享受地沉浸其中和忙到焦头烂额有什么区别呢？"沉浸理论"的创始人是加州克莱蒙特大学的心理学教授米哈里·契克森米哈赖。他认为，当人们用技能应对挑战时，"沉浸体验"会达到顶峰，最明显的例子就是工作。我们在前文也讨论过，工作是结识伴侣的好渠道。然而，针对欧洲居民的设计的调查问卷显示，人们可以从工作之外的活动中获得更多的满足感，最常见的例子是运动或锻炼，因为它们可以带来很多挑战。此外，我们还可以从一些休闲活动中获得满足感，比如加入合唱团。一切值得认真投入并需要一定技术水平的活动，都可以让人们体验到挑战所带来的满足感。在契克森米哈赖的理论中，另一种符合挑战标准的休闲活动是公益志愿活动。研究人员对伦敦志愿者投身公益的动机进行调查时，超过 1/3 的人认为："公益活动让我不再以自己为中心。"2/3 的人认为自己非常享受这份工作。然而，我们当下最时髦的休闲活动是追剧，这为人们带来的交流机会太少了，因为它们不需要承诺或挑战，也不需要什么技术。

如何才能找到给自己带来沉浸体验的活动呢？

1   这项活动必须让你觉得对自己有益，并且能让你一直保持浓厚的兴趣。

比如，一个对汽车根本不感兴趣的女人，为了认识更多的潜在伴侣，报名了汽修课程。她并不会把注意力放在学习上，而是一门心思地寻找潜在伴侣，并审查他们是否符合自己的择偶标准。而她也只不过是从外在条件来评判这些潜在伴侣，并不能真正了解他们的内在品质。因此，单身女士不必总是瞄准那些男性多的补交活动，哪怕是以女性成员为主的读书小组，也有机会遇见自己命中注定的那个人。当沉浸在自己喜欢的休闲活动中时，人们会和周围人建立关系。许多研究发现，已婚女性比单身女性拥有更多同性朋友。

2   为自己设立容易实现的小目标。

比如，每周学习 20 个法语单词，就可以在度假时用法语交谈。目标的实现会让人产生沉浸体验，如果将目标定得太高，反而会因为无法实现而感到挫败和沮丧。

3 **做好规划，确保目标不会相互冲突。**

如果你的志向是挣更多的钱和提高网球反手技术，那么想要达成沉浸体验可能不太容易实现。密歇根大学的研究人员发现，那些以金钱和名气为目标的人，幸福感远远低于其他人。

4 **照顾好自己的同时去帮助他人。**

帮助别人会给你带来源源不断的惊喜。根据密歇根大学的研究，公益志愿活动是仅次于跳舞的第二大快乐源泉，也是认识人脉、结交朋友并找到潜在伴侣的好方法。个人价值和文化价值的程度是衡量一个人幸福与否的最佳指标，甚至比性格（开朗和外向程度）和资源（财富和获得机会的途径）更加适合用来衡量幸福。记住，幸福的人才是最有魅力的。

提升攻略：因为你的目标是找到终身伴侣，所以你要学会与其他人融洽相处。如果你可以在弹钢琴中忘记时间流逝，找到沉浸体验，那么你可以为业余歌剧社团伴奏，而不是在家弹给自己听。如果你喜欢壁球，不要只和你的搭档打，加入壁球协会，可以让你结识更多朋友。如果你是一个热爱园艺的人，与其独自在家开荒种地，不如加入环保组织，让自己有机会保护一整片森林。如果你想不出可以激活想象力并带来沉浸体验的东西，请关注后面的练习。

- 六度分隔 -

很多单身人士会向我抱怨自己很难遇到合适的人。我只好无奈地报以微笑，因为这种对话经常发生在气氛热烈的派对上。也许派对上的宾客都入不了他们的眼，但不要忘记每个人的圈子里可能都会有不少好友或熟人。根据北卡罗来纳州杜克大学社会学家们的说法，大多数人都会至少认识750个人，有些见面打过交道，有些只是知道名字。当你意识到他们每个人都会认识这么多朋友时，就会相信人和人之间都是彼此联系在一起的。弗里杰·卡瑞斯是一位匈牙利作家和记者，他认为我们最多通过5个中间人就可以把自己同地球上任何一个人联系起来，这5人中有一个是我们的熟人。美国社会心理学家斯坦利·米尔格拉姆在60年代通过一个著名的实验验证了这个观点。他随机给一些人寄信，并在信件中说明：希望通过他们的朋友关系把包裹寄给波士顿的一位股票经纪人。所有的收信人只需要说出一个名字和一个地址即可。研究者的设想是，他们可以通过这些随机抽取的被测者把包裹转到更靠近最终收件人的地方。可出乎意料的是，所有包裹最后都寄到了股票经纪人的手里，被转寄的平均次数是6次。到了90年代，美国的一群大学生也根据这个理念设计了游戏"凯文·贝肯的六度分隔"。参与游戏的人可以通过最少的中间人，将任何时期的任何一位电影演员与凯文·贝肯或跟他合作拍戏的演员联系在一起。事实证明，大多数参与者不需要 6 个中间人就可以完成任务，这表明人与人之间的联系可能比我们想象中更为紧密。

然而，这些人际交往的调查会给寻找理想伴侣什么启示呢？首先，我们认识的朋友和熟人越多，就越有机会认识那个相伴终身的人。市场调查员约翰·T. 莫洛伊采访了 2500 对去政府登记注册的美国夫妇，他发现，90% 的女性都有 7～14 个要好的女性朋友，而准新娘们的交友范围普遍都很广。莫洛伊还采访了那些没有结婚对象的女性，通过统计数据发现，她们的朋友数量相对较少。其次，六度分隔着重指出，我们不要放过每一个和别人交谈的机会，因为一个陌生人或许是你和另一半的牵线人。即使你与他们只有一面之缘，但是与他们交谈也可以帮助你增强自信。为此，我特别设计了"你的专属六度分隔"的练习。

提升攻略：如果你想证实"六度分隔"理论是否真的这么强大，不妨回顾一下你的前任。你有多少熟人是通过前任认识的？也许你和前任是在酒吧、俱乐部或网络上认识的，你们之间有共同的熟人吗？计算一下你和你的每个前任之间的分隔程度。我猜你们之间也许只隔了两三个人。

– 坦诚真切 –

如何准确预测两个人之间是否相互吸引？当我把这个问题摆到朋友、商业伙伴和熟人面前时，他们有一个共识：外貌。当我为了写书而采访单身人士时，也会询问一下他们的想法。我发现在他们眼中，相互吸引的前提是"很有魅力或很体面"。难道这是寻找伴侣的唯一标准吗？这个问题也让我周围的朋友们感到迷惑不解，因为他们身边有魅力或很体面的人很多还单身。其实，看看自己的朋友圈你就会发现，相貌平平、朴实无华的人永远不会缺少约会，而那些俊男美女似乎注定要单身。为什么会这样呢？

社会心理学家们对这件事也非常感兴趣，他们很想弄清楚是什么让人与人之间相互吸引，也想知道为何大家看好的金童玉女最后却没能走到一起。长相并不能预测两个人是否相互吸引，两个人牵手成功的决定性因素是相处时间。20 世纪 50 年代，一个经典科研项目曾经研究了大学校园里的友谊模式。在学期开始时，学生公寓是随机分配的。到了学期末，研究人员走访了那些成为朋友或伴侣的人。他们发现，最主要的影响因素不是性格，也不是长相，而是公寓的位置。另一项测试研究了性别吸引，研究人员按照字母顺序给大学生分配座位，结果发现座位距离越近的学生越有可能成为情侣。一方面，我们都知道日久生情的道理。我们只有先认识某人，才能有机会互相了解和吸引。然而，很多浪漫电影或小说却总是上演与高颜值陌生人一见钟情的剧本，这很容易误导我们，让我们幻想着虚无缥缈的东西，而忽略了身边可能有美好的爱情发生。

社会心理学家发现了相互吸引的第二个关键因素：相似性。相似性指的是我们和与自己相似的人在一起时，感觉最为舒适，因为对方证实了我们对世界的看法。虽然我们可能偶尔喜欢挑战，选择一个与自己完全不同的人，但那只是一时的放纵或迷恋。最终，我们还是会选择一个在价值观、性格、特征和生活方式等方面与自己很相似的人。相似和吸引之间可以相互促进，相处的时间越久，就越会感觉对方和自己很像。因此，相互吸引并坠入爱河的机会也会大大增加。

其实，每个人周围都会有几个因为经常见面而擦出火花的异性。我们如何才能把窗户纸捅破，将心照不宣的暧昧发展成甜蜜的恋爱关系呢？这里需要的就是，我们的第三项交往技巧——坦诚真切。吸引伴侣的往往并不是外表，而是性格和内心。这一点或许和许多人想象中的不一样。研究人员曾经对肯特大学的 1000 名新生做过一项调查，让他们为潜在伴侣的品质进行排序，排序结果如下：

1. 善良 / 体贴
2. 善于社交

3. 才艺 / 才智

4. 随和 / 适应性强

　　研究团队继续进行深入提问，让受访者为理想关系选择一个品质。结果显示，无论是男性还是女性，选择"友谊"的人占比最高（男性 12%，女性 13%），"诚实"位居第二（男性为 7%，女性 11%）。而男女之间的显著差异是女性更喜欢陪伴（7%），而男性更喜欢善良（5%）；男性把吸引力列为最看重的 5 项品质之一（5%），而女性基本不太看重吸引力（1.5%）。

　　那么，如何让别人觉得你是一个坦诚、真切的人呢？

1　面带微笑。

微笑会让你看起来温暖热情、平易近人。

2　目光接触。

躲闪的目光会让人感觉你在说谎或者隐瞒什么。

3　心态积极。

　　我们都喜欢积极向上的人，因为他们会让周围的人感觉世界很美好。最重要的是，他们会让我们感觉自己也变得阳光了。而那些挑剔的人性格刁钻古怪，经常自作聪明，总是在细枝末节的事情上吹毛求疵，比如，他们可能会在做客时对别人家的装修品头论足。这样的人让我们不得不小心翼翼，因为我们会害怕他们在背后说我们坏话。更糟的是，这些批评似乎是对我们品位或个性的间接攻击。

4 **关注对方。**

在和别人交谈时，我们可以通过点头、重复关键词等方式，让对方知道你一直在认真听他讲话（比如，"所以他那时就站在你面前了"），并表达出最强烈的认同（比如，"你肯定被吓坏了"）。

虽然每个人都说自己是个坦诚的人，但在友善的人设下，经常隐藏着一些不为人知的东西。在准备撰写这本书之前，我曾经做过一些调研，让我惊讶的是，我们总是轻率地评价一个人。按理说，我们应该根据一个人的种族背景、宗教信仰、性取向等客观全面地给出评价，可这样的评价似乎很难得到周围人的赞同。因此，我们便乐此不疲地把"光棍""剩女"这样的标签贴在了单身人士身上，并且把他们当作茶余饭后的谈资。夏洛特是一位 38 岁的单身女性，她直言不讳地说自己已经挑不到好男人了："好男人都被别人挑走了，剩下的都是失败的人。"于是我问她，这句犀利的评价是否真的适用于伦敦城所有的未婚男子。她的态度立刻没那么尖锐了，但只是缓和了一点点："好吧，但我怀疑那些事业有成的男人都已经心有所属了。我只想找个长期饭票,因为我不想工作也不想做家务。"由于她对单身男性的评价很低,所以我很想知道她是否对单身女性也如此"鄙视"。而她回答:"相对来说,女性更加擅长聊天、善解人意,还很有同理心。所以,我不认为这样的评价标准适用于单身女性。"同样,30多岁的单身男性也会对30多岁的单身女性做出类似的评价。36岁的西蒙是个事业有成的单身男人,他已经实现了自己童年的梦想——环游世界,他的足迹遍布五大洲,经过历练成为一名专业的摄影师。西蒙现在准备安定下来,找个人一起共度余生:"我一直在调查婚恋市场,我想我可能会找一个更年轻的女孩。30多岁的女人有很多过往和心结,她们被抛弃了很多次,内心经常很痛苦,所以需要付出很多努力才能治愈和感化她们。这种想法是不是有些庸人自扰?"夏洛特和西蒙都会说自己是很包容的人,然而,我只是稍稍试探了一下,就发现了他们挑剔的一面,这着实降低了他们找到伴侣的可能性。

提升攻略: 华盛顿大学的名誉教授约翰·戈特曼花了30年时间研究夫妻之间的关系互动。戈特曼教授说,他可以预测出哪对夫妻在结婚5年后还会继续一起生活,也能预测出哪对夫妻的婚姻会走向尽头。令人惊叹的是,他的预测准确率高达90%。戈特曼教授强调了积极沟通中包含的重要因素:赞美、感谢、保证、认同对方的观点。类似批评、抱怨等负面状态，完全可以被积极的沟通方式所化解。戈特曼的发现表明，将婚姻关系经营得很好的夫妻，会经常在日常生活中使用积极的沟通方式；5种积极的方式足以抵消一种消极沟通方式所带来的负面影响。而那些离婚的夫妻在日常对话中会至少用10种消极的沟通方式，却只用到一种积极的沟通方式。所以，与对方坦诚相处的关键是调整积极沟通方式与消极沟通方式的比例。当然，这并不是让你委曲求全或强颜欢笑，也不是让你奉承别人。刻意的行为往往让别人觉得你虚伪做作，唯有真诚沟通才能增进人与人之间的关系。对于大多数人来说，每天都会从朋友和同事的身上体会到上百种积极的情绪，如"很高兴见到你"或"我真的很欣赏你处理这件事的方式"。可若不是别人亲口说出，我们也不会感受到他们内心的温暖。所以，试着将你内心积极的想法在别人面前毫无保留地表达出来，而不是将它们像秘密一样尘封在心底。如果你想更加深入地了解如何积极表达，请参考练习"接纳的力量"。

－ 主动搭讪 －

如果说英国人遇见未来伴侣的核心方式是闲逛、交往、问好，那么我们在前面提到的两项技能"沉浸其中"和"六度分隔"就是闲逛，第3项技能"坦诚真切"则是最纯粹的交往，而我们现在要介绍的第4个技能"主动搭讪"就是"问好"。如果你已经好久没有追过别人了，"搭讪"二字或许会让你望而生畏。另外，即使你是一个经验丰富的情场老手，下面的内容也会对你有所帮助。从本质上讲，成功的搭讪有3个关键要素：鼓励性的肢体语言，轻松流畅的谈话，以及自信。下面为大家逐一进行详细讲解。

1 鼓励性的肢体语言。

- 将身体微微向某人倾斜，但不要靠得太近，以免侵犯到对方的个人空间。这样做可以表示你对他很感兴趣。

- 交叉双臂会让你看起来有戒心，保持日常随意的姿势就好，这样就显得容易亲近。

- 点头不仅表示鼓励，也表明你沉浸于对方的故事中。但我们需要了解的是，点头两次表示赞同，点头三次则表示你想打断他。

- 眨眼也可以营造浪漫气氛。正常情况下，我们每2~3秒钟眨一次眼。如果你增加眨眼的速度，你的伴侣也会随着你快速眨眼。相反，把眨眼速度减慢到自然速度的1/3，会让你看起来很性感，因为这是在模仿抛媚眼的动作。

- 镜映。用同样的身体姿态回应对方，或者让你们的姿势互相匹配，这样可以增强双方的亲密感。

- 婴儿都喜欢玩"躲猫猫"的游戏——大人用手挡住脸，再突然把脸露出来，即使一遍遍地重复游戏，婴儿也不会觉得厌烦。那些对彼此有好感的成年人也会玩类似的游戏：注视着对方，随后突然看向别处，最后再把目光投到对方身上。他们还会使用菜单之类的道具把自己挡住，然后又突然出现。

2 轻松流畅的谈话。

- 重视闲聊的价值。闲聊是一项很好的暖场活动，它可以让后面的谈话变得更有趣，也能给双方一个放松的空间，让彼此有个大致的印象。所以，想一个大家都能接受的开场白，比如天气、最近的新闻故事、名人活动或综艺节目。

- 在别人引介你们认识，或是在第一次热烈交谈后，如何让两个人继续顺畅地聊下去？秘诀就是向对方多坦露一些自己的信息，为随后的长谈埋下种子。比如，不要只告诉别人你是一名老师，而是让对方了解你任教的年级和科目，这样的表述可以提供话题切入点，让对方能够提出更多的问题，更加仔细地观察你，甚至可以让对方更加充分地展示自己。

- 当你继续围绕前面的闲聊话题进行深入交谈的时候，可以试着找一些额外的话题引子。例如，"这场雨至少可以让我的花园里长点东西出来"或者"我喜欢炎热的天气，但我的狗喜欢躺在阴凉的地方"。

- 寻找对话中的交集。即使你没有花园，你也可能对食物供销或有机生产感兴趣。

- 模仿对方的语言。如果一位老师称他的学生为"孩子"，那么你也可以使用同样的词，这将有助于提升你们之间的连接感；如果一位女商人在交谈中提到了她的"商行"，那你就不要在接下来的对话里使用"公司"一词，因为这会造成交谈障碍。

- 避免尬聊。如果你告诉一个养狗的人你小时候是如何被狗咬伤的，这并不能帮助你们建立融洽的关系。抱怨狗弄脏人行道也会让聊天无法继续下去。相反，你可以通过提问来打开话题，比如，询问对方的狗是什么品种，或者转向另一个话题："你会带着狗狗一起度假吗？"，还可以继续问："你今年打算去哪里度假？"

- 永远不要低估提问的重要性。每个人都喜欢谈论自己的兴趣，大家都希望对方是个合格的倾听者。所以，聊天时不但需要多向对方袒露自己的信息，也要做好准备去围绕着别人的信息展开对话。

3 自信。

- 人人都喜欢自信外向的人，所以我们要挺胸抬头向前看。无论从字面上还是从喻义上，这句话都让人受益匪浅：无论何时何地，都不能失去信心。如果你暂时很难做到这一点，可以试着在下面的每一个问题下写出三点：我喜欢自己身体的哪些部分；我个性中积极的方面；过去的成就；曾经得到的赞美；我的潜力。

- 审视自己的语言，以防你在不知不觉中把自己带入消极的思维。比如，"这个主意似乎不算太好""这一定是我的问题"或者"我的想法一点儿都不重要"。听听你的朋友们怎么说，看看他们是否也会犯类似的错误。尝试列出一些避免使用的词语。

- 保持乐观。比如，如果有人问你从事什么工作，不要浪费这个机会说"我只是个……"即使你不喜欢当下的工作，也可以从中找到一些喜欢的东西与别人分享，比如，"我是一名推销员，这个工作让我有机会走出办公室，看看街上的美丽风景"。当你兴致盎然地和别人聊天时，你的面部肌肉会变得很活跃，这会让你的表情会看起来更有魅力。

- 自信并不是变得完美，它源于知识和经验，也源于完成小目标时所得到的成就感。使用 7 种交往技巧，特别是

"敢于冒险""步步为营"的方法，可以帮助你积累经验，确立容易实现的小目标。

提升攻略：你可以先在派对、餐馆和酒吧做个旁观者，看看人们是如何互动的。重点关注下列问题：哪些因素激励了一个人穿过场地和另一个人交谈？哪些行为或姿态非但不会吸引别人，还会让人排斥？什么样的肢体语言能表明两个人对彼此感兴趣？什么样的肢体语言代表两个人相互不来电？什么时候适合袒露自己？什么信息不适合在这种场合下公开？自信的人是如何表现的？这里需要注意的是，做这件事的目的是提升自己的技巧，并不是要评判自己是否会在交往中让别人失望，也不是让你变成情场高手。虽然这些技巧能迅速提升自我，但它们还不能成为亲密关系的基础。

－ 敢于冒险 －

灵活使用7种交往技巧会给即将到来的美好爱情打下基础。如果你已经找到了可以带来沉浸体验的生活方式，抓住了"六度分隔"所带来的人脉机会，学会了如何坦诚地与刚认识的人接触，掌握了一些入门级的调情方式，并且周围已经出现了几个关系超出朋友、同事或熟人的暧昧对象。那么，你该如何决定追求哪个人，放下哪个人呢？记者兼作家马尔科姆·格拉德威尔主张用直觉来决定这件事，当别人问他"如何知道你的爱人就是命中注定的那个人"时，他经常回答："凭直觉。"马尔科姆在自己的畅销书《眨眼之间》中提出"片刻的灵光可以判断整个体验"这一理论。当然，他也很详尽地分析了这种方式的利弊。在书中，他提到了这样一个故事：一位专家在研究一座古代雕像，尽管文献和技术检测都可以证明雕像是真的，可教授却宣布它是赝品。因为当他第一眼看到这个雕像时，就本能地感觉有些不对劲，所以他隐隐觉得这其中一定出了什么问题。而谈到约会时，很多人会在对方刚进门，还没脱下外套或开口讲话时，就知道自己是否对对方感兴趣。这样既节省时间，又不必在无效社交上花费大量精力。

然而，格拉德威尔也举出了这种方法所造成的重大失误。可口可乐公司决定改变他们软饮料的配方，经过味觉测试，新配方由于味道更甜而获得了比传统配方更高的评分。然而，新产品的推广彻底失败了，可口可乐不得不重新启用之前的配方，为此公司付出了巨大的代价。这中间究竟出现了什么问题呢？原来，试喝的人只品尝了少量的新配方，因此甜度更高的新配方的确喝起来味道更好。然而，消费者不可能每次只喝一小口可乐，而是会一口气喝完一杯或一罐。在这种情况下，新可乐喝起来太甜了。类似的问题也发生在寻找爱情上，如果过于相信电光火石般的爱情直觉，妄想仅仅通过握手和几十秒的交谈就判断彼此是否会一见倾心以及相看不厌，往往不太现实。换言之，简短的接触只是一种尝试性的体验，和某人一起生活就好比慢慢地品完一瓶美酒，完全是另一番滋味。

如果这一方法不能给我们带来太多帮助，还有其他方法吗？比较稳妥的答案是事实和数据。可口可乐公司革新失败后，又耗巨资进行了一次市场调查；而那个买下假雕像的博物馆也进行了严谨的分析，证明雕像的表面只可能保存几百年或上千年。格拉德威尔引用博物馆馆长的话说："科学角度比审美判断更加客观。"在约会中，这种方法就是"对方到底满足了我愿望清单上的几项标准？"我们再来看看莉迪亚的例子，她已经对自己的择偶标准完全失去了信心，甚至开始考虑包办婚姻："父母相中的人虽然满足不了我的标准，但或许能和我踏踏实实地过日子。"39岁的奥利弗一开始也很迷信择偶标准，在参加速配活动之前，奥利弗准备了一份愿望清单。"我在活动中按照自己的愿望清单收集了好几个女性的信息，但晚上回到家后，我得到的只有一张标注了年龄、职业、兴趣和心中偶像等基本信息的名单，说实话，我比以前更困惑了。"那么，如何在相信爱情直觉和搜集大量信息之间找到一个折中的方式呢？我们可以通过一些冒险精神来达到平衡。

使用"敢于冒险"这种交往技巧时，首要的任务是重新考虑那些你从前认识，却出于莫须有的理由被你淘汰的人。约翰·T.

莫洛伊曾经采访过那些去结婚登记处注册结婚的夫妇，他发现20%的女性在第一次见到自己的伴侣时并不是十分喜欢，然而，相处中的一些事情会让她们重新考虑对方，并决定怀着冒险精神再将关系向前推进一步。38岁的公关经理卡罗琳曾经是我的来访者，她的经历足以证明这种方法的好处。"大卫曾是我一位闺密的男友，我们经常在派对上、晚宴或者看演出时见面，我和他已经熟悉得不能再熟悉了。后来，大卫和闺密的关系出现了问题，和平分手了。为了帮助大卫度过寂寞的时光，我经常邀请他来我家参加派对。周围人都说我们看起来很配。但说实话，他身材矮胖，还有点儿秃顶，并不是我喜欢的类型，我对他根本没感觉。可我又能说什么呢？不过，他是一个很好的倾听者，和他在一起很有趣，而且我们的价值观也很一致。一个星期天的下午，我请朋友们来我家院子里烤肉。其他人都已经回家了，只有大卫还坐在院子里，我突然萌生出一个想法：和大卫谈恋爱会是什么感觉？我下意识地抚摸着他的手臂，那种感觉真的很好。他吻了我一下，我们就这样开始了。"卡罗琳和大卫后来结婚了，还生了两个可爱的孩子。卡罗琳爽快地说："最有意思的一点是，我现在觉得他真的很有魅力。"冒险的第二种方式：不再绞尽脑汁去判断，让你的潜意识先休息一下，然后再做决定。在莫洛伊的准新娘样本中，还有一组人在刚见面时对未来的丈夫并不看好，并且在约会一两次后，就婉拒了他们的邀请。然而，这些男性并没有放弃，他们会在 6 个月或更久后再次致电对方，因为难以忘却自己喜欢的人，于是冒险又试了一次，这时，女方的态度会有所松动。

在交往的过程中，如何才能冒险让关系再进一步呢？如果你正在考虑以一种全新的方式看待某人，或许你可以自己创造机会去加深彼此之间的了解。你可以发起一次正式的约会，也可以邀请对方加入你的日常活动，比如，下班或下课后一起去喝一杯。当然，如果你想要判断是否与对方合得来，也想知道是否有必要进一步发展这段关系，最好遵循以下原则：

- "约会"后不要急着去回味和反省。分析太多往往使我们寸步难行，享受约会才最重要。

- 让感受沉淀发酵。在约会结束后，想给对方留下一个良好的印象，可以和对方说"这次约会真让人难忘"。但要尽量避免立刻判断彼此是否合适。所以，还是先好好睡一觉吧。

- 一觉醒来后，看看自己还记得什么。每当你看到很棒的电影、电视剧，或者读到一本有趣的书时，你常常会在几天甚至几年后都对它念念不忘，并且会在不经意间记起那些鲜活的人物或生动的情节。相比之下，我们日常看到或读到的大多数东西都会被很快忘记。同样的情况也会发生在"约会"上，因此不妨在约会后像放电影一样回忆一下当时发生了什么。这是一个很好的方法，可以把真正的喜悦从平淡的生活琐事中分离出来。

- 最后，你的潜意识会告诉你，你们彼此是否合适。然而，潜意识只有在你放空自己准备聆听的时候才会说话。如果你忙于分析，就无法听见潜意识的对话。试试耐心地等到第二天早上，就可以避免仓促的判断。然而，脑海突然涌现出大量的回忆和信息，或许会让你手忙脚乱，甚至还会让你在一时间不知所措。但这些都无所谓，跟随自己内心的节奏慢慢来，留给自己足够的时间去做决定。

提升攻略：在寻找终身伴侣的时候，不要太过心急。事实上，有很多情侣都是慢慢爱上对方的。不要把理想伴侣投射到那些弱小可怜、毫无戒备的男人或女人身上。最初的优越会变成最后的愤怒，因为这样的伴侣不符合你的期望。也不要将自己想象成虐恋的受害者——将别人中性或礼貌的姿势误解成暧昧，并因此爱上了错误的人。最重要的是，不要被第一印象所左右。当31岁的埃莉和36岁的基兰第一次见面时，埃莉差点就扔下基兰逃之夭夭："老实说，我根本不喜欢他。然而，不告而别是很不礼貌的，所以我们喝了杯咖啡，还一起去了美术馆看画展。他不徐不疾地跟随着我的步伐，这给我留下了深刻的印象。他举手投足都很绅士，知识也非常渊博。参观画展的过程中，他会将手轻轻地放在我背部为我带路。这样的举动很有风度，让我心里却突然有了冲动。"如果你已经准备好承担风险，可以参照本章后面的练习循序渐进地推进你们的关系。

- 换位思考 -

我们总是打着寻找爱情的旗号，做一些与爱情无关的事情。我们常常以最肤浅的理由来做出判断、谴责别人、编造谎话或扭曲事实。然而，我们却渴望别人能欣赏我们的个性，而不是只用长相、身材和银行存款等这些肤浅的指标来衡量我们。此外，我们还对忠心和诚实有着较高的要求。可事实上，我们经常用双重标准来要求自己和别人。缺少了平等，爱情又怎么会生根发芽呢？因此，我们的第六项技巧借鉴了古人智慧，"你们希望别人怎样待你们，你们也要怎样待人"（《马太福音》7:12）；"己所不欲，勿施于人"（孔子，公元前551~479年）；"这是所有人的义务，自己所不愿意接受的，不要施加到别人身上"（《摩诃婆罗多》，印度古代梵文宗教神话和哲学文本）。如何才能学会"换位思考呢"？我们会在练习《照镜子》中给出更为详细的解释。

在交往和恋爱的过程中，有很多环节需要换位思考，约对方出去就是其中一个。见面时，平等的氛围不会让约会双方感到有压力，也可以避免在发起约会邀请时不小心踩雷；若受邀请的一方因正当理由而回绝邀约时，换位思考可以避免一些不必要的误会。如果男人理解女人的矜持，而女人理解男人的无措，男女双方就可以带着更加友好的态度，在交往中设身处地地理解对方并善待对方。那么，如何才能真正做到换位思考呢？下面是一些约会的新规则。

1. 约会中，男女双方是平等的，谁都可以主动向对方发出约会邀请。人人都渴望在伴侣关系中享有平等，因此，我们可以在约会初期就以平等的姿态相处。

2. 虽说女性也可以主动向男性邀约，但约定俗成的原则就是对方一定要接受邀请。因此，人人心中都会有被拒绝的恐惧，我们在接纳自身恐惧的同时，也要理解对方的恐惧。

3. 第一次外出约会时，可以安排一些小活动。比如，轻松愉快地喝杯咖啡，而不是约对方去听音乐会或者去考究的西餐厅用餐。

4. 第一次外出的时间不必太长，这样可以避免因期望太高而心里有落差。短暂的相处反而让双方更加容易接纳彼此。

5. 第一次见面后，如果你承诺给对方打电话或继续保持联系，那么请履行你的诺言。

6. 轮流买单。邀约的人可以根据自己的经济情况安排约会并买单，这样既公平合理，又不会给彼此增加负担。

提升攻略： 你终于鼓起勇气约对方出去，但对方回答说："非常感谢，但这次不太方便。"这种情况下，你该如何收拾局面呢？不要在乎它！对方可能的确存在各种理由拒绝你的邀请，如果你们已经开始谈恋爱了，遇到这种情况时，下次记得研究一下对方何时有空；如果他只是把你当成普通朋友，无所谓，朋友多多益善！或许，你不是他喜欢的类型。很多情况下，拒绝既与约会对象的境遇、个性和品位有关，也和你自己当下的状态有关，所以要保持积极的心态，"只要我有勇气去约他，或许下次就成功了"。要知道，你不可能一直都成功，但内心的负面声音会不会让你变得敏感脆弱并影响你的自信呢？负面声音越大，被拒绝的感觉就会越多，最后让人难以承受。与其让负面声音在你心中肆无忌惮地蔓延，不如把一切都写下来。写的时候，不要评价任何事情，只是记录事实。写完后回头重温一遍，划掉那些错误的想法、没有依据的假设和那些夸大其词的描述。这样做可以减少你内心的抱怨和纠结，有助于将负面声音控制在一个合适的程度。

- 做个哲人 -

如果你已经领悟到本书第一部分中的理论基础——整理埋在心底的情绪，解开关系留给你的心结，并能够活学活用，将这些理论与其他技术巧妙结合，改变你寻找爱情的方式，那么你找到伴侣的概率将会大大增加。我很想马上就奉上一句：你一定会找到一段满意的伴侣关系，并与爱人修成正果。然而，生活远远没有那么简单。任何人都不愿意看见生活残酷的一面。如果你有机会遇见我的伴侣，她也许会告诉你，我这个人最大的缺点就是"妄图拥有一切，而且必须马上拥有"。如果这也是你寻找真爱的方式，但命运给你设置了种种障碍，你该怎么办？首先，你需要问自己：我是不是还有心结没有打开？其次，你是否真的学会了与人交往？你是否能够以一种放松和开放的状态对别人打开心房？最后，你还需要学会最后一个交往技巧——像个哲人那样思考。

在我们的刻板印象中，哲学都是那些作古的老学究们留给后代的著作。如果不进入大学学习，基本上不太有机会去研究哲学。然而，哲学的本质是帮助我们理解周围的世界，哲学的终极目标是智慧、真理和幸福。换言之，哲学不仅仅是学术的基础，更是改善日常生活的圣训。那么，哲学家们会如何看待无法脱单的尴尬处境呢？首先，苏格拉底会肯定和赞扬你曾经为自己所做的一切，他认为"未经审视的人生是不值得过的"。其次，不要再无休止地四处宣泄沮丧情绪。正如亚里士多德所说："每个人都会发怒，这很简单。但向恰当的人，在恰当的时间，以恰当的动机、恰当的方法，表达恰当程度的愤怒，并不是每个人都能做到的易事。"在寻爱之旅中，我们应该铭记法国哲学家布莱士·帕斯卡的忠告："我们所有的痛苦，皆源于不善于独处。"在帕斯卡看来，我们对痛苦如此恐惧，只要是能带来新鲜感的消遣，哪怕再微不足道，都可以让我们心猿意马。可惜，消遣总是遵循收益递减的规律，再有趣的消遣久而久之也会让人心生厌倦。因此，与其在厌倦后不断地寻找新鲜感，倒不如学会如何平心静气地独处。独处可以让我们进行更加深刻的内省，也可以让我们更加认真地聆听自己内心的声音。通过这种方式，我们既可以领悟到一些事情，也可以知道自己在孤单时究竟会想起谁。然而，像爱比克泰德这样的斯多葛学派哲学家或许会给出不一样的答案："凡事尽力而为，别计较结果。"将弗洛伊德精神分析理论引入印度的学者帕济南帕德详细解释了爱比克泰德的观点："昨天已经成为过去，明天还未来到。我们该做些什么？我们能拥有什么？因此，还是珍惜摆在眼前的今天吧！活在今天，爱在今天，好好享受今天。"我们如何理解爱比克泰德和帕济南帕德的思想精髓，并让他们的智慧为我们铺平寻找爱情的道路？答案就是：接受不能改变的，改变可以改变的，这其中就包括改变自己的行为。在寻找伴侣的过程中，我们可以遵循前文提到的7种交往技能来提升自己的行为，还可以参考章节末尾的练习"如何在爱情大冒险中步步为营"。有时候，当我们学会顺其自然、适当放手，懂得随遇而安时，爱情就会在不经意间来到我们身边。

提升攻略： 读一些哲学书籍。巴黎索邦大学的哲学教授，安德烈·孔特-斯蓬维尔曾经为大众读者写了几本通俗易懂的哲学书籍。阿兰·德波顿的书也很适合初学者，他最受欢迎的哲学类书籍是《哲学的慰藉》。

总 结

- 许多情侣在坠入爱河之前都彼此了解。他们通过社会关系、兴趣爱好或工作往来认识对方，因此不可能把感情当作儿戏，也不会怀有戒心。

- 交往是一种寻找伴侣的新方法。曾经风靡一时的派对和网络约会如今已经不再受到追捧，人们更愿意在工作和日常生活中寻找爱情，交往可以让你用低调自然的方式遇见合适的人。在此期间，你不必忙着做出判断和决定，你的潜意识会告诉你是否遇到了真爱。

- 颜值并不是寻找伴侣最重要的标准。接触时间的长短、性格和价值观是否一致、是否有共同话题……这些都是很重要的事情。

- 不管是男人还是女人，都要善待对方。不要居高临下地蔑视对方，也不要不分青红皂白地指责对方。尊重是相互的，如果我们不去随便评判别人，别人也不会对我们挑三拣四。

- 不要太迷信一见钟情，了解一个人需要些时间。寻找爱情是一件细致耐心的事，不需要速战速决。我们可以耐心地等待第二印象，避免草率地拒绝某人。放空自己，让神奇的潜意识在我们的脑海中自由流淌。

- 在寻爱之旅上，每个人都可以成为哲人。许多单身的人都处于两个极端：有些人不再主动寻找爱情，而是把一切交给命运；有些人则把责任都归咎到自己身上，认为没有伴侣是人生失败的标志。抱着积极的心态去交往，可以在二者之间找到平衡点。

- 练习 -

激活你的想象力

有的人爱好广泛，有的人喜欢具有挑战性的工作，有的人则热衷于公益事业……在他们眼中，生活是丰富多彩的。如果你的工作枯燥乏味，平时很少参加体育活动，感觉自己缺乏创造力，该怎么办？

让我们一起看看下面的练习。

1. 回忆童年。爱玩是孩子的天性，也是他们发展技能和创造能力的方式。不幸的是，随着年龄的增长，我们开始不断压抑自己，"我永远不可能成为曼联的球员"或"我做不了皇家芭蕾舞团的领舞"。如果你当时有机会、有勇气、有自信，你会去做哪些事？如果你对童年印象模糊，可以和父母聊聊或重温一些照片和视频。我在做这个练习时，想起了小时候养狗的经历。我那时很想要一只狗狗，于是爸妈为我挑选了一只牧羊犬和西班牙猎犬的串儿，还带着它加入了超级狗狗俱乐部。

2. 哪些事情让你感到愤怒？愤怒和创造力可以迸发激情。你生活的地方可能更适合养老，没有什么项目可以吸引年轻人。或许你可以看看身边的慈善机构是否在招收志愿者，为流浪猫狗或癌症患者做点事情，可以让生活变得更有意义。

3. 连续三个晚上不玩手机。手机不仅浪费了我们下班后的休息时间，还像镇静剂一样让我们大脑迟钝，无法进行思考。虽然第一个晚上可能会有些不舒服，但这些都是戒断反应，一定要坚持下去，并且尽量不要使用其他替代物来分散注意力，比如打电脑游戏。第二天晚上，你会变得更加平静，你或许会想到其他消磨时间的方式。也许这些想法看上去并不够积极向上，但真的无所谓。即便是一些体力活，比如擦洗厨房地板，也可以让自己放空并聆听潜意识的声音。第三天晚上，你的脑海中可能会浮现出一些值得思考的问题，跟随着这些问题的指引，平心静气地冥想，看看自己能悟出什么。

4. 跳出思维定式。不要被自己的奇思妙想惊到。有梦想是好事，万一实现了呢？在梦想阶段，你可以做任何事，所以，允许自己天马行空地想象，不要让世俗想法限制了自己的想象力。当激情被点燃时，想想如何将心中的憧憬变成现实。或许你无缘成为曼联的职业球员，但可以通过训练成为一名裁判或者足球教练。想要进军好莱坞吗？虽然你不太可能成为第二个妮可·基德曼，但可以签约一家影视公司，做个群众演员。

5. 是什么阻挡了你前进的脚步？写下所有的借口，理性地解读它们。这些借口是真的吗？它们有没有被夸大？它们真的会让我们裹足不前吗？

如何使用"六度分隔"

我们都知道朋友的重要性，但芝加哥的一个研究项目进一步证明了朋友为何会影响我们的幸福。实验找到一组受访者，让他们回顾过去 6 个月的交友经历，并说出 5 个或 5 个以上一起谈论过亲密关系的人。在这些受访者中，60% 的人认为自己"非常幸福"。首先，如果你对生活十分满意，对自己也感觉良好，你也会吸引和你一样心态积极的人，就不会为了寻找温暖而与暧昧对象安慰式约会。其次，你的朋友也有自己的圈子和人脉，丰富的人际关系网会给你带来更多机遇。

- 盘点你的友谊。回忆一下过去的 6 个月，你与多少人相互分享过"私密话题"。我的意思是你可以放心地与他们谈论自己的希望、失望和恐惧。写下这些朋友的名字，他们是关系网中最靠近你的一群人。
- 还有谁能让你放下戒备、亲密交谈吗？如果你能找到这样的朋友，不妨让他知道你正在寻找伴侣。当然，你还可以直抒胸臆，和他分享你的感受。这样的朋友可以为你提供情感支持，他们或许是你人脉关系中的"社群型资本"。

- 你还有其他可以提供情感支持的朋友吗？或许出于交集少、忙碌、因矛盾争吵等原因，你们已经超过半年没有见面或交谈了？如何与他们重新建立联系呢？

- 整理"社群型资本"之后，再来看看你的"社区型社会资本"。属于社区型资本的人通常和你的共同点并不算多，你们之所以能成为朋友，是因为他们非常善于交际。社区型资本就像一座桥梁，能够帮助你拓展人脉。

- 你的联系人中有没有谁可以当之无愧地被称为"社区型资本"呢？如果有，他们很值得你去经常联系走动。比如，邀请他们参加烧烤派对，或者与朋友出去玩通宵时也叫上他们。不要担心你是在"利用"这些社交达人，其实他们很喜欢为朋友牵线搭桥。

- 再来看看你的闺密和死党。他们的人脉中有社交达人吗？换句话说，他们是否也有自己的"社区型社会资本"？如果他们身边也有这样的人，可以让他们介绍给你。这些人将帮助你以最快的速度用"六度分隔"拓展人脉。

感恩的力量

　　30余年的婚姻咨询经验告诉我，感恩是扭转困境的最佳方式。这不仅表明你是一个心胸开阔的人，还能帮助你叩开别人的心门。42岁的莉奇和45岁的托马斯已经相处12个月了，因为他们一直在纠结是否要同居，所以来找我咨询。他们的关系有些复杂，都需要抚养与前任所生的子女，而莉奇12岁的儿子是孤独症儿童。"我儿子的智力只有三四岁，时时处处都需要照顾，所以我经常会忽略托马斯，这让我左右为难。我感觉他并不理解我每天照顾这样一个孩子有多辛苦。日复一日，一刻都不能休息。"托马斯一直盯着地板，喃喃地说："其实，我很理解你的难处。"在咨询中，他们都在不断重复着各自的艰难处境，并且不断地找到证据来证明自己。最后，我一针见血地问他们："你们想从对方那里得到什么？"这个问题似乎让咨询有了一些进展。托马斯说："我只是想让莉齐看到，我在很努力地维系这段感情。"而莉奇也承认托马斯为人善良、很有耐心，在生活上给了她很多支持，还回忆起那些让她特别感动的点点滴滴。而托马斯也表达了自己对莉奇的敬佩，正是因为她的付出，儿子的状况才会越来越好。显然，两人在内心深处都非常欣赏对方，但他们需要把这种欣赏用语言表达出来，并说给对方听。最后，莉奇和托马斯决定开诚布公地谈一次。就这样，他们很快就找到了解决方案：

- 更好地表达感恩。感恩时的语言和态度必须是平和温暖的。不要带着气愤、嘲讽或附加条件，心口不一的表达会适得其反。

- 表达感谢时，可以举出具体的事例。不要只说"谢谢你的帮助"，虽然把感激说出口就是很好的开始，但我们可以将事情叙述得更加详细。比如，"在我弄丢护照时，你帮了那么大的忙，我真的非常感谢"。

- 无须刻意表达，自然而然的流露反而更加诚恳真切。例如，在几周后的自驾游中说："我知道你讨厌医院，但你愿意和我一起去探望住院的母亲，这让我心里很感动。"这样的言语能够让对方感到自己的善举被铭记在心，这样的感恩事半功倍。

- 识别无法表达的情感。如果沟通中遇到了阻力，我们可以试着承认和接纳彼此言语或情绪背后的情感，这样做可以改善沟通，让交流变得顺畅。"我猜你生气了？"或"你是不是有些难过？"如果你没有猜对，也不要担心，因为这样询问后你的好友或约会对象便不会在你面前遮遮掩掩，他们会很愿意和你谈论他们当下的感受。

假戏真做

这是我听过的改善困境的最好方式。首先，请允许先我介绍一下事情的来龙去脉。我曾经接受过一个愧疚自责的母亲的咨询。她的女儿在邻居的池塘里溺水，心脏停搏了 40 分钟。虽然孩子被救活了，却留下了严重的残疾。这位母亲十分自责，认为自己不该轻易把女儿交给保姆照看。普通人很难体会到这位母亲经历了怎样的痛苦。我问她是如何挺过来的，她回答说："那段时间确实很痛苦。有时候，我真想把自己锁在一个漆黑的小房间里，让自己大哭一场。除了这个生病的女儿，我还有一个健全的孩子、恩爱的丈夫和公司里的员工，他们都需要我。当我觉得撑不下去时，一个很出色的女人跟我分享了她的秘密，并对我说，无论现实有多糟糕，都要让自己看起来很坚强，并且表现出能撑得起一切的样子。起初，你也许在强迫自己凹人设，照着女强人的剧本表现自己。但一段时间后，你会发现自己和这个人设越来越像。突然有一天，你会发现自己无须刻意表演，就能够应付自如。"

在我最困难的时候，这条忠告也让我受益匪浅。我曾经和大家说过，我的第一任妻子在我 35 岁时过世了。5 年后，我开始了另一段恋情，但我始终无法摆脱前妻离世留给我的阴影。虽然我的新女友是个有耐心的人，但我始终对亡妻念念不忘，让她也逐渐心存芥蒂。于是，她开诚布公地让我在她与前妻之间做个选择：究竟更爱谁？我的新女友显然不愿意再继续做替代品。但我和前妻一起生活了 7 年，想要放下谈何容易？就在我感觉自己进退两难时，我忽然记起了那个"假戏真做"的忠告。于是，我在家里四处走动，并且表现得好像我最爱现任女友一样。这时惊讶地发现，除了厕所和浴室，家里的每个房间里都有前妻的照片，而现任女友的照片居然一张都没有。老实说，我一开始并没意识到前任与现任的待遇相差如此悬殊。我只好继续表演"我更爱现任"的剧本，并把前妻大部分的照片取了下来。即使没有这些照片，我也不会忘记前妻的样子。这段经历让我感受到"假戏真做"的神奇之处，在我收起照片的那一刻，我感到有阳光照进内心深处，从那以后，我不再愁容满面。

"假戏真做"的练习很简单。当你发现自己面临困境时，问问自己：如果我对自己的能力有信心，我会怎么做？一旦这个自信独立的人设在内心确立了，你就可以试着想象一下，这个"人设"下的你，会如何解决问题……

例如，如果你非常担心自己会孤独终老，可以想象自己和未来的伴侣手拉手走在街上的情景。如果你坚信这个人存在，你会怎么做？是的，你会走出家门，努力去寻找这个人！这时，你的人设是一个积极寻找爱情，不久就会脱单的人。这时，你会坚信自己很快就会找到命中注定的那个人，并且一改往日独来独往或者宅家的状态，开始频繁外出并参加朋友的聚会和派对。一旦你表现得很自信，你的行为也会越来越自信，在不久后的未来，你就会变成一个自信满满的人。

步步为营

当你面对心仪的人时，会感觉自己内心纵有千言万语，都无法说出口。事实上，你越对某个人感兴趣，就越不可能主动。因此，这个练习需要大家循序渐进地进行。

第一周：和平时交集不多的人聊天。

- 你可以找同事或一些彼此认识但关系不算亲近的人（比如快递员）聊聊，也可以和车站一起排队等公交的陌生人闲聊。

- 这些人或许都是泛泛之交，但这只是给自己找一个练习聊天的机会。这样，当让你心动的人出现时，就不会张口结舌了。

- 尝试使用开放式问题。比如，"我想去……，该在哪里换乘？""你今天好吗？"

- 开放式问题常常以"谁""为什么""什么""如何""何地""何时"开头。

- 有时候一个"是／否"的问题会拉近彼此之间的关系，尤其和熟人，但你一定要准备好接下来的问题。例如，

"你周末过得好吗？"对方可以回答"是"，也可以回答"否"，接下来就可以问"你都做了些什么呢？"

- 目标是闲聊 30 秒。
- 在那这周以及接下来的几周里，犒劳一下自己。比如，吃一顿美食，出去玩一次，或者给自己买点东西。

第二周：提前 5 分钟出门。

- 只有在时间充裕时，你才更有可能去和别人聊天。
- 花点时间四处逛逛。
- 当我们降低期望、顺其自然时，反而能注意到更多机会。

第三周：抓住那些你以前可能会拒绝的机会。

- 举个例子：如果你是唱诗班的成员，以前因为要早起工作而经常错过与教友们的聚会，现在不妨和他们一起出去喝一杯。
- 朋友想让你陪他一起出席某行业的酒会，爽快地答应吧。如果你讨厌独自一人出席工作相关的各类活动，也可以叫上个朋友一起去。
- 适时给自己一些小奖励。

第四周：认真了解和你交谈的人。

- 来找我咨询的单身人士经常只和同一类型的人说话。就拿格雷厄姆来说，在没有走出失恋阴影之前，他只能和年长的女性顺畅交谈。

- 你只在固定的地点和固定的人聊天吗？你只和某类特定的人聊天吗？

- 尝试在其他地方和人攀谈，或者和不同类型的人聊天。

第五周：去你从未去过的地方。

- 我们总是和同一类型的朋友去同一类型的酒吧，参加同一类型的休闲活动。可以和朋友提议，找个新的活动地点。

- 新的环境会让我们认识新的朋友。

- 当你又打卡了一个新地点时，别忘了奖励自己。

第六周：尝试新事物。

- 报名参加一项课程。

- 成为一名志愿者。

- 培养一项新的爱好，尤其是那些你一直很感兴趣却没机会从事的爱好。

第七周：坚定信心，继续广交朋友。

- 不断寻找结识新朋友的机会，就像成功的推销员总是在寻找客户一样。

- 不断扩大你的社交圈，让更多的人认识你。

- 这些练习的主要目的不是寻找伴侣，而是提高你的人际交往技能。当你和一个可能成为潜在伴侣的人交谈时，就会很放松。而且，你有权利主动与人交往，而不是等待王子或公主突然闯入你的生活。

照镜子

"照镜子"的练习可以帮助大家学会如何"换位思考"。同时，这个练习也会让你的心胸更加开阔，并学会包容别人。

当人们抱怨自己的伴侣态度轻蔑、不善倾听时，其实自己也常常犯同样的错误！有些人总是言语，刻薄地说"单身男人很失败"或"女人三十豆腐渣"，等等，与其说他们在嘲讽别人，倒不如说是在嘲讽自己。因为关系就像镜子，我们可以从别人的言行中看到自己身上那些让自己嫌弃的地方。除此之外，因为我们很难承认自己的缺点，所以才更容易把嘲讽和责骂施加到其他人身上，有时甚至连关系亲近的人也不放过。36 岁的西蒙认为和他同龄的单身女人都很痛苦，而他自己的痛苦不止于此："既然脱单无望，我就把更多的精力放在交友上，但朋友也经常让我感到失望。"他曾经和我提起过一个与他有过肌肤之亲的女人。那个女人说："你的将军肚真有派头。"西蒙也开玩笑地回答："每个胖子都是潜力股，你也一样呀！"但她直接怼了回来："你有点太过分了！"无独有偶，38 岁的夏洛特认为单身男人都很失败。在前几次咨询中，她一直强调自己有多么努力，这一点让我印象非常深刻。但这一点也恰恰证明了她在内心深处仍然觉得自己需要被肯定。

你对约会过的单身男女有哪些负面印象？你对单身状态有哪些负面印象？无须刻意思考，凭第一感觉写出三条即可。

    1._____

    2._____

    3._____

现在想象一下你正站在镜子面前注视着自己，这些批评有没有针对自己的？一点点也算呦！如果有的话，你能为此做出什么改变？

我知道这是一个非常理性的练习。我还是拿自己举例，20多岁时，我在一家中等规模的公司工作。一位新员工经常会把人惹毛，因为他说话咄咄逼人，而且总是自以为是。有一天，他也把我惹毛了，但我忍住没发火。我从 1 数到 10，然后又问自己：为什么我的反应如此强烈？而其他同事似乎并不在乎这位个性张扬的新人。那时我才意识到这个新人让我想起了一个人——我自己。想通这一点后，我感到备受打击，但是从那一刻起，我不仅对他更加宽容，而且发现他更容易管理了。如果我们能原谅别人的错误，也许就能学会善待自己。我知道这件事情并不容易，但它值得我们付出努力。

做个哲人

或许我们还没有意识到，每个人都会用自己的人生哲学来支撑自己追求爱情。这些哲学思想是我们如何看待世界以及如何看待自己的关键。事实上，这些哲学思想对个体来说非常重要，以至于它们常常难以用言语表达，也无法被检验和考证。不得不说，这一点儿真让人感到遗憾。拥有平衡的哲学思维是一个人生活快乐充实的关键，你的人生哲学是什么呢？

1 **如果你面试了一份非常满意的工作，却迟迟没有等到通知。你会？**

a）自己打电话给公司，询问进展。

b）什么都不做，一切听天由命。

c）耐心等待，很快就会出结果。

2 如果你和新上司合不来，并且感觉自己被排挤，压力大，不开心。你会……？

a）计划跳槽。

b）希望问题能自行解决。

c）找人力资源部的人谈谈。

3 假如你的上一段感情在三个月前结束了，你感觉自信受挫。你会怎么想？

a）好马不吃回头草，我会让前任知道，没有他，我反而过得更好

b）他怎么能这样对我！

c）伤口愈合需要时间，但我会熬过去的。

4 你非常喜欢这次的约会对象，他答应给你打电话，但你等了四五天，却一个电话都没接到。你会？

a）直接给他打电话。

b）不停地查看短信、未接来电和邮件。

c）一想到自己有更重要的事情要做，就不去想这件事了。

5 你已经和某人相处半年多了，虽然你们在刚认识时相处得非常融洽，但慢慢还是出现了问题，你们都担心这段关系会破裂。你会？

a）速战速决，马上和对方分手。

b）担心这段恋情不能再继续，于是拼命讨好对方。

c）接受这段感情可能会结束的事实，想办法解决关系中的问题

6 当你去国外或一个从未去过的景点度假时，哪句话最能描述你的态度？

a）只有提前做好全部的攻略，知道行程的每个细节，我才会放心。这样我就不会在度假时像没头苍蝇一样乱撞。

b）朋友负责做攻略和安排度假行程，我只负责玩就可以了。

c）我不需要攻略，度假时随心所欲也很有趣。

选择 a) 最多

事必躬亲。你对任何事情都想了解和掌控，否则就会感觉不安。有时候你会被控制欲冲昏头脑，甚至还会做出一些让人无法原谅的事。在你的内心深处，觉得爱情是一种考验，如果不能通过考验就会被淘汰。然而，你需要弄清一点：我们不可能事无巨细地控制生活的方方面面。一旦你能在理智和情感上真正接受这

件事，就能更加自由地享受生活。当你感觉自己的控制欲被激起时，可以暂时将手头的事情停下。如果事情不是太紧急，可以试试在 48 小时之后再去处理。很多时候，越想掌控反而失去得越快，很多事情都不必刻意为之，顺其自然才是最好的安排。

选择 b) 最多

听天由命。你很不喜欢突如其来的变故，宁可什么也不做，也不愿冒险和出错。当然，这种人生哲学也有积极的一面：你早已接受，自己无法控制生活中每一件事的事实。在这一点上，你做得非常好。然而，临渊羡鱼，不如退而结网。畏首畏尾有时会让人失去很多机会，遇到问题时要相信自己，回避并不能解决问题。

选择 c) 最多

勇于探索。面对不确定的事情时，你会抱着顺其自然的态度尽力而为。你已经知道如何与人类最难处理的三种情绪——焦虑、矛盾、模棱两可——共处，能做到这样真的很不容易。如果你感到恐慌，不妨去找朋友倾诉一下。有时候，我们需要站在旁观者的角度，才能看清哪些事情可以通过努力去改变，哪些事情是我们无法控制的。

亲密关系的节奏

无论你是刚刚认识一个人，还是和前任旧情复燃，如果你们已经开始交往了，那真的是一件值得庆祝的事。你们或许已经约会几次了，并且看起来很般配，但你一直心存疑惑：如何判断对方到底是把你当朋友，还是想要和你牵手走完一生呢？科学家已经开始着手寻找这个问题的答案，而且他们还在研究如何延长蜜月期以及如何把握亲密关系的节奏。这些知识不仅可以帮助你以合适的节奏推进关系，还能判断这位刚刚认识的潜在对象是否适合你。

− 建立关系的第一步 −

在爱情中，并不是所有的萌芽都能在最后开出芬芳的玫瑰。密西西比大学的研究人员约翰·H. 伯格和罗纳德·麦奎恩对 38

对约会过 5 次的学生情侣做了一份详细的问卷调查，并且在 4 个月后重复了该问卷。伯格和麦奎恩很想知道继续约会的情侣和分手的情侣之间有何不同，以及是否可以预测出一对情侣的关系走向。伯格和麦奎恩并不是浪漫主义的拥护者，而是社会心理学家，他们更侧重从功能的角度来看待人际关系，即如何平衡约会的成本和收益。因此，他们不仅比较了喜欢和爱之间的区别，还衡量了关系的回报，并将其解释为"当你遇到困难和问题时，约会对象可以给予你的帮助和支持，以及你们之间可以给予对方的帮助和支持"。

问卷的结果非常有趣。第一，所有的情侣都不确定他们是否会继续约会，也没有人可以凭借第六感认定他们就是命中注定的一对。我们只有在与恋人长期相处之后才能看见关系带来的回报。关系稳定的情侣和闪恋情侣之间最重要的区别在于 5 次约会当中的自我披露程度。换言之，装腔作势或心存戒心的人很难在 5 次约会后还能继续与对方发展关系，而那些更坦白、更诚实的人才是别人眼中的理想恋爱对象。其实人类很擅长辨别虚伪的人，所以那些心门紧闭的人难以获得别人的信任。

第二个发现让人更加吃惊。比起那些闪恋闪分的情侣，关系稳定的情侣之间反而会发生更多的争吵。常识告诉我们，冲突会让人分道扬镳。可当我们仔细品味这个调查结果时，就会发现冲突也有积极意义。如何处理冲突是预测伴侣关系是否能够长期保持稳定的唯一指标，并且，情侣之间处理冲突的能力在前5次约会中就已经扮演了很重要的角色。那些无法走到一起的情侣可能是因为太过隐忍或者刻意回避冲突，这也是自我披露不足的表现。越积越多的问题无法处理，是导致最终分手的主要原因。

伯格和麦奎恩的最后一个重要发现是，对任何一对情侣来说，在起初的5次约会中，双方都不会介意这段恋爱关系给彼此带来的回报。但在约会4个月后，关系回报就变得越发重要了。为什么会这样呢？伯格和麦奎恩认为，关系中的双方需要花费时间去了解彼此，可以相互满足的需求越多，这段关系就越稳固。

如何利用这项研究呢？

- 虽然自我披露是好的，但要确保这是一种自愿平等的交流。

- 当对方在倾听的时候，不要一股脑地把心里话全都倒出来，而是一点点地和对方分享你的秘密，将自己不设防的态度慢慢展现给对方。这样可以鼓励对方也加入对话，并愿意向你透露秘密。

- 有一点需要注意的是，这项调查是建立在5次约会的基础之上的。自我披露需要时间的沉淀，也需要一定的关系基础。因此，不要在第一次约会时就把自己的底牌亮给对方。

- 伯格和麦奎恩认为，约会中可以出现不同的观点，也可以允许约会对象有不同的品味。例如，看完电影后，你们可以一起评价这部电影的好坏，各抒己见，但前提是允许对方存在不同的见解。和约会对象之间不必在所有的事情上都达成一致。
- 在深入了解对方之前，不要过早邀请对方外出旅行，也不要太过主动去为对方提供帮助。除非你们已经彼此熟悉，否则这样做会让对方认为你是在刻意献殷勤。

就像我们在前文中提到的那样，在交往中过早地做出判断也会适得其反。同样的道理，在建立关系的第一步，慢慢推进也是非常重要的。通过约会推进关系主要分为三个阶段：

相互了解，评估你们之间是否有共同点；
相约外出，享受彼此的陪伴，看看是否合得来；
最后是相亲相爱，开始一段稳定的关系。

不经过前两个阶段，就不可能到达第三阶段。让人感到惋惜的是，许多潜在的关系都因为其中一方急于求成而最终分手。32 岁的英格丽德说："我只想让对方知道我的态度，因为我可不愿意把时间浪费在那些随便玩玩的男人身上。"当我问她如何判断对方是否认真时，她开始有些扭扭捏捏，经过一些探究后，她承认："我会聊起婚姻的话题，比如，告诉对方我的一个朋友已经订婚了，然后看看对方反应如何。不过我从来没有直接问过对方对婚姻的看法。"命运似乎从不垂怜那些常常把结婚挂在嘴边的人，于是他们中的很多人至今还在单身。杰尔姆也已经30多岁了，他总是约会三四次后就没有下文了。杰尔姆解释说："我有时觉得女人都特别想要得到承诺。我也很想安定下来，有个幸福的家庭，再生个可爱的孩子，但我想和一个爱我的人在一起，而不是随便找个恨嫁的女人结婚。可是，我遇见的每个女人都太急于步入婚姻。她们聊着聊着就会把谈话转移到稳定、结婚、孩子等一系列与婚姻家庭有关的话题上，这样的谈话真让人尴尬。我还在试着了解她，她却开始询问我穿多大的衣服，并且准备带我去试穿结婚礼服。"杰尔姆非常喜欢他在工作中遇到的一个女孩，并且约女孩出去了。第二天一早，杰尔姆走进办公室，想要给女孩打电话。"我刚刚登录电子邮箱，就发现她给我发了两封邮件，并且还在我的语音信箱留了言。我正想给她打电话时，电话铃响了，是她打过来的，她让我马上到三楼大厅见她。我刚一到，她就把一张纸塞到我手里，转身跑开了。我打开纸条，发现上面写着一首诗——《致我的灵魂伴侣》。"

显然，从"了解"到"追求"所需要的时间会因人而异。但根据以往经验，这个过程一般会发生在第 5 次到第 10 次约会之间。在此期间，两个人之间或许会发生肌肤之亲，但何时开始享受床笫之欢是一个复杂的话题。一方面，美妙的性生活是恋爱关系稳定的重要因素，并且可以此来判断你们之间是否和谐；另一方面，性又很容易将一段关系扼杀在萌芽之中。

– 性与新关系 –

20 世纪 60 年代的性解放运动让女性也可以和男性一样平等地享受性爱。然而，这项运动虽然改善了两性关系，但产生了很多副作用：一些女性开始在性爱上越来越主动，甚至把投怀送抱误认为是确立关系的标志。比起那些在性方面相对保守的女性，我想要善意提醒那些把"上床"当作关系开始的女性。CT 扫描、核磁共振成像、内分泌指标和皮肤电反应等多项医学检测，刷新了我们对大脑工作机制的理解，也证实了我的善意提醒的合理性。男性的催产素水平比女性低，除了射精那一刻。然而，和某人发生性关系并不等于为稳定的恋爱关系打下基础。无论是性解放还是性保守，多少都带着些游戏的味道。若是以这样的方式开启一段关系，从长远来看有百害而无一利。你可以耍手腕勾起对方对你的兴趣，但那只是暂时的。最终，他还是会醒悟过来，并且不会再对这段不合适的关系抱有任何幻想。何时同意做爱以及何时开始做爱的关键，是正确理解两个人是如何从认识到熟悉，理解在这个过程中关系是如何推进的。

关系之初，性行为有哪些新规则

情侣在日常相处时，很难用标准确定何时开始有肌肤之亲。下面这些描述会帮助你思考何时与恋人开始更加亲密的接触：

1. 当两个陌生人相遇时，他们的潜意识会开始评估彼此是否能够互相满足标准或者能够互补。给这个过程多留些时间，不要急着进入下一步。

2. 性的力量如此强大，它可以缩短磨合的时间，把两个不一定般配或者目标不一致的人联系在一起。即便这样，至少也要等到第 5 次或第 6 次约会之后再发生亲密接触。

3. 与其红着脸与死党闺密讨论这件事，倒不如相信自己的直觉，直觉的存在有其合理性。

4. 对于不同的人来说，性有着不同的含义。在有些人眼里，卧室里的激情可能是坠入爱河永不相负的标志；而在有些人眼里，美妙的性爱本身就是一个终点。

5. 如果你与伴侣在对待房事上的态度有分歧，尤其是在做爱前才出现在你面前，做爱后就匆匆离开甚至玩消失，那么直接去询问他的态度究竟如何。长痛不如短痛，不合适的关系就及早抽身。

6. 无论对方如何盘问，永远不要和他谈论从前与你发生过关系的人。一旦你禁不住央求说出来，很可能会引起对方的醋意甚至竞争。

－ 恐惧感和新关系 －

很多人在失恋后会一不小心陷入约会的困境，影响他们建立稳定的恋爱关系，正如我在第一步攻略中所提到的那样。如果你从案例中能看到自己的影子，就说明新关系的进展也许会让你感到焦虑。因此，你需要好好安慰一下自己。如果你一直在紧跟我的步伐，整理童年和原生家庭给你留下的后遗症，在寻找伴侣之前进行了感情排毒和自我提升，那么这些努力势必帮助你做出更好的选择，并吸引更多有希望走在一起的潜在伴侣。虽然你已经做了很多值得庆祝的事情，但也要意识到，旧习惯不会在一夜之间消失，改变自己需要一个过程。如果你觉得自己目前的状态越来越差，本章的内容将帮助你重新回到正轨。

一厢情愿

你是否有过这样的经历：当你把所有的心血都投入一段关系，而在第一次激情爆发后，你的潜在伴侣却表现得很冷淡，甚至无所谓。这段经历或许会让你在新的关系中感到焦虑，并且还可能让你在以后的恋爱关系中再次陷入同样的模式。如果你对目前的关系进展不确定，下面的内容将帮助你了解你和他目前的状况：

- 我没有让自己永远"随叫随到"地去满足现任的需求。
- 我考虑过现任的需求，也考虑过我的需求，而不是把两者混为一谈。
- 我试着控制自己对以后的幻想，享受当下，而不是担心未来。
- 我不会让自己处于不必要的压力之下，例如，我总想着"这将是我最重要的一段感情"或"眼前的这个人就是我的唯一"；我也不会庸人自扰地制造压力或者催促自己，例如"我必须在30岁之前谈恋爱"或"我必须带着爱人去参加妹妹的婚礼"。
- 如果出现了问题，我不会把责任都揽到自己身上，也不会认为"如果当初不这样做就好了"。其实，伴侣关系中的双方都需要对关系的幸福和健康负责。

　　这可以帮助你理清目前你在关系中的角色和位置。也许你一直在努力改善关系，可关系会循环反复，甚至偶尔还会退回到从前的相处模式，但只要你朝着上述目标奋斗，你们的关系会越来越稳固。如果你的新伴侣在相处中态度冷淡，甚至喜欢独自打发时间，你也不要一下子就感觉不好，做个深呼吸，放空自己，尝试内省。首先，我们不得不承认，每个人都需要私人空间，即便是迫切需要陪伴的人也是如此，重要的是如何让一个空闲的晚上充实起来。其次，有时候感情就像捧在手里的沙子，越是想紧紧握住，就流失得越快。

　　有时候，虽然你已经放下了那些没有结果的恋情，但你或许还是带着虐恋的模式与真正适合你的人相处。如果你的给予和付出远远超过了对方，或许会让他们感觉恐慌并想要逃离。然而，这是一种积极的进步。在自由与承诺之间找到平衡并不是一个人的事，即便是那些关系融洽的伴侣也要为此共同努力，否则就会变成一方在拼命争取独立，而另一方却想要牢牢抓住对方。如果看过上述的建议，你仍然感觉你的恋人想要拼命挣脱束缚，下面的内容将会对你有所帮助。

忽冷忽热

你是否在关系中忽冷忽热，追求对方时热情似火，可一旦赢得了芳心就兴趣全无。如果真的是这样，你该如何打破这种模式呢？如果你能够在刚刚相处时放慢自己的节奏，不要马上用关注、礼物和承诺去征服你的爱人，就可以处于一个可攻可守的位置。你的恋人会对你抱有比较现实的期望，而你也不会因为要兑现过多的承诺而感觉压力重重。然而，你或许会对这个建议持怀疑态度，甚至想继续坚持自己的想法。这种情况下，你要怎么做呢？

- 在关系中，人或多或少都会感到焦虑，或感觉被孤独淹没。除了最初坠入爱河的兴奋时刻，没有哪对情侣想要24小时不分离。如果你们一起度过了周末，那么可以在日常生活中适当分开。当你需要独处的时候，最好走出家门参加一些活动，不要对着手机、电脑或者电视，这样只会被对方误认为是冷漠或拒绝。这就是为什么度假小屋、小菜园、养狗、打高尔夫、钓鱼等活动非常受欢迎，这些活动都提供了让自己享受短暂的独处和分离的时光。

回顾一下你从前的亲密关系，找出那些曾经让你仓皇逃跑的时刻。当你再次感觉想要从亲密关系中逃离时，可以和恋人进行一次简短的谈话。当然，你既不必让自己的心情太沉重，也不必让对话的氛围太沉重，只需把你自己的想法坦诚地说出来即可。

- 对目前的关系给出反馈，可以举一些例子说明。然后，简短地结束对话并且给对方一些提醒，例如"我依旧很喜欢和你相处（不需要过多倾诉对感情的不满，因为此时此刻并不是让你和对方一决高下），不过我也应该让你知道，在感情面前我一直像个逃兵，我也不知道为什么（无须提及你的童年或者原生家庭问题）。所以，如果我对你的态度太过冷淡，请给我一点儿时间。当然，你也可以随时提醒我"。

- 诚实地给对方反馈，并解释你们中间发生的哪些事情会让你有种想要逃离的感觉。比如，"我很感激你在周日晚上留我在你家吃饭，但有时我需要回家为下周的工作做准备。"要知道，你的约会对象或未来的伴侣可能也很害怕承诺，所以我们需要做好准备，认真倾听对方的想法。

- 如果你感觉有压力，不妨坦诚地面对和承认，这样做可以帮助你缓解和释放压力。对于许多人来说，这也是减轻恐惧的最好方法。在此之前，你的心跳可能会加快，但随后你便能体会到意想不到的轻松，甚至是解放。此外，诚实会让你的另一半变得更有能力。一旦他理解这些问题，就不会把临阵退缩误认为是两个人的关系出了问题。他不会因此追得更紧，也不会索性放弃。

- 停下来休息片刻。如果你因为恋人的缺点而备感困扰，可以问问自己：我的期望是不是太高了？我是不是把他的缺点当成开始另一段恋情的借口？我们都希望有一个完美的爱人，给我们沉闷的生活带来靓丽的色彩，解决我们所有的问题，并且还能没有矛盾，不会为情所困。然而，这样的恋人似乎只活在童话里。然而，也有很多条件很好的人可以和我们相处得很好，在这个过程中，我们会彼此磨合，并且会为了和对方好好相处而磨掉自己身上的一些棱角。相处意味着要一起成长，因此不应该把磨合中出现的短暂冲突上纲上线。

- 如果你按照上面的指导做出了一些努力，却发现自己仍然想要逃离这段关系，那么不妨退后一步，并适当放手。让自己冷静盘点一下这段关系中有没有值得欣慰的东西？对方身上有哪些优点？你是否有些反应过度？记住，你只是在决定是否继续谈恋爱，而不是确定终身伴侣。

如果承诺让你感到恐惧，第一步策略就是将问题拿到桌面上谈。这个策略如何在现实层面发挥作用呢？40岁的詹姆斯有个比自己小10岁的女友艾玛。这对情侣在恋爱初期就遇到了困难。詹姆斯说："我感觉自己快崩溃了。我是一个自由职业者，和艾玛相识时，刚好是我的低谷期，那时的我为了签合同不惜四处奔波。虽然我有点自顾不暇，但我依然觉得应该给艾玛一些帮助和支持，成为她的良师益友。我依稀记得在一个阳光明媚的下午，我漫无目地走过熙熙攘攘的广场，发现所有人都玩得很开心，无论周围发生什么事都不能打扰他们的快乐。我知道我能处理好自己的问题，但我无法处理好艾玛的问题。可偏偏艾玛有好多事需要我帮忙，让我分身乏术，于是我开始怀疑我们是否应该在一起。"幸运的是，他们沟通得很好，艾玛注意到詹姆斯闷闷不乐，而詹姆斯也很坦诚地说出了自己的感受："我们两个的事业都很重要，但我实在无力兼顾。"艾玛又生气又伤心："你为什么认为我需要你付出这么多？"实际上，詹姆斯只是误以为自己是艾玛的全职顾问。虽然这对情侣争吵得很激烈，可争吵增进了他们对彼此的了解。很多时候，恋人的需求、期望和对承诺的要求往往只存在于我们自己狂热的想象中，发现真相的唯一方法就是敞开心扉与对方沟通。

情境再现

　　有时候，现任的行为举止可能会和前任很像。喋喋不休的争论不仅令人沮丧，而且会让你严重怀疑这段新恋情是否能坚持下去。那么，你是爱上了一个与前任很像的新对象，还是由于"情境再现"而放大了现在的问题？28岁的菲利帕曾经被渣男伤害过："我和他是办公室恋情，后来他与办公室里的另一个女孩关系暧昧，最终他承认对她有感觉。经过一番纠结，我决定把他赢回来。虽然另一个女孩退缩了，但我和他之间的关系也变得非常微妙，最终变成了路人。我很伤心，觉得自己是个十足的傻瓜，从来没有任何一个人让我感觉这样尊严扫地。"6个月后，她开始和新认识的男孩达伦约会。"我们相处得很好，一到周末就会腻在一起。可一个星期五早上，他打电话说晚上不来我这里了，因为这周要去外地录制电视节目，实在没有时间。虽然我很沮丧，但还是劝说自己往好处想。我们说好在他工作结束后再约时间，可他一直没有打电话给我。我试着给他打电话，但他的电话关机了。我安慰自己说，他可能一直在录影棚里忙。下班后，我独自去了我们第一次见面的那家酒吧。我的哥哥是那家酒吧的老板，他告诉我达伦来过。我一下子高兴起来，太好了，他回家了，终于可以来我这里了。所以我再一次打他的手机，但还是关机了。我一整晚都在给他打电话，但他始终关机。我感觉达伦有别的女人，他现在一定陪在另一个女人身边。除此之外，还有其他可能吗？"可事情的真相却是，有人送给达伦一张足球比赛的门票，而达伦很清楚菲利帕知道他要外出看球后会有什么反应，因此就假装自己去了外地。似曾相识的情境让菲利帕做出了最坏的假设，沮丧让她失去了理智，根本不想等待真相。他们讨论了各自的问题，达伦同意不再用善意的谎言掩藏真相，菲利帕也同意以后会让约会的时间更加灵活，尤其在彼此都有事情时。

如果你发现自己对恋人的言行反应过度，停下来思考一下：这种反应是不是因为过去发生的某件事情而变得如此强烈？对于棘手的问题，我通常认为20%与现在有关，80%与过去有关。所以，回顾一下小时候，把那些属于过去的东西都暂时放下。贾丝廷（我们在第四章曾经讲过她的故事，她总是对坏男孩无法自拔）打算不再干涉男友喝酒："我感觉自己还是在为父亲曾经的行为负责。我的第一任男朋友是一个大叔，那时我还未成年。他生活优渥，给了我很多支持，为我减轻了很多生活压力。"虽然问题没有改变，但贾丝廷改变了处理方式，随后发生了一系列的连锁反应。"每当他打开冰箱的时候，我不再惊慌失措，也不再小题大做地和他争论，他也不再喝那么多酒。我渐渐发现，尽管男友有时会喝酒，但他身上并没有什么严重问题，因为他并不像我父亲那样嗜酒如命。"如果恋人的行为让我们感到不悦，我们的第一反应总是想让他们做出改变。但在匆忙之中，我们忽略了自己会对事件产生的影响、自己的过往经历，以及我们可能把过去的问题投射到目前的关系中。不同的行为会引起恋人不同的反应，所以如果你对"情境再现"的说法持怀疑态度，不妨退一步思考：还可以用什么方法来解决这个问题？如果你暂时想不出，可以问问你的朋友，或者采取与自己常规应对策略相反的做法。任何能打破从前模式的事情，都能让你把恋人视为一个独立的、与你过往经历无关的个体，并且不会再让过去的关系模式影响现在发生的事情。

打破旧模式的另一个关键是把问题先放一放。一旦与恋人发生争吵，我们常常感觉是关系出了问题，但实际上争吵意味着关系还有希望，尤其是嵌入了旧情境和旧模式的争吵。如果说大多数问题都源于过去，那么今天的争吵就是在找到出口，解决那些长期存在的问题。如果你对这种程式化的恋人关系表示怀疑，我可以用我接手过的案例来解答你的疑问：在90%的情况下，关系出现问题的情侣最好再坚持一下，给彼此一些时间来尝试解决问题，经过这样的磨合，你们的关系很有希望再近一步。

- 三个月考察期 -

一方面，过早地对一段关系定性，就好像拔苗助长一样；另一方面，仅仅对关系充满愿景和希望，很可能会让关系找不到出路。32 岁的玛吉已经和她的男朋友在一起 3 年了。玛吉说："他曾经有过一次婚姻，或许是一朝被蛇咬，十年怕井绳，所以小心谨慎是他的常态。我理解婚姻并非易事，因为它需要经营。女生总想听到些关于天长地久的情话，可他一个字都不肯跟我说，更不肯和我承诺两个人要长相厮守。有时候，我会和朋友说'婚姻并不像人们所说的那样美好'，但只有我自己知道，这只不过是自欺欺人而已。我觉得我应该找个和自己一样想要结婚的人，但是我又很爱他，我们曾经一起度过了很多美好的时光，我实在不忍心放下这一切。"

尽管本书的中心思想之一是"不要太快做出判断"，但在关键问题上也不能无限期拖延。在我看来，3 个月是一个重要的里程碑。那么，如何评价你们之间的关系进展呢？

- 你们相识多久了？恋情目前进展如何呢？
- 你们都不再和其他人约会了吗？
- 你们会公布恋情吗？
- 你们之间的沟通顺畅吗？

- 你们能在彼此面前很放松吗？

- 当你开启一段新恋情时，你会很欣赏自己吗？

- 你们对彼此的生活细节感兴趣吗？

- 谁在经营关系上投入了更多的精力？

- 谁会主动打电话？谁主动发起约会？

- 如果你事必躬亲，做了很多事情，可以试着退一步，让对方有机会主动一些。很多时候，与其不断投入精力去维持一段关系，不如让它顺其自然。

- 如果你的伴侣一直努力，你大可放下拘束，提出一些可以增进关系的建议。例如，与家人见面，或者一起去旅行。需要提醒你的是，虽然大家都希望关系能向前发展，但有时候如果你突然表现得热情主动，并且发出承诺的信号，可能会让未来的伴侣感到恐慌和退缩。

－ 如何辨别新恋情 －

通常来说，恋爱关系会在3个月左右出现裂缝，在此之前，你们的关系可能一直很完美。然而，我们很容易忽视一些预警，依旧享受着激情和浪漫。对预警信号视而不见，可能会在将来酿成大错，因为有些潜在的伴侣是相当危险的。

虽然我为单身男女提出了很多建议，但下面的内容是专门针对女性读者的：我们要警惕斯德哥尔摩式恋爱。"斯德哥尔摩综合征"得名于 20 世纪 70 年代发生在瑞典首都斯德哥尔摩的一起银行抢劫案。当时，绑匪挟持了 4 名人质，一名女性人质后来与一名绑匪订了婚，还有一名女性人质发起了一项法律基金，用以支付劫匪的辩护费用。虽然这是一个极端的例子，却说明了一个越来越普遍的现象：一些在恋情中经历过痛苦的女性会心甘情愿地对道德败坏、人格危险或者有虐待倾向的男人越陷越深。为什么会这样呢？为什么我很想提醒各位单身女性要引以为戒呢？

从表面上看，斯德哥尔摩式情人是很好的恋人，他会做出浪漫的举动（比如买非常昂贵的礼物），也很有激情（"我们开车去伦敦吧，我知道有一家很有情调的小餐馆"），并且喜欢打破常规（"谁在乎别人怎么想？"）。许多男人都羞于承诺，可斯德哥尔摩式情人恰恰相反。28 岁的米歇尔就经历了一场斯德哥尔摩式恋情。米歇尔第一次遇见年近四旬的亚历克斯时，就发现他与其他男人不太一样。米歇尔回忆道："在第二次约会时，他就说我是他生命中的挚爱，他从来没有如此喜欢过一个人，他甚至连孩子的名字都想好了。"米歇尔虽然受宠若惊，但还是接受了他后来送的鲜花、毛绒河马，并且一起去科茨沃尔德度假。"斯德哥尔摩式男人不是真的绑架女人，而是伏击她们的情感。米歇尔解释说："那段时间我感觉自己很幸福，因为我和他之间的感情好得让人难以置信。"实际上，虽然一下子堕入情网是一件很正常的事，但大多数人在关系确定之前都会有所克制。相比起女人，男人并不害怕很快做出承诺这件事，但他们有时会做出不切实际的承诺。有些男人会在见面几次后就对整个未来做出计划，有些人甚至在第一个月就想开始同居。亚历克斯的夸张举动让米歇尔觉得自己变成了偶像剧女主角，所以她忽略了那些通常会让她产生怀疑的行为。"在我们去科茨沃尔德的路上，他不停地按喇叭，骂前面的司机是个讨厌鬼。到了旅馆，因为我们的房间没准备好，他还大闹了一场，并且对前台的女孩很粗鲁。但我当时一点儿都没察觉出不对劲，因为他简直太慷慨大方了。"虽然米歇尔意识到亚历克斯是个脾气暴躁的人，并且唯我独尊，受不得一点儿约束和干涉，但她从未想过他会直接对她发脾气，因为他说过：米歇尔是他的小公主，他一定会好好呵护她。而米歇尔没有意识到的是，亚历克斯已经开始了典型的斯德哥尔摩模式：威胁和奖励。不是每个斯德哥尔摩式情人都会对他们的伴侣使用暴力。有些人只是用乱扔东西或者打架斗殴这类事情来制造麻烦。亚历克斯就属于后者。在科茨沃尔德度假时，他在监狱里待了一个晚上，因为他认为夜店里的一个男人用眼神挑逗米歇尔，他对那个男人大打出手。最终，所有的斯德哥尔摩式情人都会对伴侣进行情感虐待。

32 岁的乔西也遇到了同样的问题："因为迈克真的爱我，希望给我最好的，所以他才会诚实地说出自己的想法。"然而，这其中也包括对她胖胖的手臂以及小肚腩的羞辱，以及对她穿搭品味的评判。这些话渐渐地上升到人格层面，屡屡让乔西感到被侮辱。乔西讲述了迈克是如何逐渐摧毁她的自信的："他是名校毕业，喜欢在谈话中提到一些我没听过的名字，然后跟我介绍这些优秀的人是谁，就好像我是个 3 岁小孩似的。"更糟糕的是，他在认识不久后就开始当众剖析乔西的行为，说她又蠢又无知。可乔西为什么不离开他呢？"如果他做得太过分了，接下来就会非常贴心。比如，准备好早餐陪我一起在床上吃，在工作很忙的时候抽空带我去吃一顿昂贵的午餐，还会送一些贵重的首饰给我做礼物。我觉得或许他人还不错，就是脾气有点儿差，如果我再努力一点，他就能一直对我好。"迈克表现出了第二种典型斯德哥尔摩式行为：让伴侣在成瘾和戒断之间徘徊。

控制女人的人际交往是虐待行为的开始，就像银行里的人质被劫匪切断了外界联系一样。当然，乔西认为带迈克去参加同事的活动是一件十分麻烦的事，她说："他一直说我们应该好好享受二人世界，只有我们俩就可以了。"慢慢地，乔西放弃了所有的业余爱好，比如骑马，因为迈克非要和她一起去，并且全程没有好脸色，让乔西根本没办法享受骑马的乐趣。同时，迈克和她的家人关系也不好。每当乔西的母亲给乔西打电话时，迈克就会不停地盘问，并且还会讽刺乔西母女谈论的话题，无论是家长里短还是生活规划。所以乔西只会在他不在的时候给家人打电话。乔西说："他认为我妈妈太庸俗，不理解我们'惊世骇俗的爱情'。"迈克为斯德哥尔摩式关系添加了另一个关键元素：敌人。共同的敌人会加强施虐者和受虐者之间的联系。更糟糕的是，旁人意识不到这种恋爱关系的不正常，而被困在斯德哥尔摩式关系中的女性会自动把问题归咎为自身行为。米歇尔的确发现了亚历克斯言行举止不当，但她认为这是由于"我没有给他足够的安全感，我付出得太少了"。她甚至觉得有人能喜欢她就已经很不错了，因为此时她感到自己既没能力又没价值。她喃喃自语："内心深处似乎有个微弱的声音在嘲笑我，说我是个彻头彻尾的疯子，根本没人会要我。"她已经彻底沦为亚历克斯的俘虏。

是什么因素驱使这些男人要用如此残忍的方法来对待女性呢？虽然有些人有意识地想要俘获女人的芳心，但他们中的大多数人都是极度自恋地认为自己是很棒的男人。他们含情脉脉的目光、浪漫的情怀、按捺不住的激情（但可能失控，变成大打出手）和难以抑制的控制欲都是典型的以自我为中心。问题是，这些人似乎无法理解别人的观点，也意识不到自己的行为会产生什么影响，并且已经上升到病症层面。他们认为自己永远是对的，而其他人永远是错的。

如何识别斯德哥尔摩式情人

- 看看他对餐馆服务员的态度。他会发牢骚、抱怨、故意找麻烦，甚至把她贬低得一文不值吗？

- 他如何评价前任？他会把前任描述成一个疯狂、易怒、愚蠢或忘恩负义的女人吗？

- 他会信誓旦旦地和你做保证吗，即便你并没有要求他这样做？比如，他说自己从不喝醉，也从不打女人。

- 他对自己的不良行为感到骄傲吗？比如，说自己是个工作狂。他是否会和你讲起自己做过的一些疯狂的事情？比如，整晚守在一个女孩的公寓外面。

- 他的朋友是什么样的人？斯德哥尔摩式情人只有几个普通朋友或和他一样的朋友。

我还没有遇到过哪个女性会在关系中扮演斯德哥尔摩式情人。然而，还有一些性格特征表面上很有吸引力，但对人际关系是致命的。且无论男女，都可能表现出这类人格特质，即自恋。

自恋的诱惑

希腊神话中提到了自恋的故事。16 岁的英俊少年纳西索斯拒绝了仙女厄科的表白。复仇女神为了惩罚他的狂妄，让他爱上了自己在水中的倒影。纳西索斯终日凝望着自己在水中的倒影无法自拔，因为永远无法触碰到爱情，最后郁郁而终。神话之所以能流传下来，是因为其中蕴含的道理会让今天的人们仍然受益。对于自恋指数太高的人来说，爱自己太多会对别人的爱视而不见。在 20 世纪 70 年代，精神分析学家海因茨·科胡特深入研究了这一观点，并发展出自恋型人格障碍的理论，用来描述那些高傲自大、自尊心一受到打击就勃然大怒的人。这听起来很像那些被公众过度追捧的名人的行为，但自恋的机制要更为复杂一些。精神分析的创始人弗洛伊德认为，自恋是人类与生俱来的性格，并强调了原发自恋和继发自恋的区别。原发自恋是儿童发展的一个自然阶段：婴儿在学会爱别人之前，要先明确自己的身份并学会爱自己。而继发自恋是一种自爱，它阻碍了个体与他人建立有意义的关系。

美国精神病学协会认为，世界上大约有 0.7%～1% 的人是自恋型人格障碍患者，大多数患者是男性。根据诊断手册，符合以下至少 5 点的人表明可能有自恋型人格障碍：

1. 具有自我重要性的夸大感。
2. 幻想无限成功、权利、才华、美丽或理想爱情的先占观念。

3. 认为自己是"特殊"的，只能被其他特殊的或地位高的人（机构）所理解，并与之交往。

4. 要求过度的赞美。

5. 有一种权利感（即不合理的期望、特殊的优待或让他人自动顺从的期望）。

6. 在人际关系上剥削他人，为了达到自己的目的而利用别人。

7. 缺乏共情：不愿识别或认同他人的感受和需求。

8. 常常嫉妒别人，或认为他人嫉妒自己。

9. 表现为高傲、傲慢的行为或态度。[1]

自恋指数高的人愿意在外表上花费大量的时间和金钱，因此他们看上去非常自信。正如我们在前文中提到的，他们总是自信满满、魅力四射。自恋者希望自己所拥有的一切都是最好的，他们当然也希望自己拥有最好的亲密关系。相比其他人，自恋者的亲密关系更加你侬我侬、激情澎湃，并且能给他们带来更高的回报。他们会投入大量的精力去征服未来伴侣，未来伴侣也会误认为自己找到了命中注定的真爱。因此，自恋者很容易吸引潜在伴侣，但他们在关系中并不能付出真正的爱，而是利用关系来夸大

---

[1]　摘自张道龙翻译的《精神障碍诊断与统计手册》第 5 版中译本。——译者注

自我。总之，自恋者，无论男女，都内心空洞，最好避免与他们建立亲密关系。

所以，相处3个月后评估你们的关系时，一定要考虑全面，而不要被肤浅的外表、夸张的姿态或虚假的人设蒙蔽。有句古话说得好：镜花水月一场空，太过美好的东西往往是不真实的。不幸的是，许多关系在这个阶段还没过蜜月期，所以关系双方经常无法理性思考。

- 什么是爱情 -

如果一本关于寻找伴侣的书没有提到爱情，没有讲解爱情是如何影响我们言行的，那么这本书一定是不完整的。然而，心理学鼻祖们很少有人研究过爱情，除了实验心理学家多萝西·坦诺夫。从60年代中期开始，坦诺夫开始研究为何坠入爱河的情侣会经历截然相反的感受：极度幸福和极度痛苦。她总共进行了500次访谈，发现不同文化背景下的人们会用同样的方式来描述这段经历，无论男女都一样。尽管刚爱上一个人时要经历种种困难，并且会担心爱情得不到回报，但仍有95%的受访者认为爱情是一段美好的经历；83%的人认为没有恋爱过的人生是不完整的，因为他们会错过生命中最愉快的经历；42%的人将这段关系描述为"灵魂伴侣"。为了区分热恋中情侣的激情和老夫老妻之间的相濡以沫，坦诺夫创造了一个词"迷恋"。虽然浪漫小说家、诗人和词曲作家也会在作品中谈论爱情，但他们实际上是在描述迷恋。接下来，让我们一起看看爱与迷恋之间有哪些重要区别。

迷恋就像魔咒，它让我们感觉自己所爱的一切都是特别的。坦诺夫引用了其中一位受访者特里的话："直到遇见她，我才真正懂得什么叫爱屋及乌。她所有的东西都让我着迷，我甚至喜欢她的手提包、她的笔记本，甚至她的铅笔。我其实特别讨厌铅笔上的牙印，因为它们让我感觉恶心，但她的牙印除外。她就像女神一样，她那衔着铅笔的樱桃小嘴让我痴迷。"而在一段相处多年的伴侣关系中，那支布满牙印的铅笔很可能会被扔进垃圾桶，而不是像白月光和朱砂痣一样让人感到圣洁无瑕。

尽管情人眼里出西施，但2/3的男性和3/4的女性还是能识别出伴侣的性格缺陷或坏习惯。然而，这些问题并没有被讨论和解决，反而被愉快地忽视或淡化了。坦诺夫引用了一位受访者的话："是的，我知道他赌博，我知道他有时酗酒，我知道他从来不读书，我知道他身上问题很多，但我总觉得瑕不掩瑜。他卷曲的长发，他注视我时含情脉脉的眼神，以及每天早上体贴地开车送我去上班，这些都让我痴迷。"那些已经结婚多年的夫妻很少会有这样的感受，对于他们来说，长发再有魅力，也不能平息醉酒夜归带来的争吵。

迷恋会让我们对恋人朝思暮想，就像得了相思病一样。甚至会有一些极端的情况，比如学生因早恋辍学，一些职场人士因为痴迷于爱慕对象而在工作时间做白日梦或煲电话粥。相比之下，已婚夫妇完全有能力胜任工作、经营家庭，以及享受社交生活，他们彼此依恋又相互独立。

迷恋让人变得非常专一，眼中只有恋人，不会再与其他人纠缠不清。28 岁的威廉说："周末时，我去参加了一个朋友的单身派对。派对结束后，我们又去了一家艳舞酒吧。场子里有很多漂亮的女孩，我所有的朋友都一边吹口哨，一边放声大笑。我当时也看中一个女孩，她有一双修长的腿，但她的脚踝太丑了。在我心里，霍莉才是真爱，任何女孩都比不上她。"心理治疗师和作家布雷特·卡尔为论文《人类性幻想》调查了 19 000 名英国成年人。根据卡尔的研究，90% 的已婚夫妇在做爱时经常幻想着另一个人。

迷恋最神奇的地方是它让我们觉得自己有能力解决任何事情。如果信用卡欠款已经纳入个人征信，工作无聊至极，或者老妈专横跋扈，怎么办？这一切都无所谓，与恋人风雨同舟，足以征服世界。我们需要一起克服情路上的障碍，因为这是一个证明感情和增进关系的好机会。

迷恋让人兴奋，甚至让人上瘾，但所有的情侣必须面对一个现实问题：迷恋不会永远持续下去。从时间范围看，迷恋持续的最长时间是 6 个月，前提是付出的爱尚未得到回报。48 岁的欧文就是一个很好的例子。他爱上了一个比自己年轻得多的同事："当我们在走廊里相遇时，她看我的眼神会让我欣喜若狂，也许她也有同样的感觉。'窈窕淑女，君子好逑'，我心中唯一的安慰就是幻想我们能够一起开启全新的生活：在河畔的花园里分享羊角面包和咖啡，或者一起参观威尼斯的教堂和画廊。然而，幻想带来的解脱只是暂时的，幻想会让我更加渴望她。"不幸的是，这位美女同事已经订婚了，而欧文也非常清醒理智，他知道她不太可能跟他一起开启全新的生活。尽管美女同事浑然不觉，但欧文心中的爱火依然无法熄灭。幸运的是，这样的关系持续了一段时间后，欧文就开始感到疲惫不堪。

在短期关系中，若关系中的一方陷入迷恋无法自拔，而另一方渐渐远离，此时的迷恋就会出现问题。"那真是一段完美的爱情，"28 岁的瑞恩说道，"我们都是大学里的高年级学生，有很多共同之处，一下课就会待在一起。我们之间非常有默契，会一起去图书馆学习，知道对方是否要喝咖啡，并且会把所有的休息时间都协调和安排好，真正的灵魂伴侣也莫过于此，我甚至以为我们会共度余生。"分手给瑞恩带来了沉重的打击："我一开始根本没多想，但是现在回想起来，很多事情都有蛛丝马迹可循。开始时，她独自学习的时间越来越长，我以为是因为快考试了。后来，她又说想要回家过周末，我以为她想家了。"

迷恋使我们缩小了与所爱之人之间的差异，因为我们非常渴望与他们结合，它会使我们忽略潜在的冲突，并盲目地认为任何事情都是对关系有益的。这可能就是瑞恩错误解读信号的原因。女友离开他后，他变得非常沮丧："我无法集中注意力。甚至开始逃课，连重要的论文都没有按时交。"如果你也因为过于迷恋而无法从伤痛中走出，请参阅我为大家准备的练习，以便获得更多建议。

当迷恋持续的时间超过 6 个月后，最多可以持续多久呢？根据我的经验，这样的迷恋通常会持续 18 个月到 3 年。幸运的是，随着时间的推进，盲目性会逐渐减弱，因为关系双方或一方的注意力开始渐渐着眼于外部现实。情侣双方可以慢慢地、认真地考量他们的关系是否有未来。也是从这时起，双方开始发展依恋关系。好消息是，依恋不同于迷恋，依恋关系可以持续一生。（想了解更多关于如何培养和保护依恋关系，请参阅我的书《幸福关系的 7 段旅程》）。当我向来访者解释什么是迷恋时，大部分人都会表现出极度的失望。情侣之间相互迷恋的感觉是美妙的，是人生的乐趣之一，这种乐趣为什么不能永远持续下去呢？首先，我们不可能永远黏在爱人的身边，如果我们和伴侣整日厮混在一起，就没有时间去工作、抚养孩子。假如真是这样，人类现在恐怕还生活在蛮荒时代。其次，迷恋会让人失去理智，让我们在关系方面做出许多错误的选择。我们会说服自己，让自己接受一个不切实际的人，并误认为他会成为完美伴侣，甚至不惜牺牲自我，让自己陷入绝望和痛苦。然而，如果没有相识之初的狂热迷恋，两个人也不会有想要患难与共的美好愿景。不然怎么会有人疯狂到把未来托付给一个完全陌生的人呢？因此，如果你目前正沉浸在迷恋之中，不如遵从内心的体验，享受当下的每一刻。正是因为它不会永远持续下去，所以应该让每一刻的幸福都变得更加甜蜜。

- 18个月的恋爱大考验 -

如果说3个月的时间可以让两个人通过非正式的外出活动确立恋爱关系，那么18个月的时间就可以让这段关系变成一段稳定的伴侣关系。让你欲罢不能的迷恋阶段已经过去了，你也不会因为想着一个人而辗转反侧、茶饭不思、神魂颠倒了，但你们之间依旧幸福感满满，这种感觉足以缓解关系增进所带来的紧张不适。这是关系发展中非常重要的一个阶段，我可以找到足够的科学依据支持我的观点。得克萨斯大学的研究人员经过长期追踪研究发现，18个月到3年恋爱期是幸福婚姻的前奏。而社会生物学家发现，负责爱情和吸引的三种荷尔蒙——多巴胺、苯基乙胺和内啡肽——在18个月到3年这段时间里达到顶峰。最后一项证据来自约翰·T. 莫洛伊对注册结婚的美国夫妇进行的调查。他指出，求爱的情侣在 18 个月内订婚的可能性最大。在他看来，恋情进展到第 22 个月的时候，求婚的机会开始缓慢下降；恋爱 22 个月之后，订婚的机会就会逐渐减少；在一起三年半之后，情侣想要结婚的可能性开始直线下降。

所以，你可以通过以下问题来评估你们的关系进展：

1. 如果一个很有魅力的人表示对你有兴趣，你会告诉对方你已经有男 / 女朋友了吗？

2. 面对上述问题，你的男 / 女朋友又会怎样处理呢？

3. 你可以放下戒备，和恋人分享生活中的一切喜怒哀乐吗？

4. 你们喜欢一起出去玩吗，比如一起看电影或者出去吃饭。

5. 你们可以一起商量和预订明年夏天的度假计划或圣诞节计划吗？

6. 你的男 / 女朋友在这段恋爱关系中是否言行一致？

7. 你们是否有共同的生活追求？

8. 如果你遇到紧急情况，比如家里有人闯入，你会第一个打电话给恋人寻求情感上以及实际行动上的支持吗？

9. 如果有好消息，你会第一个给你的男 / 女朋友打电话吗？

10. 你们是否会先为对方考虑？

11. 你能和恋人分享内心的秘密、恐惧和梦想吗？

12. 你的恋人能保护你不受他家人的刁难吗？

13. 你们能一起配合默契地组织一次正式活动吗？比如旅游度假或大型派对？

14. 你认为你的恋人是个好人吗？

这个测试无须计算分数，但关系不错的伴侣至少有7个问题回答"是"。从这里开始，每个问题都逐渐揭示出你们关系中重要的特质。当我与来访者讨论这个测试时，他们认为应该测试一下当自己身处困境时，恋人可以给到怎样的支持——这才是最重要的测试。然而，恋人之间不仅要共苦，也要同甘，能彼此分享成功的喜悦也是一件很重要的事。可有些恋人却常常担心对方会因为成功或成长太快而远离自己。所以，我们不得不把关系稳定的标准一再降低，可良好的伴侣关系需要双方之间的默契和配合，有共同的目标并且能朝着这个目标一起努力才是关系稳固的关键。

让我们继续上面的测试：如果你第14题的答案为"是"，但又有其他附加条件，比如"只要不喝醉就行"或"除非她能不那么吃醋"……那么，梳理一下，想想你会有很多附件条件吗？你的恋人又是如何看待你的呢？请回答下面两个问题：

15. 你的恋人多大年纪？

16. 他的梦想和抱负实现了多少?

如果你想要迈入结婚殿堂，或者对生活做出承诺，最后两个问题是最重要的。让我来解释一下为何寻找终身伴侣还要考虑对方的事业或成就。英国男性的平均初婚年龄为 30.5 岁，女性为 28.2 岁。看来"三十而立"这句话还是很有道理的。年龄低于 45 岁的人群中，只有 6% 的女性和 9% 的男性从未结过婚。对于想要成家立业的女性来说，年龄也是一个至关重要的问题。而同样的，男人也有一个生物钟，从 42 岁左右开始滴答作响，并不断提醒和鞭策着男人。男人担心的并不只是成为一个孩子的父亲，而是自己是否有足够的精力去做一个好爸爸。

无论胸怀大志的人生观是对是错，每个人心中都有理想，尤其是男性。大多数男性仍然希望成为家里的经济支柱。在打好事业根基或实现抱负之前，他们基本不会考虑成家立业。36 岁的摄影师西蒙就是一个很好的例子，他直到现在才决定找个人携手一生:"从前的我一心向往自由，想做什么就做什么。"他在 19 岁时与前女友谈恋爱，3 年后分手了，因为他感觉女友的爱束缚了他:"一到周六就拉着我购物，周日永远是和她父母一起吃烤肉。我想去看丛林和火山，想要去南半球航海。"受过高等教育的男性大都结婚比较晚，因为他们在二十几岁才走出校园，需要更长的时间才能在职场站稳脚跟。他们大多在 30～36 岁之间结婚，如果本科毕业后继续读书深造，则会在 35 岁左右结婚。相比之下，没有走进大学读书的男性结婚年龄是 28~33 岁。

人人都想让自己在事业上有所成就，因此会担心儿女情长会让我们失去斗志，可尽管这样，也没有谁愿意单身一辈子。32 岁的查理是伦敦金融城的金领，工作忙碌，经常出差。正如他所说："我必须毫无牵挂才能勇往直前。"然而，这并没有阻止他坠入爱河："那种感觉是美妙的，但让我感觉害怕。我觉得自己好像得了相思病一样，脑海里全都是她的身影，我做的每件事都离不开她的支持，这种感觉让我着迷。"让人感到惋惜的是，女友一直想要有个家，可查理始终不愿意面对这件事情，所以他们最终还是分手了。查理最后感叹道："错的时间遇见对的人，是一声叹息。"人们很容易把查理这样的男人视为渣男，但他坚称自己一开始就很坦诚地告诉对方自己并不想认真谈恋爱。"每一段恋情开始时我都会把丑话说在前面，我以为把一切都说得很清楚了，可这些女孩还是会在分手时哭着说我爱你。"但其实有些男人想要的东西也很简单，无非是一点"简简单单"的感情。我也曾经遇到过一些年长的离婚男性来访者，他们在咨询中怀念曾经在关系中体会到的温暖和陪伴，并且会抱怨现在身边的女人都是"今朝有酒今朝醉"，根本不想找稳定的恋爱关系。48 岁的格雷格已经单身 3 年了："有些 50 多岁的女人真的很强势，甚至会吓到我。别误会我的意思！她们很漂亮，身材也很好，但是她们有自己的生活，有车有房有人脉，而且她们似乎根本不想让一个想相伴余生的男人把生活搞复杂。我曾经遇到过一个女人，我们的性生活非常和谐，但我越接近她，她就越想溜走。后来，她彻底失联了。"

另一类单身人士有固定的约会对象，却经常没时间约会，他们仍然无法从过去的恋情中走出来。32岁的艾梅莉亚是一个离异的单身妈妈，她说："贾斯汀要独自抚养两个年幼的孩子，在我眼里他真的是一个好父亲。但是两年来，我们的约会总是虎头蛇尾，因为他的前妻随时都会打电话把他叫走，让他帮忙解决那些莫名其妙的紧急情况，比如楼下的厕所不能冲水。我建议他让前妻叫个管道工人来修理，大家都这样。结果，他两个星期没给我打电话。"所以请记住，在18个月恋爱大考验的第一部分中，你很可能所有的问题都回答"是"，但你会发现，由于生活状况、工作或者其他需要履行的义务，你们的关系并没有那么稳固。

- 关系升级 -

有很多情侣参加了18个月爱情大考验，却发现他们根本没有为长期关系做好准备。我通常告诉他们"不要慌张"，因为我们仍然有时间扫清障碍，把那些回答"否"的问题答案变成

"是"。这件事情对于恋爱中的男人来说更为容易，他们可以理智地提出建议并化解混乱。这种方法看起来很直男，却很浪漫，因为可以敞开心扉地将所有问题都摆到桌面上谈。而恋爱中的女人需要更加讲究策略，可以邀请对方一起来讨论未来。尽管"和我结婚，否则我就离开"的最后通牒看起来一针见血，但男人通常都是吃软不吃硬。相反，和对方明确表达你想要找"适合结婚的人"或"需要明确目前的关系"时，也要倾听和了解他的立场。这样的谈话或许并不是很容易，但是当恋情进展到 18 个月的时候，即便你们之间产生矛盾，矛盾也可以被妥善处理，因为你们的关系已经足够稳固。

不出意外，你们的对话基本上能够顺利进行，一旦出现棘手的问题，或者对方说了一些伤人的话，请平复心态，不要反应过度。这样的处理方式在此情此景下显得尤为重要，原因有二：首先，任何情侣都不希望将"共生关系"这样一个浪漫而严肃的话题变成伤人的话题，以至于今后很难再提起。其次，你可能十分害怕被拒绝，因此会把彻底失败投射到对方的身上。与其吵闹、生闷气或怒气冲冲地离开，不如在隔天或者在对方心情好时再回到这个话题上来，谈话的目的并不是争论谁对谁错，而是澄清彼此的意图。"我还没有准备好"的意思可能是"不"，也可能是代表着更加矛盾的想法。

以查理和他那在"错误的时间遇到了正确的女孩"为例。其实查理很想和女友解释清楚，虽然自己很想要孩子，但还需要两年时间发展事业。可让人遗憾的是，他并没有和女朋友谈过这件事，女孩还没来得及了解查理的全部想法，就已经离他而去了。另一个对不同的人有不同含义的词是"将来"，很多人会将其理解为对方在委婉地拒绝：不可能。而有时候，"将来"一词也会让人误以为某事已经有了确定的日期和计划。

欲速则不达，我们越是想要了解恋人的立场，就越会遇到阻力。与其让两人在这个问题上剑拔弩张，倒不如试试我当年做记者时从警察身上学到方法。警察们不仅足智多谋，而且城府很深。他们其实早就对真相了如指掌，却故意藏着不说，这种方法被戏称为"钓鱼"。比如，当你的伴侣说不知道何时结婚或何时要孩子时，你可以试着猜一个可能的答案，例如，12~18个月。通常情况下，对方要么会同意你，要么会纠正你。如果对方继续说自己不知道，你可以继续钓鱼，例如，询问对方时间是更长还是更短，二选一的询问可以从对方口中得到一个大致的答案。然而，如果你的伴侣真的还没准备好，那就放下这个话题，否则你们可能会陷入无意义的争吵。其实，对于我还没准备好这句话，还有另一种回应方式，这种方式很有效，却因为太简单而经常被人忽略。当对方踌躇不决时，不如直接询问："为什么。"或许对方有自己的难言之隐，比如"我把存款拿出来帮助贫困学生了"或"我还没有存下足够的钱"。如果对方的回答依然让你感到沮丧，你需要和对方表明以下几点立场：

- 安慰。"虽然我有些失望，但是我还是希望能与你共度余生，因为我爱你。"
- 解释。"你让我感觉很受伤，我以为我们的关系要破裂了。"
- 再次表明立场。"孩子和婚姻对我很重要，因为在我眼里这些意味着幸福。"

有时候，以退为进的策略远远比在一个话题上喋喋不休要有用得多。恋爱大考验的时间长达 18 个月，因此我们有足够的时间，有时，当一方不再催促另一方时，另一方或许就会改变主意，这是我的经验之谈。我的前妻当时和我是异地恋，她是个土生土长的德国人，不愿意背井离乡搬到英国。那时，我的职业是电台记者，但因为德语说得不好，无法在德国找到工作。有一天，我突然烦透了自己喋喋不休的样子，于是换了一种方式和她说："我仍然希望我们能生活在一起，但我不会再对你唠叨了。可这并不代表我不想回英国。" 9 个月后，我的前妻开着一辆搬家车和 87 个箱子随我一起来到了英国。

有时候，很多事情在 18 个月后就会见分晓，恋人们可能会柳暗花明，并找到全新的方案去解决困扰彼此许久的问题。下面，我再分享一个曾经遇到的案例。34 岁的马丁说："我真的很喜欢和埃利斯在一起。我们的性生活很棒，我甚至觉得她可能是我的真命天女，可她却是个有妇之夫，已经有了自己的家庭。说实话，我也很喜欢她的孩子，我不想错过她。"那埃利斯又是怎么想的呢？她对两人的未来有什么期望吗？每当谈及此事，马丁就会低头看着自己的鞋子，嘴里还会小声嘀咕。很明显，马丁和埃利斯一直在回避这件事情。马丁只想享受当下，而埃利斯虽然很想要一个承诺，但不敢催得太急。最终，这对情侣还是分手了。一般来说，如果一对情侣恋爱了两年还没有做出承诺，那我建议你们可以减少约会甚至不再见面。（参见练习部分的"解除迷恋魔咒"。）在某些情况下，以退为进会改变对方的想法，但你也要做好最坏的打算，两人的关系可能会因此而彻底结束。

– 亲密关系的自然时序 –

对于正处在热恋之中的情侣来说，他们只能看见眼前的甜蜜，而不去考虑明天的现实。一谈到这个话题，可能就会有许多过来人苦口婆心地劝说他们要把眼光放得长远一些。然而，大多数人始终相信这样的鸡汤文："我们既不能徘徊在过去，也不能生活在将来，我们能把握的只有现在。"因此，有人会抱怨：我们就不能让事情保持现状吗？为什么一定要逼着我们给现在的关系下个定义呢？这样说的人往往很害怕改变。亲密关系也是有生命的，就像所有的生命一样，亲密关系同样需要滋养。因此，每对情侣都应该珍惜眼前人，好好呵护亲密关系，否则再美好的恋情也会凋零枯萎。如同飞鸟乐队唱到的那样："凡事都有定期，天下万物都有定时。"这句话同样适用于稳定的伴侣关系。那么，一段关系的自然节奏是什么？该如何利用这些知识呢？

20世纪70年代末，当同性恋伴侣关系首次出现在世人面前时，两位心理学家决定对其进行研究。戴维·麦克沃特博士和安德鲁·马蒂森历时5年，在加州追踪了156对20～69岁的男性同性恋伴侣，发现他们的关系发展可以被划分为6个阶段。我以麦克沃特博士和马蒂森的发现为基础，研究了30年间找我做咨询的情侣和夫妻，总结出适合包括同性恋和异性恋在内的一切伴侣的相处之道。

亲密关系的第一个阶段叫作"合二为一期"。处于迷恋期的情侣们只想整天腻在一起，仿佛世界末日都与他们无关。对于他们来说，一日不见如隔三秋，一旦分开，就会感到手足无措，因此他们之间不分彼此，心里总是惦念着对方，动不动就会互送小礼物，还经常迫不及待地在朋友面前秀恩爱，完全无视别人的感受。很多人以为自己和伴侣可以这么一直幸福下去，但现实往往事与愿违。32 岁的调解员托马斯就遇到了类似的困境："我们刚刚恋爱的时候，即使我知道她不在家，也会从她家门前路过，只为了透过窗户看到她房间橙色的墙壁，想象她在那里吃早餐，想象她在里面和我煲电话粥的样子。我一直觉得我们就像一对神仙眷侣，所以当她谈论未来时，我的回答总是，我们现在这样难道不好吗？我真害怕稍有不慎，就什么都没有了。可我们之间的蜜月期很快就过去了，取而代之的是无休止的争吵。直到有一天，我们之间好像连一丁点儿共同语言都没有了，朋友们都劝我实在不行就放手吧！但我们之间曾经那么美好，我怎么能放得下。"幸运的是，托马斯和他女朋友在咨询中就相处中的分歧达成了一致，但前提是他们不能永远停留在"合二为一期"。当一段恋情进展到 18 个月的时候，恋爱双方应该为"筑巢期"做准备，并将"共同建造一个家"作为表达爱意的主要方式。这个阶段大约会持续一年半。第三个阶段被称为"自我肯定期"。在此阶段，恋爱双方都会记起被忽略已久的个人需求，并确定共同需求。在这个阶段，恋爱双方虽然是一个整体，但又彼此独立。第四个阶段是"合作期"，恋爱双方利用他们在上个阶段形成的个人认同感和来自爱情的安全感一起完成一项共同的愿景，比如一起养育孩子。合作阶段通常在关系发展的第 5 年，那些在事业有成或性格成熟时才认识的情侣尤为经典。显然，孩子的到来似乎可以更早一些，但许多享受"合二为一期"或"筑巢期"的情侣却总是对未来忧心忡忡。"我爱我的男朋友，但我不知道我们之间是否有未来。"27 岁的克莱尔说。她已经和男朋友在一起整整一年了。"从记事起，我就觉得做妈妈是件很幸福的事，因此我一直很想要一个孩子。我和他已经很认真地讨论过这个想法，但他现在有点犹豫不决。我想在 30 岁之前结婚，享受几年二人世界之后再要孩子。可这样的计划会让我错过生育的最佳年龄。如果我的男朋友不能在生孩子这件事上做出一个让我放心的承诺，我觉得自己真的应该考虑重新找一个有共同生活目标的人。我应该给他下最后通牒吗？"克莱尔似乎并没有遵循亲密关系的自然时序，而是想努力地向前跳跃。难怪她会感到手足无措，甚至无法做决定。

第五阶段叫作"适应期"，指两个人在一起的第 15~25 年这 10 年间。这期间携手相伴多年的夫妻忙于适应生活带给他们的变化，而不是处理伴侣关系的内部变化。他们面对的变化可能是包罗万象的，涉及生活的方方面面，从成年离家的孩子，到年迈需要照顾的父母。最后一个阶段是"重燃恋爱期"——两人相识相恋的第 25~50 年，甚至更加久远。这期间，老夫老妻通常与热恋期中的男女一样亲密无间。当爱情刚刚萌芽时，亲密是对未来的承诺；而当一段关系经历岁月的洗礼后，亲密意味着两个人要携手走完余生。对于两个风雨同舟半生的人来说，未来还有一路幸福可以收获。

- 幸福的归宿 -

在寻找爱情的过程中，无论你遇到了多少压力，无论你体验了多少失望，找到一个相濡以沫的伴侣陪在身边，都会让你的生活变得更加美好。

33 岁帕雷什在刚进公司的第一天，就喜欢上了比自己大三岁的汉娜。尽管他对汉娜一见钟情，但汉娜却羞于承认她已经忘记了帕雷什留给她的第一印象。汉娜说："帕雷什花了 3 个月的时间才鼓起勇气约我出去。在此之前，我一直把他当作团队中的优秀成员，因为他在工作上表现得很出色。在关系变得暧昧之前，我一直把他当作同事。现在回想起来，一切似乎在冥冥中自有安排。有一天晚上，公司租了一条船到河的下游巡航，我发现自己竟然很想在工作之外对帕雷什多了解一点。所以，当他在一位女士的陪同下走上甲板时，我竟然感到很沮丧。后来我才知道，她只是帕雷什的一个朋友，刚刚搬到这里。尽管这样，我还是感受到了那种'有惊无险，但还是有点遗憾'的痛苦。"

后来，事情终于有了进展，帕雷什约汉娜一起出去喝一杯，但她偏巧已经有约了。"一周就这样过去了。接下来的一周，他要去新加坡出差，然后去印度看望父母。我记得在他飞走之前，我逼了自己一把，鼓起勇气约他出去。第一次约会时，我们都很放松，一起喝了几杯，还吃了一顿豪华晚餐。后来，我们一起坐出租车回家，车上播放着肯尼·吉的音乐，我们相谈甚欢。把我送到家时，他吻了我一下，说了句'晚安'。第二天，就飞走了。"

然而，短暂分离反而成了他们关系的催化剂。"在接下来的 3 个星期里，我们写了很多情意绵绵的电子邮件，里面谈到了许多关于童年和家庭的故事。当他再次回来时，我兴奋得像个等待圣诞礼物的孩子。后来我们又约会了几次，最后在他的厨房里尝到了最美味的一吻。"刚开始交往时，一位朋友邀请帕雷什和汉娜帮忙照看在百慕大的房子，还要照看一条年老的狗狗和一只虎皮鹦鹉。汉娜讲述了他们在百慕大发生的一件事证明了他们之间的爱，也证明了爱可以帮助人成长。"我每天都会逗那只鹦鹉，很想把它请出笼子。尽管我不停地叫它'可爱的小鹦鹉'，可它始终无动于衷。这时，帕雷什把手伸进笼子，伸出一根手指想要引鹦鹉出来，但鹦鹉急忙跳到了笼子的另一侧。帕雷什忽然转身对我说，那只虎皮鹦鹉让他想到了当初的我。我听后很吃惊，原来他是一个这样感性的人，而一开始我总是有意无意地和他保持着距离。"这就解释了为何他花了那么长时间才得到她的吻。"从那以后，帕雷什开始叫我'可爱的小鹦鹉'，所以我也会叫他'可爱的小虎皮'，我们就开始这样称呼彼此。我们在印度举行了盛大的订婚仪式。然后，他又带我去爬山，那里漫山遍野都是茶园。在回去的路上，我们发现观光车的挡风玻璃上贴着一张贴纸，上面竟然印着两只可爱的虎皮鹦鹉。"

我很喜欢这个故事，因为它既让我懂得了平平淡淡才是真，也让我体会到爱情是一场充满奇遇的邂逅。我很想用这样一个幸福的故事作为本书的结尾，我希望它能给每一位读者带来灵感和启示，愿你们都能找到自己的幸福归宿。相信自己，让一切慢慢来，做好准备去改变，矢志不渝的真挚爱情就在不远处等着你。

- 练习 -

如何克服社交焦虑

当有人对我们表达爱意、想给我们最好的呵护时，为什么我们反而会害怕？因为我们的心中总是充满矛盾，既渴望感情，又害怕受伤而心存戒备。最爱的人往往伤害我们最深。因此，我们一边将伴侣拥怀中，一边又因为害怕伤害想把他们推到身后。我们希望这种奇怪的双人舞可以保护我们远离孤独、不被拒绝，还可以保护那个脆弱和无助的自己。然而，这种双人舞如同两个棋逢对手的人在过招，常常会带来更多的痛苦。所以，如何克服焦虑，坦然面对亲密关系呢？

1. 关系是很脆弱的，每个人都或多或少会有这种感觉，与其惴惴不安，不如淡定地接受。

2. 回顾过去，找出你的恐惧来自哪里，也许是父母离婚，也许是经历过一段痛苦的恋情。你的童年经历塑造了怎样的应对模式？这些模式是如何影响你现在的行为？

3. 对付恐惧最好的办法就是直面它，你越逃避，就会越害怕。

4. 向你的伴侣解释哪些情况会让你回忆起曾经的不愉快，这样他就会知道什么时候该温柔地对待你。

5. 把你的恐惧写成日记。准备一个本子，当你感到不舒服的时候，就把这件事情记录下来，然后在边上给出一个合理的解释。例如，"恐惧＝他迟到了，他不爱我"，"合理解释＝交通状况糟糕"。把恐惧写下来，避免它们在你的脑海中继续蔓延，成为你认知的一部分。

6. 重新为生活找个平衡点。先画一个饼图，从人际关系、工作、朋友以及自己这几个方面看看是如何分配时间和精力的。接下来，画第二张饼图，将你期望的情况画在上面。比较两张图，看看可以从哪方面做出改变和调整，让生活变成自己期望的样子。

解除迷恋魔咒

至少满足下列条件中的一条，你才能真正地摆脱迷恋魔咒，冷静而理智地看待一段恋情：

- 迷恋期结束。迷恋有其保鲜期，当迷恋期结束时，相互迷恋带来的乐趣要么会越来越淡，关系也渐行渐远；要么迷恋发展成依恋。

- 意识到自己的需求。即使你被迷恋诅咒了，如果对方不想让关系推进，你也很难配合他继续演下去。慢慢地，你会接受这样一个事实：如果迷恋仅仅停留在感觉阶段，那它永远无法满足你对爱情和亲密关系的需求。

- 注意力转移。把注意力转移到另一个人身上。这一点有时会以第 2 条为前提条件，因为处于迷恋期的人很难转移注意力去寻找新的对象，除非意识到眼前这个让自己着迷的人并不会和自己走进真正的亲密关系。所以，如果你发现自己迷恋上一个与你在情感层面没有互动的人，这里有一些小窍门，可以让你将关系互动调整到符合条件 2 的状态。

- 如果你经常幻想你们的恋情能开花结果，请不要再让自己沉浸在这样的幻想中。虽然白日梦会给你带来片刻欢愉，但清醒后的你也会感到愈发痛苦和空虚。

- 如果你发现自己的状态越来越差，可以转移一下注意力，比如，健身或给朋友打个电话。

- 别再折磨自己。把所有的照片和信物都放到看不见的地方去，给自己找点儿事情做，不要再到你们一起去过的餐厅吃饭，不要听他最喜欢的唱片，也不要读他最喜欢的书。

- 切断脑海中关于他的想法。遇到事情时，尽量不要第一时间就想到他。当你发现自己的脑海里出现关于他的想法，比如"他会不会喜欢这部电影"或"她穿那件衣服会是什么样子"时，立刻在脑海中竖起一个"停止"的标志。转移注意力，想想柴米油盐的日常琐事，比如去超市要买哪些东西。

- 切断你们之间的链接。如果你们有共同的朋友，那么暂时不要和他们见面。坦白说，你可能很想跟他们出去，想通过他们打探对方的一切，甚至期盼他们能将你的情况讲给对方听。

- 遗忘就是最好的安慰。"要是我能明白她为什么对我不感兴趣就好了""要是我能报复她就好了"，这样的想法虽然能给人一些慰藉，但也意味着你还在与对方藕断丝连。

- 学会关照自己的需要。这可能是一件需要时间的事情，严格来说，大多数个案的咨询疗程是 6 个月。如果你隔了好长时间都无法从迷恋中走出，问问自己："这种状态对我来说有什么好处？"有时候，不想走出迷恋的常见原因包括惩罚自己、惩罚对方、害怕建立新的关系。

优雅地结束一段关系

结束一段感情最艰难的方式之一就是拖泥带水。有些情侣不会一次性彻底分手，他们在分手后还会重温旧情并选择复合，对关系进行第二次尝试，甚至还会有第三次、第四次……最糟糕的是，有些夫妻在离婚后还要分分合合好多次，情感大戏会上演数年。尽管每次复合时他们信誓旦旦地向对方承诺"我这次一定要对你好一些"，但都是空欢喜一场。对于他们来说，希望越大，失望越大，痛苦就越大。这样纠缠不清的分手，最后的结局只会让当事人感受到更大的痛苦，并且需要更多的时间恢复。究竟是什么原因让分手总是这样拖泥带水呢？关键就在于，提出分手的人并不是真的想分手。在某些情况下，提出分手的人只是希望用这种方式来威胁和唤醒对方，可这明显是一个铤而走险的策略。调整和修复关系的最好方式是解决关系中存在的问题，比如，直接和对方提出"我们在一起的时间太少"，并和对方一起讨论解决方案。还有一个，导致分手拖泥带水的原因是，提出分手的一方给对方留下了许多复杂的信息，比如"虽然我不再爱你了，但我并不恨你，分开一段时间对大家都有好处，也许几年后我们还能在一起"。大多数人会将这样的信息解读为分手，但在感情中不顾一切的人，尤其是那些被迷恋蛊惑了的人，会淡化甚至忽略负面信息，只看到关系中的积极信号。显然，提出分手的人并不想摧毁他们的伴侣，但委婉的言语很容易引起对方的误解，用温和的方式让对方失望可能会适得其反，比如"你永远是我心底最柔软的部分"。这句话有可能是真情实感的流露，但有些处于迷恋期的人会解读为："我在你心里依然很重要，你并不是真的想分手。"那么如何避免在分手时拖泥带水呢？

1. 不要忽视问题。这条建议适用于所有的情侣，包括那些正处于热恋中的人。出现问题要及时解决，而不是对问题视而不见，什么努力都不做，还妄想着奇迹出现。

2. 尝试修复关系时，不要期待过高。虽然我帮助过很多夫妻和情侣重新相爱，但他们一般都在一起生活了5年以上，度过了许多美好时光，有一定的感情基础。而对于那些不能彻底分手的情侣来说，他们已经分分合合了许多年，除了起初的强烈迷恋之外，他们的"幸福银行"中几乎没有"存款"。

3. 分手愉快。分手要当面谈，面对面的谈话可以给对方足够的时间提出疑问，或者通过沟通改变你的想法。虽然通过电话或电子邮件这样的远程分手看起来更容易操作，但对方会觉得被欺骗，并且会催促你见面谈。也许你出于愧疚会退缩，毕竟突然分手对于对方来说是很不公平的事。然而，你可能不知不觉地设定了一个模式，在这个模式下，你的前任会利用你的愧疚感迫使你做出一系列让步，甚至是和解。

4. 给出明确的信息。坚持陈述事实，不要给人虚假的希望，比如，和对方说"可能""有一天"或"将来"。

5. 对方势必会生气和受伤，这是你不得不面对和接受的事实。他可能会把所有的责任都推到你身上，可如果你的辩解只会让对方更加痛苦，那么长痛不如短痛，果断分手的好处之一就是你再也不必顾虑对方的想法了。

6. 坚持你的立场。你可能会会想念他，把这种感觉放在心里就好了，不要再给他打电话或发消息说一些容易让对方误会的话，比如"听了你送给我的唱片，我忽然想起你了"。

7. 礼貌优雅地保持距离。如果你收到对方的鲜花和礼物，礼貌和简短地表达谢意即可，要把重点放在你想表达的信息上，即"我们已经分手了"。如果对方打电话来，可以简短而亲切地说："抱歉，我现在不方便打电话。"如果他发邮件问你最近都在忙些什么，尽量不要回复太多内容，可以简短地告诉对方："和我妈妈购物。"你的前任可能是擅长演苦情戏的人，愤怒和争吵可能会变成他剧本或人设的一部分，让他拉着你继续演苦情戏。

8. 许愿后如何实现？许愿其实很容易，比如发誓要更加努力或改变性格，但实现起来就未必这么容易了。

9. 你是否还活在对过去的回忆里，或者在想"要是……该多好"。比如，"如果我们不是异地恋该多好"或者"如果她不过分听从家里人的意见，我们就不会分手了"。前任已经不再和我们有任何关系，这些事情也不可能再重头来过一次。

10. 可以成为朋友，但不是现在。你可以和前任成为朋友，但要留出足够的时间来结束恋人关系，然后再以朋友的方式相处。有时，前任邀请你参加生日聚会往往会透露出复杂的信息，也许他想向你宣布找到了比你更好的人，也许是想要挽回你。所以，分手后冷处理，看起来很残忍，但对每个人都有好处。

重新相爱的 6 种方式

这个练习适用于任何情侣，尤其适用于因为关系从一个阶段推进到另一个阶段而出现隔阂与矛盾的情侣。

1. 含情脉脉地相互对视。热恋中的情侣在交谈时，70%的时间都在注视着对方，而相处久了的情侣只有30%～60% 的时间是这样的。

2. 不要怠慢对方。许多情侣在生活中会相互照顾，比如，精心准备一顿美味可口的饭菜，或者帮对方给汽车加油。可一旦时间久了，就容易把这样的日常小事视为理所当然。然而，如果我们能把相处中的每一件小事都看得特别一些，并且及时表达感谢和爱意，就可以进一步增进关系。

3. 多与伴侣分享生活细节。我们总是觉得伴侣对我们生活的细节不感兴趣，于是很少与伴侣分享自己一天中经历的喜怒哀乐。所以，不要让彼此沉闷到无话可说，把白天的趣事留到晚上分享吧。

4. 享受自在的身体接触。沙发上的拥抱、抚摸和亲吻不仅仅是做爱的前戏，也是情侣间日常表达爱意的好方式。

5. 一起享受快乐。私密的笑话和嬉戏真的可以滋养一段关系，一起去看一部喜剧或搞笑电影吧，这是一个很不错的选择！

6. 假装你们并不了解对方。不列颠哥伦比亚大学和弗吉尼亚大学的心理学家发现，我们总是希望能给陌生人留下好印象，因此会把好的一面留给陌生人，却把不好的一面留给熟悉的人。研究人员让情侣们像素不相识的陌生人一样互动，发现这些情侣的幸福感显著提高。那么，试着在酒吧或其他公共场所和你的恋人约会，并假装是陌生人互相聊天，你们可能会对彼此有新的了解，说不定还会一起开怀大笑。

第二步：找到今生挚爱

7 条重要经验

1. 一段关系如何，开始往往意味着它如何继续，所以，放松的状态和坦诚的态度在初次见面时非常重要。

2. 抱着游戏的态度去谈恋爱不利于建立长久的感情，也会让你难以用坦率和诚实的心态去面对以后的亲密关系。

3. 不要马上下结论，多用一些时间评估这段关系，培养感情。第一印象并不能让你完整地了解一个人，所以要保持开放的心态。

4. 许多人已经不再用传统的眼光看待亲密关系。我们生活在一个很开放的时代，任何人都可以按照自己的道德标准，做出自己的选择。

5. 如果你相信伴侣之间是平等的，也可以尝试用新的方式开启你们之间的关系。无论男女，都可以约对方出去。

6. 做选择可能会让人感到不适，但这是一种解脱。尽管我们可能偶尔会怀念过去的约会方式，但最好的时机还是现在。

7. 一场改变人生的浪漫冒险就在眼前，所以，放心大胆地去旅行，不要走马观花，而要好好享受。